Kreis
Herzogtum Lauenburg
Eisenbahnen
Autobahn
Bundesstraßen
Landstraßen I. O. u. II. O.
zentrale Orte
Gr. Grönau
Gr. Schenkenberg
Krummesse
Grinau
Gr. Sarau
Klempau
Bliestorf
Schürensöhlen
Rondeshagen
Ratze-
burger
See
Pogeez
Gr. Boden
Siebenbäumen
Kastorf
Gr. Disnack
Sirksrade
Buchholz
Stubben
Düchelsdorf
Berkenthin
Steinhorst
Klinkrade
Göldenitz
Einhaus
Bäk
Mechow
Römnitz
Schiphorst
Labenz
Kulpin
Niendorf b. B.
Behlendorf
Harmsdorf
Ziethen
Sandesneben
Duvensee
Lüchow
Giesensdorf
RATZEBURG
Mustin
Wentorf
Kühsen
Albsfelde
Elbe - Lübeck - Kanal
Sirksfelde
Ritzerau
Panten
Fre-
deburg
Schmilau
Kittlitz
Lankau
Nusse
Salem
Schaalsee-kanal
Linau
Koberg
Poggensee
Bille
Walksfelde
Alt Mölln
MÖLLN
Schaal-
Brunsmark
Neuhorst
Sterley
Seedorf
Köthel
Borstorf
Bälau
Breitenfelde
Gr. Zecher
Mühlenrade
Lehmrade
Hollenbek
Schretstaken
Niendorf/St.
Dahmker
Woltersdorf
Stichels-B.
Kl. Zecher
Basthorst
Fuhlenhagen
Talkau
Grambek
see
Tramm
Hornbek
Möhnsen
Gudow
Kankelau
Elmenhorst
Havekost
Güster
Roseburg
Göttin
Steinau
Besenthal
Grove
Sahms
Gr.-
Pampau
Grabau
Kl.
Pampau
Siebeneichen
Fitzen
Langenlehsten
Brunstorf
Müssen
Schulendorf
Bröthen
Büchen
Kollow
Linau
Hamwarde
Wangelau
Witzeeze
Dalldorf
Wiershop
Gülzow
Lütau
Juliusburg
Krukow
Basedow
Stecknitz (Delvenau)
Krüzen
Elbe
Schnakenbek
LAUEN-
BURG
Buchhorst
Lanze

DAS KREIS-HERZOGTUM-LAUENBURG-BUCH

Hermann Harms

Das Kreis-Herzogtum-Lauenburg-Buch

Eine Landeskunde in Text und Bild

Karl Wachholtz Verlag Neumünster

Schriftenreihe der Stiftung Herzogtum Lauenburg
Band 12

ISBN 3 529 06193 X

Karl Wachholtz Verlag, Neumünster 1987

Vorwort

Der Titel des Buches (Das Kreis-Herzogtum-Lauenburg-Buch) bedeutet für den Leser keine geschmeidige Einstimmung, aber die unvermeidliche Wortverbindung mit ihren rhythmischen Härten spiegelt gleichnishaft die wechselvollen Fügungen der lauenburgischen Geschichte vom eigenständigen Herzogtum zum Landkreis Schleswig-Holsteins. Die denkbare titulare Kürze in der Fassung „Das Lauenburg-Buch" böte gleich am Anfang Anlaß zum Mißverständnis. Denn wir begegnen hier wie einst in Pommern einer Gleichnamigkeit von Stadt und Kreis.

Das Begnügen ferner mit dem Begriffspaar „Kreis Lauenburg" könnte schlafende Emotionen und ruhenden Stolz bei geschichtsbewußten Einwohnern wecken und wäre auch tatsächlich nicht korrekt. Man unterschlüge quasi das versöhnende Adelsprädikat, das diesem politischen Gebilde bei der Einverleibung in Preußen 1876 von Fürst Otto von Bismarck zuerkannt wurde, der sich im Falle Hannovers weniger sanft gezeigt hatte. Gerade in dem Kuriosum „Kreis Herzogtum Lauenburg" steckt der Schlüssel zum Verständnis lauenburgischer Historie und Wirklichkeit.

Angesichts dieses erregenden Sachverhalts ist es schon erstaunlich, daß seit den historischen Gesamtdarstellungen und Topographien des 19. Jahrhunderts weder ein umfassendes wissenschaftliches Gesamtwerk noch ein „regelrechtes Heimatbuch" geschrieben wurde, obwohl der Forschungsstand unserer Zeit in Teilbereichen und Einzeluntersuchungen eine allgemein anerkannte Höhe erreicht hat.

Das vorliegende Buch ersetzt kein grundlegendes Geschichtswerk, aber es erfüllt einen seit langem in der Öffentlichkeit geäußerten Wunsch nach einer kurzen und handlichen Gesamtdarstellung, die die Zeitgeschichte einschließt und in brauchbarer Form möglichst viele erreicht. Der Verfasser sah sich vor die Aufgabe gestellt, die reichlich vorhandenen Forschungsergebnisse auf Verwendbarkeit zu prüfen, Passendes auszuwählen und zu einer gerafften Landeskunde – jedermann verständlich – zusammenzufügen.

Das Buch gewährt in gesonderten Bezügen einen Einblick in das Werden, Wesen und Sein des Landes und Kreises Herzogtum Lauenburg. Der Überblick über seine politische Entwicklung von den Anfängen bis zur Gegenwart stellt einen Kompromiß dar zwischen wissenschaftlicher Vollständigkeit und allgemeinem Interesse.

Die Quellen, aus denen die Informationen fließen, sind durch Anmerkungen und ein Literaturverzeichnis im Anhang ausgewiesen. Die Gliederung des Buches folgt im wesentlichen dem in den voraufgegangenen Publikationen dieser landeskundlichen Reihe vorgezeichneten und bewährten Schema.

Es gehört zu den angenehmen Aufgaben eines Vorwortes zu danken. Dank verdienen an dieser Stelle die Forscher in Vergangenheit und Gegenwart, deren Arbeiten sich der Verfasser verpflichtet fühlt, und die „Stiftung Herzogtum Lauenburg", die derartige Veröffentlichungen geistig und geldlich stützt.

Ratzeburg, im Januar 1987 *Hermann Harms*

Inhalt

Einführung

Unser Kreis läßt in seinem Namen vergangene fürstliche Größe anklingen. Aber sein historischer Vorläufer, das herzogliche Land, hat in der Geschichte insgesamt eine recht bescheidene Rolle gespielt. Ihm fehlte vor allem die räumliche Weite, die notwendige Voraussetzung für politische Macht und Bedeutung.

Dieses kleine Reichsfürstentum am Fuße der Kimbrischen Halbinsel, umgeben von den vermögenden Hansestädten Hamburg, Lübeck und Lüneburg, eingeengt durch die größeren Territorien Holstein, Mecklenburg und Braunschweig-Lüneburg, besaß kaum Möglichkeiten, sich auszudehnen.

Das Land regierten ein halbes Jahrtausend die Fürsten des askanischen Hauses. Ihre Stammburg Ascharien stand bei Aschersleben. Der mittelhochdeutsche Wortkern „asch" (althochdeutsch „asc") bedeutet „Esche". Als „Eschenburger" sind jedoch die Herrscher der Familie nicht in die Geschichte eingegangen. Der Name Ascharien wurde durch mythologisierende Verbindung mit dem italischen Helden Ascanius, dem Sohn des Aeneas, in die Wortgestalt „Askanien" verwandelt. Die Dynastie verzweigte sich in die vier Linien Anhalt, Brandenburg, Sachsen-Wittenberg und Sachsen-Lauenburg. Der berühmteste Askanier war Albrecht der Bär, der Gegenspieler Heinrichs des Löwen und Gründer der Mark Brandenburg.

Der landesfürstliche Regierungsstil, verfehlte politische Unternehmungen und die Hofhaltung stürzten die sachsen-lauenburgischen Askanier, die Herzöge unseres Landes, häufig in Geldnot, der sie sich durch Anleihen im „Ausland" zu entziehen suchten. Manche von ihnen waren Meister im Schuldenmachen, aber wenig überzeugend in der „bei fürstlicher Ehre" zugesicherten Schuldentilgung. Für aufgenommene Darlehen wurden als Sicherheit Dörfer und Güter verpfändet. Durch die Unfähigkeit, Pfandsummen zurückzuzahlen, durch Verkauf und Abtretungen gingen wichtige Landesteile verloren. Schließlich war ihr Herzogtum von Enklaven (fremden Herrschaftsgebieten) durchlöchert wie grobporiger Schweizer Käse.

Die Wende kam erst gegen Ende der askanischen Herrschaft im 17. Jahrhundert und in der hannoverschen Zeit. Die Stadt und Vogtei Mölln, die seit 1359 unter lübischer Pfandherrschaft standen, wurden 1683 bzw. 1747 wiedergewonnen. Das 1575 veräußerte Amt Steinhorst fiel 1739 an Lauenburg zurück. Und Geesthacht, das mit Bergedorf und den Vierlanden 1420 in den gemeinsamen Besitz von Hamburg und Lübeck gelangte und seit 1868 Hamburg allein gehörte, wurde schließlich in unserer Zeit durch das Groß-Hamburg-Gesetz (1937) nach 517 Jahren wieder Lauenburg eingegliedert, das inzwischen (1876) ein preußischer Landkreis innerhalb der Provinz Schleswig-Holstein geworden war.

Da diese politische Flurbereinigung auch das Sonder-Dasein der letzten Enklaven beendete, gewann das Kerngebiet des ehemaligen Herzogtums Sachsen-Lauenburg seine territoriale Geschlossenheit zurück, die es nach der sächsischen Landesteilung von 1295/96 besessen hatte.

Zum größeren Sachsen-Lauenburg zählten schon am Anfang das Amt Neuhaus, die südlich der Elbe gelegene Marschzone zwischen Obermarschacht und Barförde sowie das entlegene Land Hadeln an der Niederelbe. Über ihr endgültiges Schicksal entschied 1815 der Wiener Kongreß. Sie wurden vom Stammland getrennt, als dieses an Dänemark fiel.

Durch die Personalunion mit der dänischen Krone begann allmählich die engere Verflechtung der lauenburgischen und schleswig-holsteinischen Verhältnisse. Es dauerte jedoch noch etliche Jahrzehnte, bis sich die lupenreinen Lauenburger für die Angelegenheiten jenseits der Bille interessierten. Andererseits sahen ihre nördlichen Nachbarn – auch nicht frei von Vorurteilen – auf sie etwas von oben herab und vermißten „das Gebildete bei den Lauenburgern".[1]

Daß das kleinstaatliche Elbherzogtum bis zum Aussterben des angestammten Herrscherhauses nicht die Beute stärkerer Rivalen wurde, spricht für die askanischen Herzöge. Sie waren nicht alle unfähige Statisten und unwürdige Vertreter ihres Standes. Ihre große Stunde kam in der frühen Neuzeit. Die Entfaltung des Talents bedarf der Gunst der Zeiten und Umstände. Im Strudel der Religions- und Türkenkriege des 16. und 17. Jahrhunderts bewährten sich die lauenburgischen Regenten und Prinzen als Obristen und Feldmarschälle vornehmlich kaiserlicher Kavallerieregimenter und kamen zu Geld und Ansehen, so daß sie die Einlösung der Pfandgüter betreiben konnten.

Dem Herzog Julius Heinrich gelang es sogar, von

1623 bis 1625 in Böhmen die Herrschaft Schlackenwerth bei Karlsbad zu erwerben, zu erweitern und zur Residenz auszubauen. Sein bewunderter Freund war Wallenstein. Der Bruder Franz Albrecht, der die Parteien wechselte wie sein Hemd, fand – freilich nicht als Lichtgestalt – Eingang in das literarische Werk Schillers, Conrad Ferdinand Meyers und Ricarda Huchs[2]. Durch persönliche Tapferkeit und Umsicht erwarb sich 1683 der letzte Herzog aus askanischem Hause, Julius Franz, als Generalfeldmarschall im Kampf für die Befreiung Wiens von der Türkengefahr die Anerkennung des habsburgischen Kaisers.

Ein Hauch von Weltgeschichte streifte die fernen Schlachtfelder, auf denen sachsen-lauenburgische Fürsten besoldete Macht demonstrierten. Große Ereignisse im Lauenburgischen selbst sind mit den Namen Heinrich der Löwe und Otto von Bismarck verbunden.

Unter dem berühmten Welfen diente das heutige Kreisgebiet als Brückenkopf für die Ostsiedlung, die bedeutendste und folgenschwerste Landnahme der Deutschen im Mittelalter. Und durch Bismarck wurde das schmale Rinnsal lauenburgischer Historie mit dem dynamischen Strom preußisch-deutscher Geschichte eng verbunden. Die Beziehungen zwischen dem Reichsgründer und dem Herzogkreis verdichteten sich obendrein zu einem ganz persönlichen Verhältnis: Durch die Sachsenwald-Schenkung Kaiser Wilhelms I. erhielt Bismarck in Friedrichsruh ein neues und sein letztes Domizil.

Die Namen Heinrich der Löwe und Bismarck kennzeichnen beispielhaft Anfang und Ende einer eigenständigen Entwicklung, vor- und nachaskanische Höhepunkte unserer Landesgeschichte. Sie überstrahlen nach den kritischen Vorbemerkungen die Leistungen der askanischen Herzöge für dieses Gebiet. Anerkennung verdient aber neben anderen einer der ersten, Herzog Albrecht I. von Sachsen (1212–1260). Er trug wesentlich bei zum Sieg über die Dänen in der nordelbischen Schicksalsschlacht bei Bornhöved und hat als Landesherr die Grundlagen für die wirtschaftliche und kulturelle Entwicklung geschaffen. Es ist ohne Zweifel auch ein anteiliges Verdienst der askanischen Fürsten, wenn es in der lauenburgischen Geschichte weder einen landesherrlichen Absolutismus noch, wie in Ostholstein und Mecklenburg, eine Leibeigenschaft gab.

Seine Kleinheit und vergleichsweise geringe Bedeutung haben Sachsen-Lauenburg nicht vor turbulenten Störungen bewahrt, obwohl die politischen Schlechtwetterzonen außerhalb des Landes lagen. Unter den Durchzügen, Einquartierungen und Plünderungen fremder „Kriegsvölker" mußte es entsetzlich leiden. Aber die herrschaftlichen Verhältnisse im Lande änderten sich durch solche Heimsuchungen wenig.

Eine ganz neue Situation entstand nach dem Aussterben des askanischen Herzogshauses 1689. Die Stellung des Herzogs nahmen nun deutsche und nichtdeutsche Herrscher ein: der Herzog von Lüneburg-Celle (1689–1705), die Kurfürsten von Hannover (1705–1803), die seit 1714 auch Könige von England waren, die Könige von Dänemark (1816–1864) und der König von Preußen (1865–1876). In der Zeit Napoleons wurde Lauenburg sogar dem französischen Kaiserreich (1810–1813) einverleibt. Die Verwaltung des Landes hing also in letzter Instanz und in wechselnder Folge von den Regierungen in Celle, Hannover, London, Paris, Kopenhagen und Berlin ab. In der Randlage und losen Verbindung zu den genannten Zentren konnte Lauenburg sich allerdings eine relative Selbständigkeit erhalten. Doch die Vorstellung, daß die Bille, der Wasserlauf zwischen Lauenburg und Stormarn, im 18. Jahrhundert die Grenze zwischen England und Dänemark, im 19. Jahrhundert für kurze Zeit zwischen Dänemark und Frankreich bildete, ist ziemlich verwirrend.

Wer Geschichtsabläufe verstehen will, muß sie überschauen können. Die Übersicht gelingt nur durch gegliederte Abschnitte, durch Einteilung in Epochen. Der Wechsel der Herrscherhäuser als Gliederungsprinzip der lauenburgischen Geschichte bietet sich an für die nachaskanische Zeit bis 1876 beziehungsweise bis 1918. Der rund 500jährige Zeitraum askanischer Herrschaft ist dagegen schwer in dieses Schema einzufügen. Er zwingt zu anderen Überlegungen.

Peter von Kobbe[3] und andere Forscher gliedern den Stoff nach Herrschernamen und fürstlichen Regierungszeiten. Es ist aber, so der englische Historiker Seeley, eine „schlechte Gewohnheit, historische Tatsachen nach Regierungszeiten einzuteilen" und dies mechanisch selbst bei solchen Herrschern anzuwenden, „über deren Bedeutungslosigkeit wir uns klar sind"[4].

Die Periodisierung der lauenburgischen Geschichte nach Fürstennamen ist wenig nützlich – nicht zuletzt wegen der irreführenden Häufigkeit gleicher Namen, mögen diese auch durch römische Ziffern zeitlich geordnet sein. Nur wenn eine Herrscherpersönlichkeit ihre Umwelt entscheidend prägt, ist eine Ausnahme gerechtfertigt.

Der Autor orientiert sich bei der Abgrenzung der Kapitel an Ereignissen, die eine Entwicklungsphase als Einheit charakterisieren, oder folgt wegen ihrer Einprägsamkeit thematischen Gesichtspunkten. Teilweise erschien es als zweckmäßig, das Regionalgeschehen im Rahmen übergeordneter Zeitepochen darzustellen.

Die bewußte Einbindung der lauenburgischen Entwicklung in den größeren Zusammenhang der allgemeinen deutschen Geschichte erleichtert manchem Leser den Zugang zu einem historischen Stoff, „der", wie der Historiker und Politiker Dahlmann im 19. Jahrhundert einmal bemerkte, „nicht mit Quadratmeilen und Weltbegebenheiten prunkend, in die Einzelheiten des Wirkens und Daseins einleitet, die der eigentliche Sitz der Geschichtsstudien sind ..."[5].

Der geschichtlich-politische Durchgang bildet im Aufbau des Buches den Schwerpunkt der Darstellung. Die anderen Bereiche, die als Gegenstand gesonderter wissenschaftlicher Fachrichtungen (zum Beispiel Geologie, Geographie, Wirtschafts- und Sozialkunde) ihr eigenes Gewicht haben, werden durch die historische Perspektive mit dem Hauptteil verbunden, so daß Einheit und Geschlossenheit der landeskundlichen Zeit- und Momentaufnahmen gewahrt bleiben.

Erd- und Landschaftsgeschichte

Der Kreis Herzogtum Lauenburg ist ein politisches Gebilde, dessen Grenzen durch die besonderen völkischen und dynastischen Kräfte des 12. und 13. Jahrhunderts bestimmt wurden. Die lange eigenständige Tradition verlieh ihm seine festumrissene, einmalige Gestalt und den eingeborenen Bewohnern den Wesenszug des „Lauenburgers".
Die Landschaft dieses Raumes läßt sich dagegen als geographische Erscheinung nicht so eindeutig von der Umgebung abgrenzen. Ihr Relief greift über die Kreisgrenzen hinaus, ist anderen Klein- und Großlandschaften ähnlich und Teil der übergeordneten Landschaftsregion des Norddeutsch-Baltischen Tieflandes. Ihre „Landesnatur", das heißt der erdgeschichtliche Aufbau und die Oberflächengestaltung, wird nur im Rahmen größerer naturräumlicher Einheiten verständlich.

Der geologische Untergrund

Die Entstehung des Norddeutsch-Baltischen Tieflandes erklärt sich aus einer urzeitlichen Senke zwischen dem skandinavischen Grundgebirgssockel und der europäischen Mittelgebirgsschwelle. Die muldenartige Absenkung wurde in unendlich langen Zeiträumen der Erdgeschichte von mächtigen Ablagerungsschichten (Sedimenten) jüngerer Formationen (Stufen) wie eine Schichttorte aufgefüllt.
Die oberste Schicht bilden die eiszeitlichen Schutthalden der Quartärzeit, die mit einer durchschnittlichen Mächtigkeit von 100 Metern in Lauenburg den älteren Untergrund überlagern und vor unseren Augen verbergen. Nur an wenigen Stellen im norddeutschen Raum treten frühere Gesteine oder Schollen an die Oberfläche: die Gipsberge von Segeberg und Lüneburg aus der Permzeit (Erdaltertum), der Buntsandstein von Helgoland aus der Triaszeit (Erdmittelalter) und der Kreidehorst von Lägerdorf bei Itzehoe aus der Kreidezeit (Erdmittelalter).
Das Geheimnis dieser Naturwunder haben die Geologen entschleiert, und die Begründung des Erkannten führt uns zugleich in die Entstehungsgeschichte des lauenburgischen Untergrunds. Dort, wo wir heute in unseren Breiten festes Land unter den Füßen und uns häuslich eingerichtet haben, erstreckten sich vor vielen Millionen Jahren – im Altertum, Mittelalter und Tertiär der Erdgeschichte – weite Meeresflächen mit wechselnden Küstenlinien. Die marine Vergangenheit unserer Heimat ist vor der aktuellen Zukunftsvision einer erneuten Überflutung durch Abschmelzen der Polkappen nicht so ungewöhnlich.
In der Permzeit – vor etwa 220 Millionen Jahren – wurde ein ausgedehntes Meeresbecken vermutlich durch Landhebung oder Abschnürung zu einem riesigen Binnensee, dessen Wassermassen – ähnlich der Sole in einer Siedepfanne – bei wüstenähnlichen Temperaturen verdunsteten. Die Folge war

Erdgeschichtliche Zeittafel

Zeitalter	Formation	... Jahre in Mill. vor Jetztzeit
Erdneuzeit	*Quartär*	1–heute
	Holozän (Nacheiszeit)	
	Pleistozän (Eiszeit)	
	Tertiär	60– 1
	Pliozän	
	Miozän	
	Oligozän	
	Eozän	
	Paleozän	
Erdmittelalter	*Kreide*	140– 60
	Jura	175–140
	Malm	
(Mesozoikum)	Dogger	
	Lias	
	Trias	200–175
	Keuper	
	Muschelkalk	
	Buntsandstein	
Erdaltertum	*Perm*	250–200
	Zechstein	
	Rotliegendes	
(Paläozoikum)	*Karbon*	340–250
	Devon	400–340
	Silur	440–400
	Ordovizium	500–440
	Kambrium	600–500
Vorkambrium		vor über 600 Mio

die Entstehung gewaltiger Salz- und Gipslager, die durch neue Meere und neue Absätze der Trias-, Jura-, Kreide- und Tertiärzeit überdeckt wurden. Unter der Last dieser späteren Schichten „reagierten die in der Tiefe lagernden Salze plastisch und quollen an Schwächezonen der Erdkruste nach oben“[6].

Der steigende Druck aus der Tiefe wölbte die Deckschichten auf, preßte sie hoch oder durchbrach sie, so daß „Kostproben“ des unteren alten Schichtgesteins, wie in den zitierten Beispielen, an die Oberfläche gelangten. Diese Vorgänge begannen in einer Phase starker Erdkrustenbewegungen vor ungefähr 100 Millionen Jahren.

Die ursprünglich in etwa 2000 Meter Tiefe horizontal liegenden salinen Schichten verformten sich zu Salzgebirgen, deren Stöcke, Kuppen und Dome bis dicht unter das obere Erdreich emporragen. Solche Salzstrukturen hat die Forschung im Lauenburgischen bei Nusse 291 Meter, bei Gudow 500 Meter und bei Hohenhorn 850 Meter tief festgestellt.

Die Genauigkeit der Angaben verdanken wir verschiedenen geophysikalischen Meßmethoden und den Bohrungen der Erdölsucher. Denn in der Nachbarschaft der Salzhorste ist häufig Erdöl in neue Lagerstätten aufgestiegen.

Die Tiefbohrungen von Hohenhorn (nördlich Geesthacht), die die Hoffnung auf eine wirtschaftliche Erdölförderung nicht erfüllten, gewähren uns zusammen mit anderen Erschließungsbohrungen, die im Lauenburgischen und im nahen Umkreis unternommen wurden, einen ziemlich genauen Einblick in die geologischen „Stockwerke“ des Kreisgebiets.

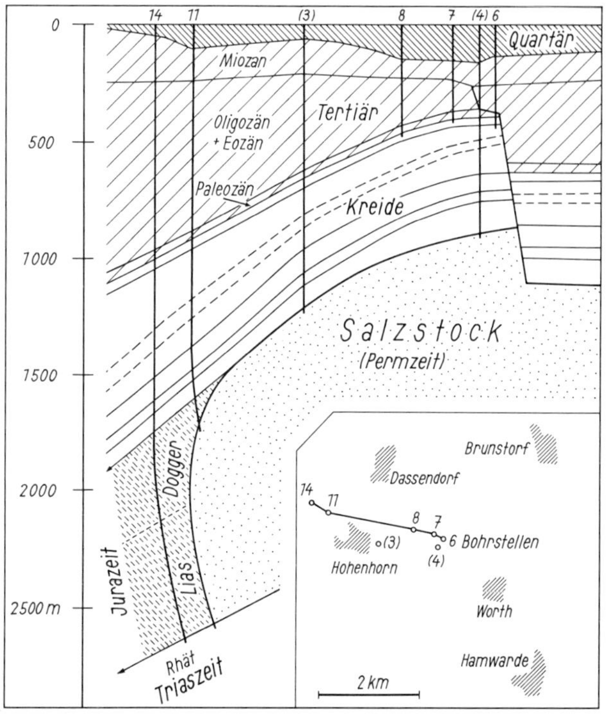

Der Hohenhorner Salzstock (nach Roessler 1957)

Den ältesten Unterbau bilden die Lagen der Perm-, Trias-, Jura- und Kreidezeit. Vorpermische Gesteine (Kambrium bis Devon) werden angenommen, sind freilich durch Bohrungen in Schleswig-Holstein bisher nicht erreicht worden. Trümmerstücke finden wir aber in den eiszeitlichen Geschieben skandinavischer Herkunft. Die Karbonzeit hat bei uns keine Spuren hinterlassen.

Die tertiären Absätze der Erdneuzeit bestehen aus Ton, Mergel, Sand und Kies, sind weich und locker und unterscheiden sich in dieser Hinsicht von denen der Kreidezeit. Ihre Obergrenze zu den eis- und nacheiszeitlichen Schichten verläuft in Dissau bei Lübeck in 228 Meter und Reitbrook bei Bergedorf in 108 Meter Tiefe, bei Nusse um 80 bis 100 m unter NN.

Eine eindrucksvolle Vorstellung von der Mächtigkeit der erdzeitlichen Ablagerungen vermitteln die Bohrungsergebnisse von Reitbrook unfern der lauenburgischen Grenze:

Nacheiszeit:	0–8 m
Eiszeit:	100 m
Tertiär:	650 m
Kreide:	730 m
Jura:	385 m
Trias:	50 m
Perm (im Salzdom):	über 2000 m[7]

Bewegungsvorgänge in der Erdrinde haben die Lage der Schichtenverbände im Laufe von Jahrmillionen verändert. Daher zeugen die erstarrten Schichten mit ihren „Streifenmustern“ von bewegten „Minuten“ und „Stunden“ der unendlichen Zeit, und ihre Mächtigkeit offenbart die relative Nichtigkeit der menschlichen Lebensspanne.

Die Prägung der Landschaft durch das Eis

Wer das Lauenburger Land von Norden nach Süden mit wachen Augen durchwandert, bemerkt, wie sich das Gesicht der Landschaft allmählich verändert. Im Nordkreis bestimmen Seen, Hügel und Höhenzüge das Bild. Die südliche Hälfte zeigt ausgeglichene, weniger bewegte Bodenformen, ist reich an Sandflächen und arm an Seen. Nur in der Randzone zwischen Mölln und Gudow sind dem

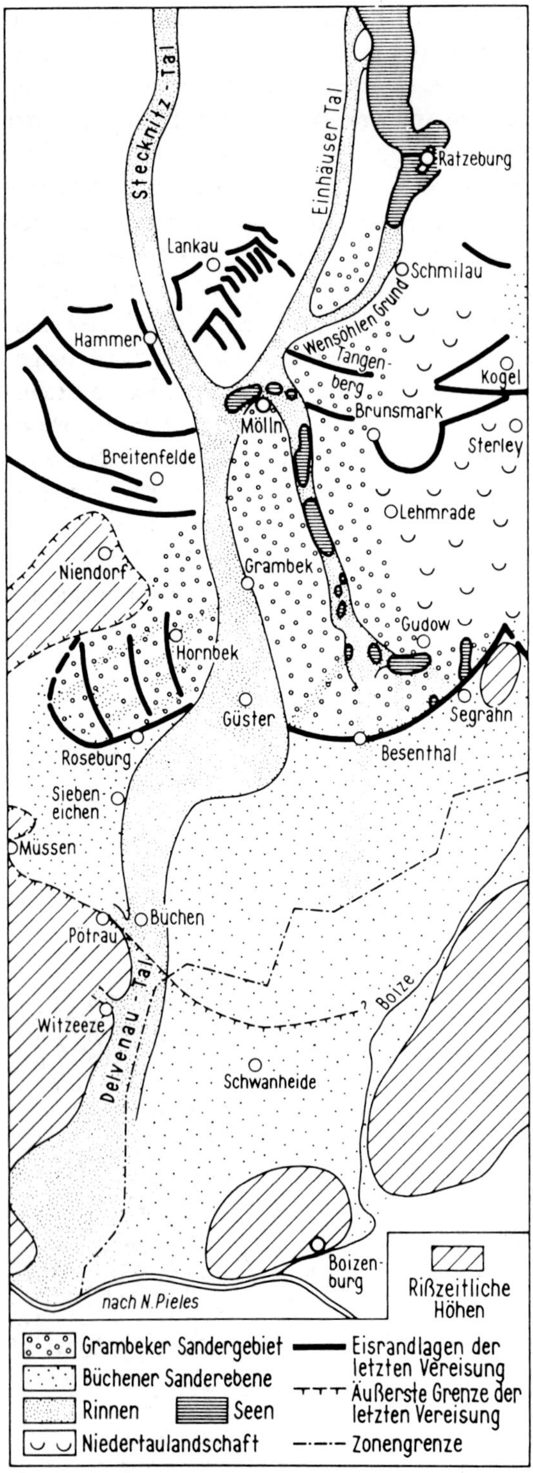

Eisrandlagen, Sander und Rinnen zwischen Ratzeburg und Lauenburg (nach Pieles 1958)

sandigen Landstrich belebende kleine und größere Seen eingebettet. Dort verhindern unter dem leichten Boden liegende muldenartige Lehm- oder Mergelschichten das Durchsickern des Wassers.
Wo der Sand in feinkörniger Vollendung erscheint, zum Beispiel auf den Fluren von Göttin, Besenthal, Langenlehsten und Bröthen, fühlt man sich an die Lüneburger Heide oder den schleswig-holsteinischen Mittelrücken erinnert. Doch was der eine als Naturzauber liebt, das verdrießt häufig den Landmann. Die mäßigen Erträge der Geestbauern auf dem Sandrücken zwischen Mölln und Büchen erregen nicht den Neid der Landwirte, die auf gesegneteren Böden sitzen.
Die vielgestaltige lauenburgische Landschaft, die an den Wochenenden auf ihren Verkehrs- und Ausflugslinien von Autolawinen überrollt wird, besitzt nicht unbedingt, wie eingangs angedeutet, den Rang des Einmaligen. Ihre Vorzüge teilt sie mit anderen Naturräumen des Baltischen Höhenrückens, der die Ostsee, das „Baltische Meer", von Ostpreußen bis Jütland umsäumt und das Norddeutsche Tiefland mit Kuppen, Hügelgirlanden und Seen schmückt und von visueller Langeweile befreit.
Als Besonderheit Lauenburgs darf man ansehen, daß der Höhenrücken sich hier in einer Schwenkung nach Norden wendet und ein vergleichsweise interessantes Relief mit einem ungewöhnlichen Reichtum an Geländeformen bildet. Von dem bekannten Kirchenmann Claus Harms (1778–1855) stammt der humorige Ausspruch, Schleswig-Holstein sei einem Schwein mit zwei fetten Seiten und einem mageren Rücken vergleichbar. Er hatte dabei die fruchtbare östliche Hügellandschaft, die dürftige Geestzone in der Mitte und den fetten Marschboden im Westen vor Augen.
Dieser Vergleich läßt sich auf Lauenburg nur mit Einschränkung übertragen. Im Herzogkreis ist nicht alles, aber manches anders: Das Hügelland liegt im Norden, die Geestplatte nach Süden, und die Marsch fehlt fast ganz. Denn der schmale Marschlandstreifen vor der Geest im Raume Geesthacht – eine Flußmarsch – wurde von der Elbe weitgehend abgetragen, und das Marschengebiet der Vierlande ging 1420 politisch verloren.
Die Landschaftsformen Lauenburgs sind wie die der verschwisterten Regionen, wenn wir von den alluvialen (nacheiszeitlichen) Bildungen und menschlichen Einflüssen absehen, ein Werk der Eiszeit. Der Phantasie fällt die Vorstellung schwer, daß noch vor 15 000 bis 20 000 Jahren weite Teile Norddeutschlands unter einer riesigen, rutschenden Eisdecke lagen und aus Gletschertoren tosende Bäche stürzten. Aber kaum jemand zweifelt daran. Die Wissenschaftler der Geologie haben in über einhundertjähriger Kleinarbeit überzeugende Beweise gesammelt. Über die Ursachen der periodischen Klimaverschlechterungen gibt es allerdings keine einhellige Meinung, nur etliche Theorien.

In drei Kaltzeiten, die wiederum durch Warmzeiten unterbrochen waren, schoben sich während der letzten 500 000 Jahre Ströme von Eis, von Schweden oder Finnland kommend, über den tertiären Untergrund der Heimat. Diese Gletscher schürften nicht nur durch ihr Gewicht tiefe Trogtäler aus, sondern schleppten auch die Last grob und fein zerriebener Gesteinsmassen und schwerer Felsbrocken mit sich.
Kam es in den Warmzeiten zum Abtauen des Eises und Rückzug der Gletscher, zeigte sich das geschundene, gefurchte und verschrammte Antlitz einer trostlosen Schutthaldenlandschaft mit Seen, Toteislagen und abfließenden Wassermassen. Bei diesem grandiosen Schauspiel der Natur mit dem Wechsel von Kalt- und Warmzeiten wurden Gletscherablagerungen (Grund- und Endmoränen) vorhergehender Eisvorstöße aufgestaucht, aufgewühlt, vermischt, verlagert oder überspült.
Im Kreisgebiet sind die Spuren und Gebilde der letzten beiden Vereisungsperioden, der Saale-Warthe- und der Weichsel-Eiszeit, sichtbar. Denn der äußerste Vorstoß der jüngsten Vereisung (Weichselzeit) erreichte nach den Erkenntnissen von Gripp nur die Linie Segrahn, Gudow, Woltersdorf, Tramm, Talkau, Fuhlenhagen, Basthorst und Grande. Nach der Auffassung von Illies verlief die Grenze, wesentlich stärker gegliedert, drei bis fünf Kilometer südlicher. Ob die Höhen von Niendorf (Stecknitz) der letzten oder vorletzten Vereisung zuzurechnen sind, blieb im Gelehrtenstreit bisher unentschieden. Die Altmoränenlandschaft der Saale-Warthe-Zeit zwischen der letzten Vereisungsgrenze und der Elbe hatte ursprünglich ein ähnlich bewegtes Relief wie die jungeiszeitliche Hügellandschaft des Nordkreises. Sie wurde jedoch durch Schmelzwässer der weichselzeitlichen Eisrandlagen ausgewaschen, durch gleitende aufgetaute Böden eingeebnet und durch „Schuttanhäufungen vor dem Eisrand" oberflächlich umgestaltet. Verwitterung und Entkalkung des Bodens hatten schon in der letzten Warmzeit (Warthe-Weichsel-Interglazial) eingesetzt. Es entstanden nun sanft gewellte Hügelketten und überformte Flächen, doch blieben auch größere Höhen erhalten.

Die Hügellandschaft der Moränen

Der letzte kräftige Eisvorstoß erfolgte vor ungefähr 50 000 bis 25 000 Jahren[8]. Als dem Eisriesen der kalte Nachschub ausging, verzog er sich im

Das hohe Elbufer. Kliffartiger Steilhang bei Lauenburg (um 1760)

Sambaschritt nach Norden, das heißt, er ließ durch das Hin- und Herpendeln des Gletscherrandes zahlreiche hintereinander liegende Endmoränenzüge zurück. Sie kennzeichnen wechselnde Eisrandlagen, die als „Moränenstaffeln“ noch heute im Gelände wahrnehmbar sind. Ihre Entstehung wurde wissenschaftlich vor allem von Professor Gripp erforscht. Sie beherrschen das Gebiet des Nordkreises zwischen dem Höchststand des Eises (Linie Basthorst, Talkau, Tramm, Gudow, Segrahn) und jenen gestaffelten Ablagerungen, die sozusagen den Tellerrand des Eisstausees des Lübecker Beckens bilden. Solche ehemaligen Ränder sind zum Beispiel der Höhenzug Siebenbäumen – Klinkrade – Bergrade – Groß Disnack und die Höhenlinie Wulmenau – Kastorf – Klein Weeden – Groß Berkenthin – Klein Sarau.
Wenn durch erneut vorstoßende Eiszungen ältere Schuttlagen hochgepreßt wurden, entstanden Stauchmoränen wie der warthezeitliche Höhenzug von Geesthacht, der Segrahner Berg bei Gudow und das Höhengebiet von Koberg. Im Bereich der Endmoränen konnten sich Grundmoränen – vom Gletscher mitgeführter und abgelagerter Schutt – in ansehnlicher Höhe kaum behaupten. Das Bild einer kleinkuppigen „Grundmoränen-Toteislandschaft“ (Niedertaulandschaft) liefert das Gebiet Kogel, Sterley, Hollenbek und Sophienthal westlich des Schaalsees.

Abflußrinnen und Sander

Trübe Schmelzwässer, die aus Gletschertoren bei Kuddewörde und südlich des Ratzeburger Sees (Farchau) hervorschossen, verschwemmten feinkörnigen Schutt in das Vorfeld des Eises und schufen die Sandebene bei Grande und den großen fächerförmigen Sander südlich von Mölln. Gletscherwässer späterer rückwärtiger Eisrandlagen schnitten dann tiefe Rinnen in die Sandaufschüttungen und flossen ab zum Urstromtal der Elbe.
Das breite Billetal und die Schaalseerinne markieren die Außenlinien im Rinnensystem Lauenburgs. Die eindrucksvollste Talbildung, das Stecknitz-Delvenau-Tal, zerteilt in Nordsüdrichtung das Kreisgebiet. Der Blick vom Möllner Voßberg hinüber nach Hammer erfaßt eine vom Eishobel und Wasser tief eingeschnittene und geformte Urnatur, wie sie in dieser Ausprägung bei uns nicht allzu häufig angetroffen wird.
Durch das Stecknitztal entwässerten die Schmelzwässer des Lübecker Stausees und der Eisrandlagen, die diese umgaben. In das Tal mündete bei Altmölln auch das Wasser, das aus dem Becken des Ratzeburger Seegletschers über zwei Rinnen (Wensöhlengrund und Einhaus-Fredeburger Trokkental), die sich nordöstlich Mölln vereinigten, abließ. Der Strom der Wassermassen floß teils durch das Delvenautal, teils durch die Mölln-Gudower Seenrinne nach Süden ab.
Als das Land von der Last des Eises frei wurde und die dadurch verursachten Hebungen und Senkungen im Ostseebereich sich ausbalancierten, bildete sich eine Wasserscheide, die mitten durch das Kreisgebiet verläuft. Das Wasser des Lübecker Stausees floß ab zur Ostsee, und ein flacher Talsandrücken zwischen Mölln und Grambek zwang die Stecknitz, ihren Lauf nach Norden umzukehren. Der südliche Teil des Abflusses (Delvenau) entwässerte weiterhin zur Elbe.
Was die Natur vor wenigen Jahrtausenden trennte, hat der Mensch verbunden. Der von Lübeck im Mittelalter (1391–1398) erbaute Stecknitzkanal überwand die Wasserscheide durch einen Graben und mehrere Schleusenwerke. Er wich (1896–1900) in der Epoche der deutschen „Kanalsucht“ dem heutigen Elbe-Trave-Kanal. Die Neuanlage entsprach ökonomischen Forderungen, bedeutete aber stellenweise einen starken Eingriff in das ökologische Gleichgewicht: Durch die beträchtliche Vertiefung des Kanalbetts senkte sich der Grundwasserspiegel zwischen Grambek und Hornbek, und viele Brunnen versiegten.

Die Seenplatte

Seen gelten als die „Augen der Landschaft“. Sie sehen und ziehen uns magisch an und inspirieren die Dichter. Lauenburg hat in dem Gebiet zwischen Elbe-Trave-Kanal und der Grenze zur DDR, dem „Naturpark Lauenburgische Seen“, viele „Augen“ – 35 Waldseen an der Zahl. Verwendete man für das deutsche Wort „See“ die entsprechende schottisch-gälische Vokabel „Loch“, ließen sich die Seenketten des Naturparks mit einer lustigen Quizfrage vorstellen: „Loch an Loch und hält doch“, was die Werbung verspricht? Mancher See dieser Gegend entstand in des deutschen Wortes Bedeutung als Loch, in dem Toteis unter Verschluß gelegen hatte.
Toteislagen bilden sich, wenn Eisklötze vom Gletscherschutt begraben werden. Sie tauen erst in Warmzeiten auf. Dieser Prozeß kann Jahrhunderte oder Jahrtausende dauern. Schmilzt das Eis, sinkt der auf ihm ruhende Moränenboden in die sich mit

Oben: Moränenlandschaft bei Sandesneben
Unten: Das Stecknitztal bei Hollenbek

Wasser füllende Vertiefung ab. Die Hänge rutschen nach. Steilhänge im Gelände, wie der westliche Teil des Möllner Heidbergs, sind oft Beweis für „Toteisabbruchkanten".
Als typische Toteisseen gelten der Lottsee, Schwarzsee und der Krebssee, die am Rande des Hellbachtals südlich Mölln liegen. Überhaupt ist die ganze Gestaltung der Mölln-Gudower Rinne mit ihren Seen vor allem auf toteisbedingte Einwirkung zurückzuführen. Dagegen wurde die Rinne Salemer-, Pieper-, Pfuhlsee, Seedorfer Küchensee hauptsächlich durch Erosion (zernagende Schmelzwässer) geschaffen. Die Tröge der Ratzeburger Seen, deren Bildung die Geo-Fachleute anfangs auch von „gewaltigen Schmelzwasserflüssen" herleiteten, sind – so die heutige Meinung – aus einem „Überlaufgletscher" des Lübecker Zungenbeckens hervorgegangen. Dieser sei zwischen Tüschenbek und Utecht „ausgebrochen" und als Seitengletscher bis nach Farchau vorgestoßen.
Stauten sich Schmelz- und Regenwasser hinter den Moränenwällen in Geländetiefen, bildeten sich Grundmoränenseen, z. B. der Lankauer See nördlich Mölln. Als „See von gemischtem Typus" gilt der buchtenreiche Schaalsee an der Ostgrenze Lauenburgs. An seiner Entstehung sind fast alle dargestellten eis- und nacheiszeitlichen Formkräfte beteiligt gewesen.

Das hohe Elbufer

In größtem Kontrast zu der Seenplatte des Nördlichen Landrückens steht das Gebiet der vorletzten Vereisung – der Süden des Kreises. Zwischen Lauenburg und Geesthacht fällt es in einem kliffartigen Steilhang zum Urstromtal der Elbe ab. Schmelzwasserabflüsse der jüngsten Vereisung haben sich in die Geestplatte eingeschnitten, und in ihren Tälern entwässern noch heute die Steinau, die Au und die Bille. Auf dem alteiszeitlichen Boden steht der größte geschlossene Waldbestand Schleswig-Holsteins: der Sachsenwald. Von den Höhen des Steilhangs fällt der Blick auf das Elbtal, auf den eingedeichten Strom und die fruchtbaren Marschlande jenseits des Flusses. Eis, Wasser und Wind haben diese großartige Landschaft geformt. Hochgeschobene Endmoränenstaffeln bei Geesthacht und Lauenburg erinnern an das Wirken der Gletscher, die Besenhorster Binnendünen bei Geesthacht an das Fegen des Windes und die Talsande an die Transportkraft des Wassers. Die oberen Schichten der Geestplatte müssen nicht durch Bohrung erforscht werden, am Steilufer der Elbe treten sie sichtbar hervor. So haben bei Lauenburg die im Hang aufgeschlossenen, bis zwei Meter mächtigen „Kuhgrund-Torfe" der letzten Warmzeit immer wieder die Geologen angezogen.
Bevor der Mensch vor 700 Jahren wagte, die Elbe durch Deiche einzuengen, strömte das Wasser ungebändigt in mehreren Rinnen dahin. Die Entwicklung von dem kleinen „Flußgebilde" der Urelbe zum Urstromtal verlief dramatisch und ist nicht ganz geklärt. Als der Hauptstrom nach Norden wechselte, schuf er das Steilufer und näherte sich über den Arm eines Nebenflüßchens dem Rinnensystem der Delvenau. Der breite Schwemmfächer zwischen den Geesträndern von Lauenburg und Boizenburg läßt ahnen, mit welcher drängenden Gewalt die Delvenau den Anschluß an den Elbstrom an dieser Stelle gefunden hat.

Geschiebe, Kies- und Tongruben

Im Lauenburgischen tritt kein Schichtgestein des geologischen Unterbaus an die Oberfläche. Aber in den eiszeitlichen Geschieben, die die skandinavischen Gletscher auf ihrer Reise in den Süden als Gastgeschenke mitbrachten, finden wir Trümmerstücke früherer erdgeschichtlicher Stufen und Fossilien (steingewordene Reste oder Abdrucke von Tieren und Pflanzen) als urzeitliche Zeugen. Den Geschiebesammlern, die in ihrer Freizeit geschickt und sachkundig verborgene Fossilien – Ammoniten, Muscheln, Schnecken, Seeigel, Tintenfischarten, Dreilappkrebse und Korallen – aus Steinen herausmodulieren, verdanken wir den Einblick in vergangene Lebensformen.
Eine sehenswerte Sammlung von Fundstücken – eine private Leihgabe – befindet sich im Kreismuseum Ratzeburgs. Die Exponate stammen aus heimischen Kiesgruben und Tonlagern. Fundorte sind die Kiesgruben Segrahn, Gr. Pampau, Güster, Kl. Disnack, Ritzerau, Mölln und die Ziegeleitongruben Gr. Weeden, Schwarzenbek, Hammer und Buchhorst (Lauenburg). Schollen tertiärer Tone lieferten den Ziegeleien, die nicht mehr alle bestehen, das Material zur Herstellung von Backsteinen. Die in den Kiesgruben angeschnittenen Lagerschichten geben uns Kenntnis über Zusammenset-

Lüttauer See bei Mölln

zung der Geschiebe und Bewegung der Gletscher und Schmelzwasserabflüsse.
Da die lauenburgischen Sedimentgeschiebe Reste aus fast allen erdgeschichtlichen Perioden enthalten, sind sie immer gut für Überraschungen. Im Delvenaudelta soll früher häufig Bernstein in doppelter Faustgröße gefunden worden sein. In Kl. Pampau, so berichtet der Chronist W. Claudius 1884, „sei ein Stück Bernstein von der Größe eines Kinderkopfes beim Mergelauswerfen gefunden und an einen gerade vorbeikommenden Juden für drei Taler verkauft" worden[9]. Bernstein entstand vor über 30 Millionen Jahren, als das Meer im heutigen Ostseebereich riesige Waldflächen überflutete und das Harz der Bäume allmählich zu Stein erstarrte.

1985 erregte die Kiesgrube Gr. Pampau sogar das Interesse der Medien. Hier war – zunächst geheim gehalten – im jungtertiären Glimmerton, in einer Flachmeerablagerung, ein etwa 13 Millionen Jahre altes Walskelett entdeckt worden. Der sensationelle Fund erinnert daran, daß in der Tertiärzeit die Norddeutsche Tiefebene noch weithin Meeresgrund war. Am Ende des Tertiärs trocknete der Meeresboden aus, im Quartär schoben sich die Eismassen über die Fundstelle, und Kiesablagerungen deckten sie zu. Aber der Kiesabbau unserer Tage legte die Reste des Wals wieder frei, und durch die Präparation wird aus einem Stückwerk erdgeschichtlicher Vergangenheit ein kunstvolles Werkstück der Paläontologen, der Erforscher der Tier- und Pflanzenarten vergangener Erdzeitalter.

Vor- und Frühgeschichte

Das Wasser, fließend und gefroren, schuf und formte die lauenburgische Erde. Als sie schließlich aus arktischer Nacht zu neuem Leben erwachte, lag sie da, „wüst und leer", ein aufgewühltes Grab der Schöpfung. Überall kahle Hügel, rieselnde und rauschende Abflüsse, Sand- und Schlammschichten und – Steine aller Größen. Keine paradiesische Gegend. Aber die Vegetation, die dem Eishauch der Gletscher hatte weichen müssen, kehrte schnell zurück. Schon in der Späteiszeit breitete sich eine Tundradecke mit Moosen, Flechten, Silberwurz, Riedgräsern, Zwergbirken und Polarweiden über Hügel und Täler. Nach einigen verzögernden Klimaschwankungen verdrängten um 8000 bis 7000 v. Chr. Birken- und Kiefernwälder die Kältesteppe der Tundra: die Nacheiszeit begann endgültig. Rasch steigende Temperaturen begünstigten die Ausbreitung der Hasel, die das Landschaftsbild prägte, und die Einwanderung der Eiche, Ulme, Linde, Esche und – in den Niederungen und an den Seerändern – der Erle. Es bildeten sich Hochmoore, die wegen ihrer konservierenden Wirkung große Bedeutung für die Erforschung der Nacheiszeit und der Vorgeschichte erlangen sollten.

Den Pflanzen folgten die Tiere und den Tieren der Mensch. Zu den großen Tierarten der Tundralandschaft zählten das Ren und das Wildpferd. Mit der Ausbreitung der verschiedenen Baumarten und ihrer Schließung zu Wäldern verband sich der Zuzug von Elch, Hirsch, Reh, Wildschwein und des Auerochsen, des Urahns unserer Rinder.

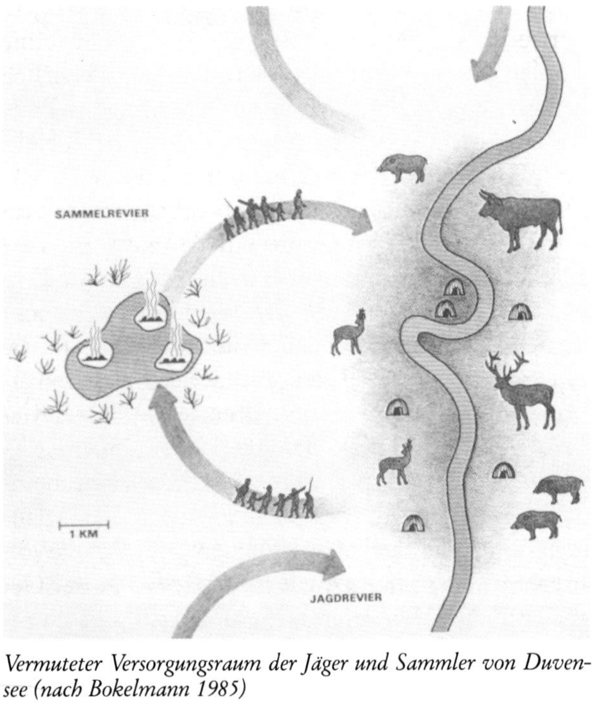

Vermuteter Versorgungsraum der Jäger und Sammler von Duvensee (nach Bokelmann 1985)

Der erdgeschichtliche Übergang von der Spät- zur Nacheiszeit bezeichnet in der Menschheitsgeschichte die Grenze zwischen älterer und mittlerer Steinzeit. Die vorzeitlichen Perioden des Menschen erhalten nach den gefundenen Stoffen, aus denen er seine Geräte und Waffen fertigte, ihren Namen. Die Wendung von der Erdzeit- zur Menschheitsgeschichte bedeutet im Bereich der Wissenschaft einen „Stafettenwechsel" von der Geologie zur Archäologie (Altertumsforschung), die ihre Aufgabe in der Erforschung und Erhaltung vor- und frühgeschichtlicher Denkmäler sieht.

Steinzeit

Die ersten Menschen, von denen wir auf Kreisgebiet – bei Kuddewörde und Kröppelshagen – spärliche Funde haben, waren Rentierjäger der jüngeren Altsteinzeit (um 11 000 v. Chr.). Sie führten ein Nomadenleben, das durch den Rhythmus der Rentierwanderungen am Anfang und Ende des Polarsommers bestimmt wurde. Das Ren lieferte ihnen fast alles, dessen sie zur Sicherung ihrer Existenz bedurften: Nahrung, Kleidung, Werkzeug und Geräte.

Als in der nacheiszeitlichen Wärmezeit (mittlere Steinzeit) das Rentier nach Norden abwanderte und in den entstehenden Wäldern Standwild (Hirsche und Rehe) heimisch wurde, veränderten sich auch die Lebensgewohnheiten der Menschen. Sie mußten nicht mehr unstet dem Wild folgen, wie die streifenden Jäger der Tundra; der Wald bot ihnen im Revier verbleibendes Wild und Eßbares genug: Wurzeln, Beeren und Nüsse. Auch lernten sie es, Vögel im Flug zu erlegen und Fische zu fangen. Die mittelsteinzeitlichen Jäger und Sammler bevorzugten Lagerplätze am Ufer oder auf Inseln von Seen.

Bekannt sind in der Fachwelt die Wohnplätze dieser Kulturstufe, die im Duvenseer Moor durch Ausgrabungen erforscht werden. Das Moor – ein Niederungsmoor – ist ein verlandeter See. Daher fand man hier nicht nur feinste Pfeilspitzen aus

Riesenbett am Südrand des Sachsenwaldes

Feuerstein (Mikrolithen) und Geräte aus Flint, Knochen und Geweih, sondern sogar Überreste aus sonst schnell vergänglichen organischen Stoffen, die uns Rückschlüsse auf die Lebensweise in jener vorgeschichtlichen Zeit (7000–6000 v. Chr.) erlauben: eine große Menge Haselnußschalen und das älteste Paddel der Welt. Haselnüsse hatten für die Bewohner eine ähnliche Bedeutung wie für uns das Getreide. Auch grob bearbeitete Flintbeile (Kernbeile), die in der Altsteinzeit noch unbekannt waren, wurden bei den Ausgrabungen geborgen.

Die auf die mittlere Steinzeit folgende Jungsteinzeit (3500–1600 v. Chr.) markiert einen tiefen Einschnitt in der Entwicklung des Menschen: Die Jäger, Fischer und Sammler wurden seßhaft. Als Akkerbauern und Viehzüchter wohnten sie fortan in festen Häusern und Hofanlagen. Diese revolutionäre Veränderung, die schon einige Jahrtausende vorher im Nahen Orient eingesetzt hatte, erreichte nun die Randregionen Europas. Die aneignende Wirtschaftsform der Wildbeuter und Sammler wich der produzierenden Vorratswirtschaft, in der die Haltung von Haustieren (Schwein, Schaf und Rind) und der Anbau von Getreide (Gerste, Hirse und Weizen) neue Techniken nach sich zogen. Verzierte keramische Erzeugnisse – noch ohne Töpferscheibe hergestellt – wurden unentbehrlich für den Haushalt. Geschliffene Geräte und Beile aus Flint und Felsgestein lassen eine hohe Perfektion und optimale Brauchbarkeit erkennen.

Die Seßhaftigkeit ermöglichte nicht nur verfeinerte Techniken, die einen großen Zeitaufwand voraussetzten, sondern änderte auch die geistige Einstellung zur natürlichen Umwelt. Sie war nicht mehr „Szenerie", die man beliebig wechselte; sie mußte pfleglich behandelt und den Nachfahren als heimatliche Lebensbasis erhalten werden. Die Riesensteingräber – monumentale „Erbbegräbnisse" – künden von der Bodenständigkeit, dem Gemein- und Familiensinn und vielleicht vom Jenseitsglauben dieser jungsteinzeitlichen bäuerlichen Bevölkerung. Ihre Kultur erhielt nach der Form der Gefäße den Namen „Trichterbecherkultur".

Eine große Zahl der Grabanlagen, die der Volksmund „Hünengräber" nennt und der Romantiker

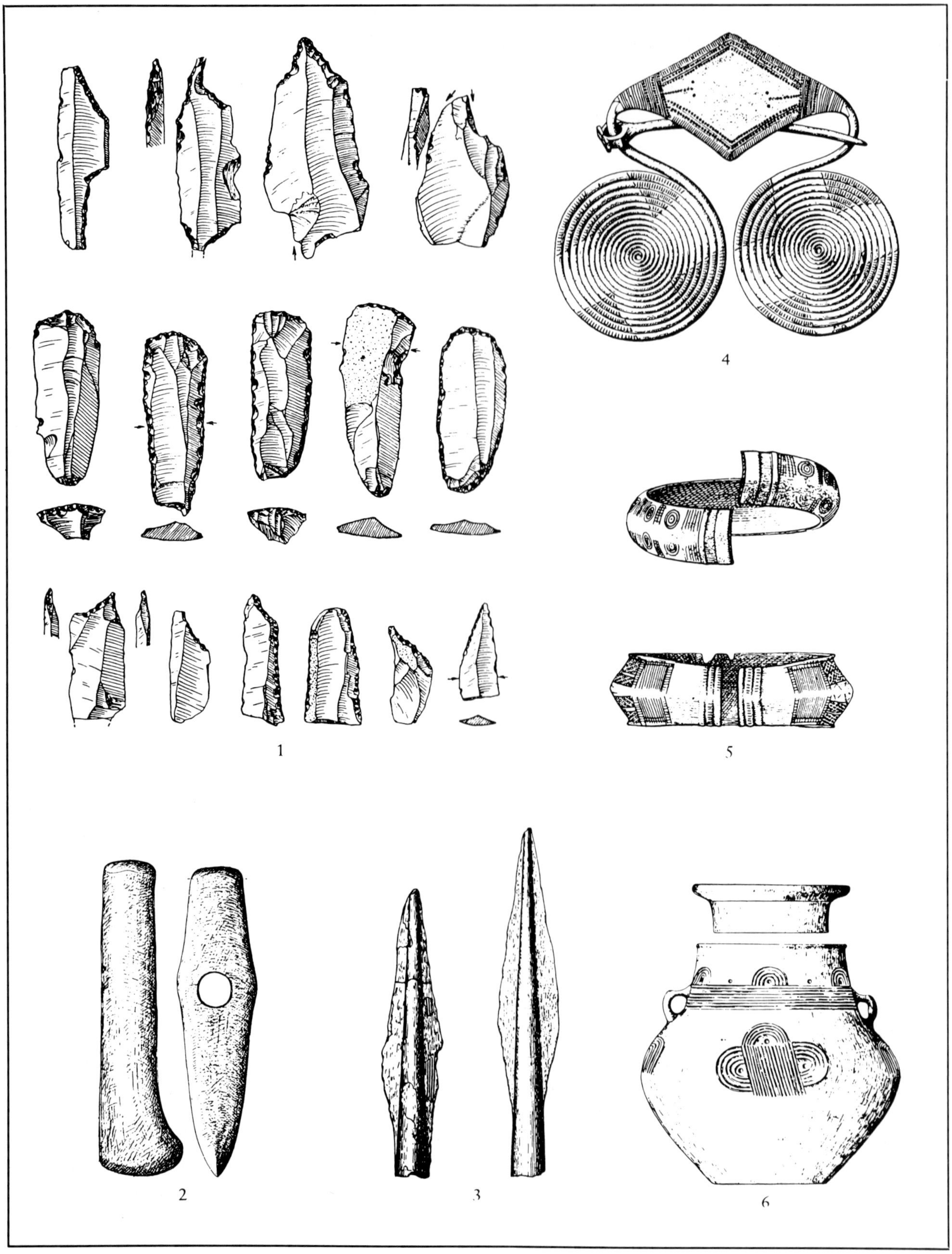

Archäologische Funde aus dem Sachsenwald:
1 Altsteinzeit; 2 Jungsteinzeit; 3 mittlere Bronzezeit; 4–6 Fibel, Armringe und Urne der jüngeren Bronzezeit

als „Pyramiden Schleswig-Holsteins“ verklärt, ist aus Unkenntnis oder Unverständnis zerstört und als Steinmaterial für Fundamente, Grundstückseinfassungen und Straßenbau verwendet worden. Professor Kersten konnte 90 Großsteingräber feststellen, „von denen 72 auf den südlichen Teil des Kreises und nur 18 auf das Gebiet nördlich des die Mitte des Kreises durchziehenden Sanders entfallen“[10]. Dieses Mißverhältnis beweist lediglich, daß im Norden die Gräber den Landbau mehr behinderten und deswegen eher beseitigt wurden als z. B. im Sachsenwaldgebiet, wo dichter Baumbewuchs seit der Mitte des ersten Jahrtausends n. Chr. die früher kultivierten Flächen überwucherte und wo demzufolge Hünenbetten häufiger sind. Unter den Großgräbern gibt es solche mit und ohne Grabkammern. Die beiden besterhaltenen Riesenbetten mit Grabkammern liegen im Sachsenwald nördlich Dassendorf, geheimnisvolle Zeugen der Vorzeit.

Mit Landbau und Rodung beginnt in der Jungsteinzeit ein Prozeß, der die Naturlandschaft langsam, aber stetig in eine Kulturlandschaft verwandelt. Die Verortung des Menschen mußte nicht mit Abschluß gegen fremde Einflüsse verbunden sein. Aus der Häufung jungsteinzeitlicher Siedlungen an der Stecknitz zwischen Altmölln und Kühsen darf man folgern, daß die Stecknitz-Delvenau-Talung schon sehr früh als natürliche Passage Handel und Wandel begünstigt hat.

Bronzezeit

Im zweiten Jahrtausend vor unserer Zeitrechnung verdrängte in einem allmählichen Übergang die Verwendung von Bronze den Feuerstein als Werkstoff. Die Bronzegießer – Bronze wurde nicht geschmiedet – verstanden es, Metall zum Schmelzen zu bringen und in Gußformen aus Ton Waffen, Geräte und Schmuck zu fertigen. Die beiden Metalle Kupfer und Zinn, aus denen Bronze in einem bestimmten Mischungsverhältnis bestand, mußten in Barrenform eingeführt werden. Als Tauschwert hatte der Norden den begehrten Bernstein, das „Gold“ der Küsten, zu bieten. Der Fernhandel blühte auf.

In der älteren und mittleren Bronzezeit lebten auf Kreisgebiet zwei Kulturgruppen – ohne *Kulturgefälle* – anscheinend friedlich nebeneinander; sie waren durch die Zone der Sandgebiete in der Mitte getrennt. Die Siedler der nördlichen Hälfte gehörten zu einem nordischen Kreis, dessen Zentrum in Dänemark und Schweden lag, und die Bauern des südlichen Teils (Lüneburger bzw. Ilmenau-Kultur) bildeten die nordelbische Randgruppe „einer süddeutschen Hügelgräberkultur“. Besonderheiten beider Gruppen zeigen sich in der Frauentracht, der Bewaffnung und in den Grabanlagen. Seit der jüngeren Bronzezeit herrschte der nordische Kreis ebenfalls im Süden vor, die Unterschiede verwischten sich.

Während der Bronzezeit (ca. 1600–500 v. Chr.) ging man von der Körperbestattung zur Brand- und Urnenbestattung über. Sie blieb für fast 2000 Jahre die übliche Bestattungsart. Erst durch ein Verbot Karls des Großen um 800 n. Chr. hörte die „heidnische Leichenverbrennung“ auf. Zahlreiche Grabhügelfelder (Sachsenwaldgebiet, Schönberg, Albsfelde, Schmilau, Seedorf, Sterley) und Urnenfriedhöfe (Schwarzenbek, Mannhagen, Escheburg, Lanze) raunen noch heute von jenem „goldenen Zeitalter“, das vom Klima begünstigt war und den Menschen – nach den kunstvollen Beigaben zu schließen – einen gewissen Wohlstand ermöglichte.

Aber in sanfter und sicherer Ruhe lebten sie auch damals nicht dahin. Das verraten in den Männergräbern die Schwerter, Dolche, Beile und Lanzenspitzen. Das Geheimnis eines tragischen Familienschicksals barg bis zur Ausgrabung im Jahre 1932 ein Hügel der älteren Bronzezeit bei Grünhof-Tesperhude: den Tod von Mutter und Kind. Beide waren in Baumsärgen auf einer Tenne aus Stein und Lehm beigesetzt. Es gehörte zu der merkwürdigen Bestattungszeremonie der Ilmenau-Kultur, verstorbenen Frauen ein Totenhaus zu errichten, dieses dann anzuzünden, den Brandplatz mit einem Hügel zu bedecken und das Erinnerungsmal mit einem Steinkreis „einzufriedigen“.

Eisenzeit (500 v.–500 n. Chr.)

Schon im 8. Jahrhundert v. Chr. wurde das Eisen als neues Metall durch den Fernhandel in Schleswig-Holstein bekannt. Die Technik zur Gewinnung und Nutzung des Eisens vermittelten die Illyrer, die Träger der Hallstattkultur, deren Bereich sich von Ostfrankreich bis Westungarn erstreckte. Das komplizierte Verfahren, Eisen in speziellen Lehmöfen auszuschmelzen und die poröse Eisenluppe in Holzkohlefeuer auszuglühen, sowie die Verarbeitung zu Waffen und Gerätschaften führten zur stärkeren beruflichen Differenzierung. Der Schmied genoß höchstes Ansehen. Gegenüber den legierten Bestandteilen der Bronze besaß das Eisen

Urnen der älteren Kaiserzeit (1/6 Größe): 1 Hornbek; 2, 3, 5 Rondeshagen; 4 Müssen; 6 Klempau; 7 Sterley (nach Kersten 1951)

einen Vorteil: es mußte nicht eingeführt werden. Eisenerz in der Art des Raseneisenerzes gab es auch in unserem Raum, z. B. in sumpfigen Wiesen oder am Rande von Mooren.
Die vorgeschichtliche Eisenzeit wird in drei Perioden (vorrömische Eisenzeit, römische Kaiserzeit und Völkerwanderungszeit) eingeteilt. Aus der stetigen Zunahme der Gräberfelder in Lauenburg während der ersten beiden Zeitabschnitte darf man auf ein ständiges Anwachsen der Bevölkerung schließen. In der vorrömischen Eisenzeit wurde die Beisetzung in Flachgräbern, die sich häufig an bronzezeitliche Bestattungsplätze anlehnten, üblich. Eigenartig mutet es an, daß Männer und Frauen offenbar auf getrennten Friedhöfen bestattet wurden. Das Fundgut auf dem Frauenfriedhof Hornbek und dem Männerfriedhof Hamfelde ist eindeutig. Die gewählten Namen stehen repräsentativ für genau erforschte Anlagen. Das Kreisgebiet birgt eine ganze Reihe solcher nach Geschlecht getrennten Gräberfelder.
Diese eisenzeitlichen Nekropolen (Gräberstätten) werden nach einem Fundort bei Uelzen der Jastorf-Kultur zugeordnet, deren Ausbreitung nach Südholstein und Nordhannover Kersten die „suebische Landnahme" nennt. Nach den archäologischen Quellen fand bis um 200 n. Chr. hierzulande kein Bevölkerungswechsel statt. Folgen wir der wichtigsten literarischen Quelle über unsere Vorfahren, der „Germania" des römischen Historikers Tacitus (1. Jahrhundert n. Chr.), dann gehörten die damaligen Bewohner Lauenburgs zum Suebenbund, der den größten Teil Germaniens umfaßte. Ein Kennzeichen dieses weitreichenden Stammesverbandes war es, „das Haar quer zu kämmen und in einem Knoten zusammenzufassen". Wegen der ungenauen geographischen Angaben in der römischen Überlieferung ist es jedoch nicht möglich, die Zugehörigkeit der hier siedelnden Kulturgruppe zu einem Einzelstamm näher zu bestimmen.
Fassen wir also das Gesagte zusammen: Die Auswertung des Fundmaterials durch die Gräberfeldarchäologie spricht dafür, daß in Lauenburg, wie in Schleswig-Holstein, seit der Bronzezeit eine Bevölkerung lebte, deren nordische Kultur sich durch technische Neuerungen weiterentwickelte und „in die Kultur einmündete, die seit Tacitus mit dem Namen germanisch bezeichnet wird".[11]
Ein kleiner Schlenker sei an dieser Stelle erlaubt. Der Begriff „Germanen" ist in der Nachkriegszeit ein Reizwort geworden – eine Reaktion auf die Idealisierung der Germanen als Verkörperung der nordischen Rasse in der NS-Weltanschauung. Die Germanenbegeisterung wich einer Germanen-

Römische Bronzekanne der frühen Kaiserzeit. Original und Nachbildung. Fundort bei Altmölln

scheu. In den geschichtlichen Darstellungen spürt man bisweilen die Neigung, die überlieferte völkische Eigenart der Germanen abzuschwächen. Aber ihre Besonderheit läßt sich schon allein aus sprachwissenschaftlichen Gründen nicht in Frage stellen, obwohl ursprünglich der Name eines einzelnen linksrheinischen Stammes „auf eine Vielzahl von Stämmen übertragen" wurde. Nicht anders bleiben die Deutschen ja ohne Zweifel Deutsche, auch wenn die Franzosen sie nach dem Nachbarstamm (Alemannen) insgesamt als „Allemands" bezeichnen.
In der eisenzeitlichen Germanenepoche herrschte kein urweltlicher Friede auf der Kimbrischen Halbinsel. Klimaverschlechterung mit kalten Wintern und regenreichen kühlen Sommern, Sturmfluten, Landnot und Erschöpfung der Böden mögen eine Aufbruchstimmung geschaffen haben. Die Zeit der schönen bronzezeitlichen Sommer war dahin. Die Schwerpunktverlagerung der Siedlung in den Süden des Kreises, der Zug der Kimbern, Teutonen und Ambronen am Ende des zweiten vorchristlichen Jahrhunderts von der Nordsee bis nach Oberitalien und der Vorstoß der Sueben unter Ariovist von der Elbe bis nach Gallien in der Zeit Cäsars müssen vor dem Hintergrund einer allgemeinen germanischen Bewegung nach Süden gesehen werden. Die Berührungen mit der römischen Weltmacht verstärkten sich. Im Jahre 5 n. Chr. fuhr eine römische Flotte die Elbe hinauf und gelangte mit ziemlicher Sicherheit bis zur Furt

von Artlenburg, wo sie auf das Heer unter Tiberius, dem Stiefsohn des Kaisers Augustus, traf. Die Begegnung von Heer und Flotte an der Elbe sollte militärische Macht demonstrieren. Denn der Strom war als Grenze des römischen Imperiums geplant. Römische Legionsschwerter und andere Waffenbeigaben in Gräbern des Männerfriedhofs von Hamfelde machen die Teilnahme „lauenburgischer" Kontingente an den Kriegen der verwandten Markomannen (166–180) gegen den römischen Kaiser Marc Aurel wahrscheinlich.

Gewiß waren die römisch-germanischen Beziehungen nicht nur kriegerischer Art. Römische Importwaren fanden als Luxusgüter Einlaß in die germanischen Haushalte. Die Entscheidung, ob Gastgeschenk, ob Einfuhr- oder Beutegut, ist freilich schwer zu treffen. Zwei Prunkstücke, die auf lauenburgischem Boden gefunden wurden, sind im Schleswig-Holsteinischen Landesmuseum für Vor- und Frühgeschichte ausgestellt: der silberverzierte Bronzeeimer von Göldenitz (3. Jahrhundert n. Chr.) und eine bei Altmölln gefundene Bronzekanne der frühen Kaiserzeit, die als Einfuhrgut nördlich des Mains sehr selten ist. Beide Behälter wurden offenbar für wert befunden, die Asche angesehener Verstorbener, denen sie zu Lebzeiten etwas bedeutet hatten, aufzunehmen.

Die erwähnten Trecks und Heerzüge waren nur die Vorboten der großen germanischen Völkerwanderung. Nicht alle Bewohner der Kernlandschaften nahmen teil. Es gab noch genug „Nesthocker", die zu Hause blieben. Das änderte sich im 4. und 5. nachchristlichen Jahrhundert. Die Besiedlung Lauenburgs ging nach dem archäologischen Befund unübersehbar zurück. Schon im 3. Jahrhundert war der Süden leer, während sich im Norden anscheinend Bevölkerungsreste bis etwa 500 hielten.

Bedeutsame Veränderungen müssen erfolgt sein: Zusammenschlüsse zu den mächtigen Stammesverbänden der Sachsen, Thüringer, Alemannen und Franken, die in der Zeit des Tacitus noch nicht vorhanden waren. Die elbgermanischen Sueben gingen teilweise in den Alemannen auf, die 259/60 den römischen Limes durchbrachen. Kersten bringt die Entleerung Ostholsteins mit der Invasion Britanniens in Verbindung. Die alteingesessenen suebischen Bewohner hätten sich den Angeln und Sachsen angeschlossen. Ob auch Langobarden, die in keinem der genannten Stammesverbände aufgegangen sind, in Lauenburg saßen und damals ihre Siedlungsplätze verlassen haben, kann archäologisch nicht sicher dokumentiert werden. Die Bodenfunde lassen es nicht zu, das langobardische Element „aus dem elbgermanischen Fundkomplex auszusondern". So müssen die Lauenburger bis heute der alliterierenden Versuchung „Von Lauenburg in die Lombardei" widerstehen und auf künftige Ergebnisse der Feldforschung warten. Die Folge der Entvölkerung war, daß sich von der Ostsee bis zur Elbe ein unwegsames und stellenweise feuchtes Waldgebiet ausbreitete, in dem die Buche immer mehr Fuß faßte. Die Vegetation überdeckte die Spuren der vorgeschichtlichen Kulturen.

Die frühgeschichtliche slawische Besiedlung

Nach dem Abzug der germanischen Bevölkerung sickerte von Osten her ein fremdes Volk in das menschenleere Wald- und Ödland ein: die Wenden bzw. Slawen. Wie lange die siedlungsfreie Zeit dauerte, läßt sich nicht mit Bestimmtheit sagen. Vielleicht begann die Wiederbesiedlung schon im 6. Jahrhundert. Die neuen Bewohner begegnen uns in der schriftlichen Überlieferung – in den fränki-

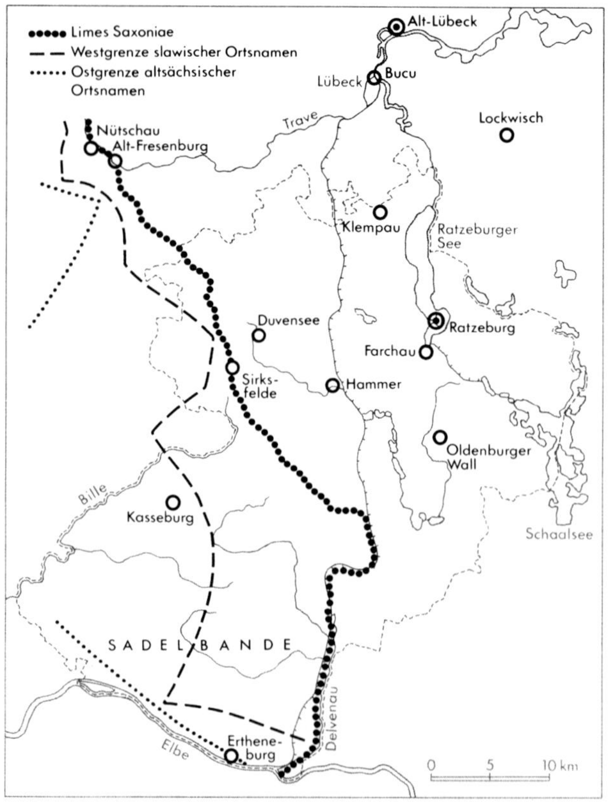

Limes Saxoniae und slawische Burganlagen. Die Ertheneburg (?) an der Elbe war sächsisch (nach K. W. Struve)

Slawischer Burgwall (Oldenburg) bei Alt-Horst

schen Reichsannalen – zuerst als Obodriten: Im Jahre 798 besiegten sie als Verbündete der Franken die nordelbischen Sachsen auf dem Sventanafeld (bei Bornhöved). Im 10. und 11. Jahrhundert erscheinen die Namen von Teilstämmen: Wagrier, Warnower und Polaben, die als verselbständigte Siedelverbände mehr Eigengewicht erhielten.
Die Polaben, deren Name „Elbanwohner“ bedeutet, drangen durch die Landenge zwischen Ratzeburger See und Schaalsee in unseren Raum ein und folgten bei der Landnahme den Fluß- und Bachläufen. Sie bevorzugten als Siedlungskammern, die durch Ringwälle gesichert wurden, hochgelegene leichtere Böden inmitten von Talniederungen oder Gewässern. Von diesen „Zellen“ erfolgte dann die Ausweitung der Siedlungsräume, wobei die Burgen ihre ursprüngliche machtpolitische Bedeutung verloren. Zum Stammesvorort entwickelte sich zu Beginn des 11. Jahrhunderts die 1062 zuerst genannte Burganlage Ratzeburg, nachdem die frühslawischen Ringwälle Farchau, Klempau, Oldenburg und Steinburg (bei Hammer) „aufgelassen“ worden waren. Ratzeburg war fortan das Macht- und Entscheidungszentrum des Polabenlandes.

Die Westgrenze der Obodriten bzw. Polaben bildete der Limes Saxoniae. Er wurde in der Zeit Karls des Großen um 810 einvernehmlich festgelegt. Die genaue Beschreibung seines Verlaufs verdanken wir dem Geschichtsschreiber und Domherrn Adam von Bremen (11. Jahrhundert). Diese Demarkationslinie reichte von der Elbe über Delvenau, Hornbeker Mühlenbach, Koberger Moor, Süderbeste und Trave bis zur Kieler Förde. Strittig war bisher der Ausgangspunkt an der Elbe. Die neue Untersuchung von Budesheim bringt überzeugende Argumente für einen Ansatz in der Mitte des Delvenau-Deltas.
Nach der Auswertung des spätslawischen Keramikmaterials war der Limes im nördlichen Teil „jahrhundertelang eine konstante Völkerscheide zwischen Sachsen und Slawen“[12]. Im Süden zwi-

schen Elbe, Delvenau und Bille (Sadelbande) erfolgte im 9. Jahrhundert eine polabische Besiedlung über den Limes hinaus. Zu diesem Ergebnis kommt Budesheim auf Grund der Ortsnamenforschung. In der Sadelbande begegnete, wenn wir Budesheim folgen, das slawische (wendische) Vordringen einer gleichzeitigen Siedlungsbewegung aus dem bardisch-sächsischen Raum. Hier bildete sich eine „Kontaktzone“ zwischen Sachsen und Slawen. Doch aus den nachbarschaftlichen deutsch-slawischen Beziehungen ging keine Freundschaft hervor. Gegenseitiges Mißtrauen förderte die Entstehung einer Erbfeindschaft, die für die nächsten Jahrhunderte schicksalhaft werden sollte.

Der Stammesverband der Sachsen ist von dem berühmten Geographen Ptolemaios in Alexandrien um 150 n. Chr. zum ersten Male erwähnt worden. Er entwickelte sich, so der heutige Wissensstand, aus einem Zusammenschluß nordelbischer Stämme im 2. Jahrhundert n. Chr. und dehnte sich später auf das südelbische Gebiet aus. Sein Kerngebiet, aus dem große Teile nach Britannien abwanderten, war seit dem 5. Jahrhundert der Raum zwischen Weser und Elbe. Weitreichende Folgen hatte seine Eingliederung in das fränkische Reich durch Karl den Großen. Während der fränkisch-sächsischen Feindschaft überließ der Ahnherr des Abendlandes für kurze Zeit die nordelbischen Sachsengaue (Holstein, Stormarn und Dithmarschen) den Obodriten. Die Limes-Abmachung korrigierte diese Entscheidung.

Sachsen und Slawen (Wenden) wurden also in der Übergangszeit von der Frühgeschichte zum Mittelalter auf dem Gebiet des heutigen Kreises Nachbarn, die sich nach Sprache und Volkstum unterschieden. Sprachliches Unvermögen oder mangelnder Wille erschwerten die Verständigung. Noch um 1700 nannten die Polaben des hannoverschen Wendlandes einen Deutschen, der sie nicht verstand, spöttisch „Niemezy“, d. h. einen Stummen.

Im deutschen Sprachgebrauch werden die Namen Slawen und Wenden als austauschbare Begriffe zur Bezeichnung nichtgermanischer Stämme verwendet. Im Widerspruch hierzu gibt es die Meinung, die Wenden seien mit den germanischen Wandalen identisch. Diese Auffassung beruht auf einer philologischen Fehlleistung: Die mecklenburgischen Herzöge z. B., deren Haus sich von einem wendischen Fürsten herleitet, führten den Titel „Fürst der Wenden“, der in lateinischer Übersetzung fälschlich als „Princeps Vandalorum“ (Fürst der Wandalen) erschien. Die Gleichsetzung der

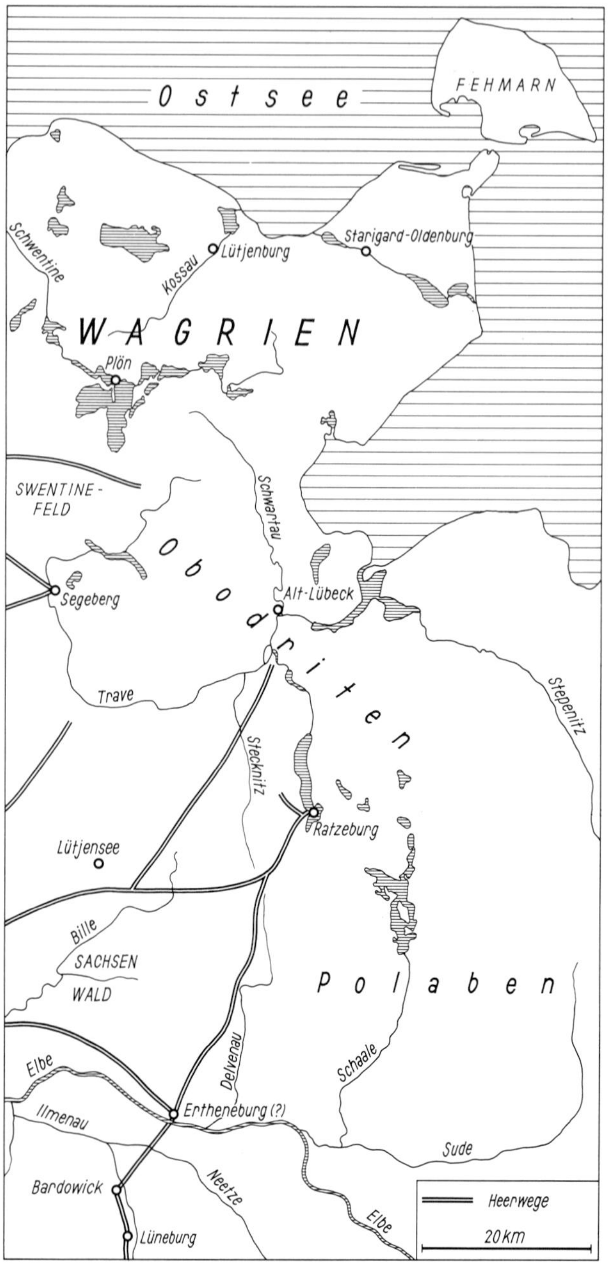

Westslawische Stämme in Nordelbien vor der deutschen Besiedlung

Wenden mit den Wandalen findet sich schon bei Adam von Bremen. Es besteht kein Anlaß, diesen Irrtum fortzeugend zu verbreiten. Auch Domherren können irren. Wenn man allerdings von der Tatsache ausgeht, daß die Wenden bis etwa 1500 innerhalb des Deutschen Reiches weitgehend im deutschen Volkstum aufgegangen sind, dann dürfen wir sie als einen deutschen Stamm auffassen, „was sie nicht ihrer Sprache nach, wohl aber ihrer geschichtlichen Prägung nach waren und – soweit sie in geringen Resten bis heute fortbestehen – auch sind“[13].

Politische Geschichte vom Mittelalter bis zur Gegenwart

Vom slawischen Polabenland zur sächsischen Grafschaft Ratzeburg

Unter dem Namen „Polabien“ traten die Mitte und der Norden unseres Heimatkreises in das Licht der Geschichte. Das östliche Siedlungsgebiet der Polaben reichte in den mecklenburgischen Raum hinein und wurde dort durch die Stepenitz und Sude begrenzt.
Das Schicksal Polabiens war verknüpft mit den Auseinandersetzungen, die um Nordelbien zwischen Deutschen, Dänen und den wendischen Obodriten geführt wurden. Die blutigen Kämpfe unterscheiden sich nicht wesentlich von den Stammesfehden und Massakern des 20. Jahrhunderts in Afrika. Der Wechsel von Slaweneinfällen und sächsischer Vergeltung verursachte auf beiden Seiten jahrhundertelang mehr Jammer als Jubel. Das Feindbild vom heimtückischen, bösartigen, treulosen und grausamen Wenden, dem wir literarisch im Geschichtswerk Widukinds von Corvey (10. Jahrhundert) und in der Slawenchronik Helmolds von Bosau (12. Jahrhundert) begegnen, hat sich den Deutschen über die Zeiten fort tief eingeprägt.
Eine Wende im Krisenszenarium bahnte sich an, als die sächsischen Herzöge zu Königen und Kaisern des Deutschen bzw. Römischen Reiches aufstiegen. Der Schwerpunkt des Reiches verlagerte sich an die Slawengrenze. Hatten sich die Nachfolger Karls des Großen auf defensive Maßnahmen (Sicherung der Reichsgrenze durch Kastelle und Tributzahlungen) beschränkt, gingen die Sachsenkaiser zur Offensive über. Sie begnügten sich nicht mehr mit Tributen, sondern suchten die slawischen Stämme der Aufsicht sächsischer Grafen zu unterwerfen. Otto I. übertrug die Kontrolle über das Gebiet der Obodriten, Kessiner und Circipanen dem forschen Markgrafen Hermann Billung, den er später zu seinem Stellvertreter und in eine herzogähnliche Stellung in Sachsen erhob.
Die wendischen Fürsten behielten anscheinend ihre „landesherrlichen Rechte“. Durch Anlehnung an die sächsische Herzogsmacht und Annahme des Christentums entfremdeten sie sich jedoch von ihrem Volk, das im heidnischen Glauben verharrte. So spann auch der Polabenfürst Ratibor (Ratše), dem die „Ratzeburg“ ihren Namen verdankt, im Netz der nordelbischen Machtverstrickungen seine eigenen Schicksalsfäden. Er fiel 1043 im Kampf gegen die Dänen. Seine acht Söhne, die auszogen, um den Vater zu rächen, starben in demselben Jahr – besiegt – auf der Lürschauer Heide bei Schleswig/Haithabu.
Die drückenden Steuerlasten, die als Versklavung, und die christliche Mission, die als Überfremdung der slawischen Eigenart empfunden wurden, führten immer wieder in Krisenzeiten des Deutschen Reiches zu völkisch-heidnischen Reaktionen, so 983 nach der Niederlage Ottos II. in Süditalien und 1066, als der Erzbischof Adalbert von Bremen aus seiner Vertrauensstellung bei dem salischen König Heinrich IV. weichen mußte.
Der christliche Wendenfürst Gottschalk, der um die Mitte des 11. Jahrhunderts eine Oberherrschaft über die Obodritenstämme mit Hilfe des Kirchenfürsten Adalbert aufbauen konnte, verlor seinen Rückhalt. Im Slawensturm von 1066 entluden sich die internen Spannungen explosionsartig: Gottschalk wurde ermordet. Viele Missionare und

Das Ansveruskreuz bei Einhaus

Mönche, in denen man als Gottesboten getarnte Saboteure sehen mochte, fanden – grausam gefoltert – den Tod. Die Kirchen gingen in Flammen auf, Hamburg wurde zerstört. Ein Opfer dieser wild aufschäumenden Bewegung wurde auch das erste Gotteshaus auf lauenburgischem Boden: die Kirchen- und Klosteranlage auf dem hohen Westufer des Ratzeburger Sees im heutigen Stadtteil St. Georgsberg. Die Insassen, der Abt Ansverus und 18 Klosterbrüder, starben bei Einhaus den Märtyrertod. Die kirchliche Organisation mit den neuen Bistümern Ratzeburg und Mecklenburg löste sich auf in nichts.

Erst 1093 – nach fast drei Jahrzehnten – zeigte sich den Deutschen ein Silberstreif: Dem Slawenfürsten Heinrich, dem aus dem dänischen Exil heimgekehrten Sohn Gottschalks, der hernach in Alt Lübeck residierte, gelang es, im Bunde mit dem Sachsenherzog Magnus das Heer seiner heidnischen Widersacher bei Schmilau nahe Ratzeburg zu schlagen. Eine Zeit des friedlichen, aber labilen Miteinanders schloß sich an.

Unter dem energischen sächsischen Stammesherzog und deutschen König-Kaiser Lothar von Supplinburg (1106/1125–1137) erfolgte schließlich ein neuer Aufbruch zur Christianisierung und Kolonisierung in Nord- und Ostelbien. Adolf I. von Schauenburg wurde mit Holstein und Stormarn belehnt, und der Priester Vicelin widmete sein Leben „mit frommem Eifer“ der Slawenmission. Doch der nach dem Tode Lothars im Reich ausbrechende Machtkampf zwischen Welfen und Staufern sorgte in Nordelbien für einige Verwirrung. Der Schauenburger Adolf II. verlor als Parteigänger der Welfen seine Grafschaft. Als Nachfolger kam Heinrich von Badewide ins Land, den Albrecht der Bär, ein Anhänger der Staufer, als neuer Herzog von Sachsen mit der schauenburgischen Grafschaft belehnte. Heinrich von Badewide konnte einen Einfall der wendischen Wagrier, die die deutschen Wirren auszunützen gedachten, erfolgreich abwehren und in einem Feldzug (1138/39) deren Gebiet mit Feuer und Schwert erobern.

Nach dem staufisch-welfischen Vergleich (1142) verzichtete der Askanier murrend auf das Herzogtum Sachsen zugunsten des Welfen Heinrich des Löwen; dieser übergab dem Schauenburger Adolf II. die Grafschaft Holstein und das unterworfene Wagrien, das Holstein eingegliedert wurde. Dafür entschädigte der junge Welfenherzog den Grafen Heinrich von Badewide durch „die Errichtung einer besonderen Grafschaft Ratzeburg“ im Polabenland. Der staufisch-welfische Gegensatz auf Reichsebene wurde durch den Geist der Versöhnlichkeit gemildert, statt dessen begann – eine Etage tiefer – die askanisch-welfische Rivalität zu schwelen.

Die Trennung des Polabenlandes von Holstein-Stormarn und Wagrien (Ostholstein) legte den

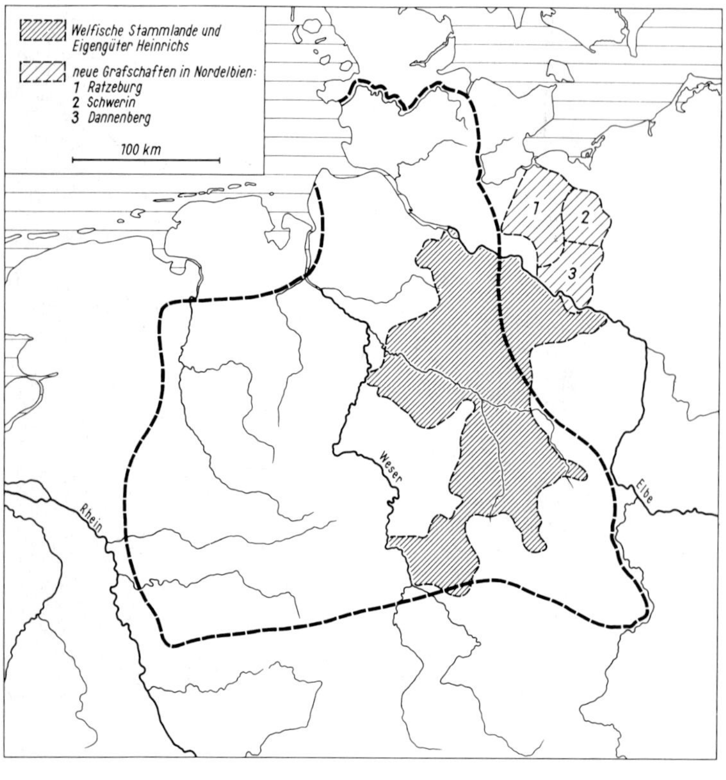

Das Herzogtum Sachsen unter Heinrich dem Löwen

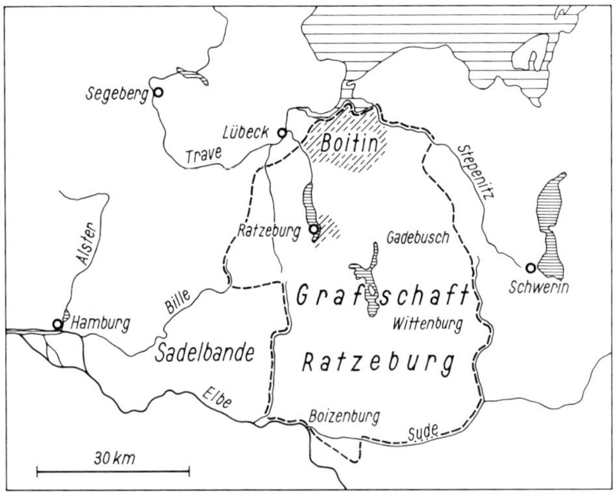

Grafschaft Ratzeburg und Sadelbande um 1200

Grund für die spätere Sonderentwicklung Lauenburgs. Die Grafschaft Ratzeburg griff zu Beginn weit über die heutige Ostgrenze des Kreises hinaus. Sie umschloß ganz Polabien, also die Länder Ratzeburg, Boitin, Gadebusch, Wittenburg und Boizenburg. Das südlauenburgische Gebiet, die Sadelbande, blieb dagegen dem Lehnsherrn des Grafen, dem Herzog von Sachsen, unmittelbar unterstellt. Der Graf von Ratzeburg schlug seinen Wohnsitz innerhalb des slawischen Ringwalls auf. Mit der Errichtung der sächsischen Grafschaft Ratzeburg 1143 endete die slawische Geschichte des Polabenlandes.

Deutsche Landnahme und Raumordnung unter Heinrich dem Löwen

Die moderne Geschichtsbetrachtung drängt häufig die Rolle der Persönlichkeit gegenüber den sozialen und wirtschaftlichen Strukturen in den Hintergrund. Aus dieser Sicht erscheinen die epochalen Gestalten als Marionetten des Puppenspielers „Trend". Wenn wir dagegen für die verantwortlich Handelnden im Gefüge der strukturellen Zwänge einen Freiraum annehmen, in dem der Mensch so oder so entscheiden kann, dann gewinnt die geschichtliche Persönlichkeit die Bedeutung, die ihr zukommt, und man kann mit Recht fragen: „Was wäre die Geschichte ohne prägende Gestalten?" Was wäre z. B. die norddeutsche Regionalgeschichte ohne Heinrich den Löwen? Seine Erfolge und sein Scheitern haben den Lauf der Dinge im Norden in ganz persönlicher Weise bestimmt.

In unsere Lokalhistorie des 12. Jahrhunderts ist der Name Heinrich dreimal eingebunden: Der christliche Slawenfürst von Alt Lübeck, der Graf von Ratzeburg und der Herzog von Sachsen müssen unterschieden werden. Die Häufigkeit des Namens Heinrich in früherer Zeit – sogar bei Nichtdeutschen – spricht für die Beliebtheit des Namens, nicht immer für die Wertschätzung des Namensträgers.

Die Erinnerung an den Slawenfürsten ist, sofern wir den Blick auf Lauenburg richten, nur in der literarischen Überlieferung vorhanden. An den ersten Grafen von Ratzeburg erinnert der Heinrichstein, ein Findling mit lateinischer Inschrift zwischen Domhof und Stadtbezirk von Ratzeburg. Als sichtbare Zeugen des herzoglichen Wirkens stehen in Ratzeburg der „Löwendom" und das Löwendenkmal, ein neuzeitlicher Bronzeabguß des 1166 entstandenen Braunschweiger Burglöwen.

Der Herzog Heinrich übernahm in einem Alter, in dem andere seines Namens – verniedlicht – noch Heini genannt werden, die Regierung Sachsens. Er war 12 oder 13 Jahre alt, sein Geburtsjahr ist nicht genau überliefert. Ihm zur Seite standen Berater, die schon seinen Vorgängern gedient hatten. Die

Der Heinrichstein zwischen Domhof und Stadtbezirk von Ratzeburg

Erbauung des Ratzeburger Doms unter Bischof Evermod (Darstellung aus der niederdeutschen Sachsen-Chronik von 1489)

Errichtung der Grafschaft Ratzeburg und die Vereinigung Wagriens mit Holstein gehören zu den ersten Maßnahmen, mit denen der junge Herzog, der den Löwen endgültig als „Symbol seines Geschlechts" und bewußt als Leitbild seines Handelns wählte, die politische Neuordnung Nordelbiens einleitete.
Bei der engen Verflechtung von Politik und Mission wäre eine baldige Wiederaufrichtung des 1066 untergegangenen Bistums Ratzeburg folgerichtig gewesen. Allein der Streit um das Recht zur Investitur (Einsetzung) der Bischöfe zwischen dem Erzbischof von Hamburg-Bremen (Hartwig) und Heinrich dem Löwen und der blamable Wenden-Kreuzzug der norddeutschen Fürsten (1147) verzögerten die Ausführung. Den Investiturstreit schlichtete in kluger Berechnung der 1152 zum deutschen König gewählte Friedrich von Hohenstaufen zugunsten seines welfischen Vetters. Dem Herzog wurde auf dem Reichstag zu Goslar (1154) das königliche Recht übertragen, im nordelbischen Wendenland Bistümer und Kirchen zu gründen und die Bischöfe von Oldenburg, Mecklenburg und Ratzeburg in ihr Amt einzusetzen.
Heinrich berief Evermod, einen rigorosen Ordensgeistlichen und Prämonstratenserpropst, als ersten Bischof von Ratzeburg. 1160 wurden der oldenburgische und mecklenburgische Bischofssitz nach Lübeck bzw. Schwerin verlegt. Seither grenzte die Ratzeburger Diözese an die Bistümer von Hamburg, Lübeck, Schwerin, Havelberg und Verden. Als Ausstattung des Bistums legte der Herzog 300 Hufen aus Reichslehen fest. Sein Vasall Heinrich von Badewide mußte daraufhin das Land Boitin (250 Hufen) und die Orte Römnitz, Ziethen, Farchau und Klotesfelde für das Bistum zur Verfügung stellen. Außerdem überließ er „die Insel bei der Burg" dem Bischof als Wohnstätte. Der zusammenhängende Landbesitz des Bischofs, das Stiftsland Boitin, war das Kernland des bischöflichen Amtsbezirks und frei von allen Abgaben an den Herzog.
Um 1165 begann der Bau des Ratzeburger Doms. Er vermittelt uns noch heute eine Vorstellung des optimistischen Lebensgefühls, das damals die Deutschen und ihre Fürsten erfaßte. Keine Spur von Weltuntergangsstimmung, die wenige Jahre zuvor den Wander- und Kreuzpredigern im Westen eine so große Resonanz gesichert hatte. Die Wendengefahr wurde in den 60er Jahren endgültig gebannt. Der Obodritenfürst Pribislaw gab 1167 den Kampf auf. Sein Sohn Borwin heiratete Mathilde, die Tochter Heinrichs des Löwen. Aus der wendischen Dynastie wurde ein mecklenburgisches Fürstenhaus, das 1348 herzoglichen Rang erlangte und bis 1918 regierte. Die Befriedung des Obodritenlandes und die Beendigung des Konflikts zwischen deutschen und gotländischen Kaufleuten (1161) ermöglichten den Aufstieg der 1158/59 neu gegründeten Stadt Lübeck, des ersten deutschen Seehafens an der Ostsee. Andererseits schuf die friedliche Wende im Wendenland die Voraussetzung für eine großangelegte bäuerliche Besiedlung, die Graf Heinrich und sein Nachfolger planmäßig förderten.
Die Verdienste des ersten Grafen sind in der Chronik Helmolds rühmend hervorgehoben: „Auch Graf Heinrich von Ratzeburg, das im Polabenland liegt, führte Scharen Volks aus Westfalen herbei, damit sie die Landschaft bewohnen sollten, und wies ihnen Land zur Vermessung und Aufteilung an. Sie bauten Kirchen und leisteten den Zehnt zum Dienst des Hauses des Herrn ..."[14]. Die Kolonisten kamen vor allem aus dem Raum südlich der Elbe und aus Westfalen. Ihre Anwerbung und Übersiedlung leiteten der Graf selbst oder adlige Mittelsmänner (Lokatoren), die für die Aufwendungen mit einem Anteil an den Zehntabgaben ihrer Gründung entschädigt wurden. Ob adlige Lokatoren mit großräumigem Grundbesitz belehnt wurden, ist schwer nachzuweisen.
Wie die 1230 von Bischof Gottschalk angeordneten

Aufzeichnungen des Ratzeburger Zehntregisters zeigen, waren die Siedler nicht frei von Abgaben, doch sie lebten als persönlich Freie. Die Lockerung der Abhängigkeit von der Grundherrschaft und die Größe der zugewiesenen Ländereien im Siedelland boten daher starke Anreize zur Einwanderung. Denn die bäuerlichen Siedler stammten aus Gebieten, die nach dem damaligen Stand der Produktionstechnik als übervölkert angesehen werden müssen. Wenn die Einwanderer freilich gemeint hatten, als „Volk ohne Land in ein Land ohne Volk“ zu kommen, wurden sie bald eines Besseren belehrt.

Unter den Polaben hatte es sicherlich in der Zeit der blutigen Auseinandersetzungen Bevölkerungsverluste gegeben, doch das Land war nicht völlig entvölkert. Und die verbliebenen Polaben wurden nicht vertrieben. Um 1230 „trugen im Kolonisationsgebiet zwei Drittel der Dörfer (64 %) slawische Namen“[15]. Aber sonst verwischten sich die Spuren ihres Volkstums. Denn die Slawen übernahmen die deutsche Wohn- und Wirtschaftsweise; sie beteiligten sich sogar an der Gründung neuer Dörfer. Die Minderheit paßte sich der Mehrheit an – auch sprachlich, sie wurde – mit anderen Worten – germanisiert.

Dieser Prozeß wurde nachdrücklich gefördert durch die Christianisierung und den mit ihr verbundenen Aufbau der Pfarrorganisation. Je mehr sich der Raum durch deutschen Zuzug auffüllte, desto drängender stellte sich neben der Heidenmission auch das Problem der geistlichen Betreuung der Deutschen. Die Kirche auf dem St. Georgsberg (Ratzeburg) gilt als „Mutterkirche“ vieler lauenburgischer Gotteshäuser. Warum? Die kirchliche Versorgung ließ sich nur durchführen durch Zellteilung, durch Gründung neuer Kirchen und Einrichtung kleinerer Kirchspiele, die von dem „Urkirchspiel“ abgetrennt wurden. Auf solche Weise entstanden bis 1194 im Lande Ratzeburg die Kirchspiele Schlagsdorf, Mustin, Sterley, Seedorf, Gudow, Nusse und Breitenfelde.

Die Dynamik, mit der sich die Veränderungen zum Vorteil der Deutschen vollzogen, erklärt sich auch aus der Stauferzeit. Sie war nach dem Urteil des Kunsthistorikers Georg Dehio einzigartig „durch die Verbindung intensiven Lebens in der geistigen Kultur mit staatlicher und wirtschaftlicher Ausweitung . . .“ Sie war die „glänzendste und fruchtbarste unserer mittelalterlichen Geschichte“. Ihre kulturellen Ausstrahlungen und politischen Ordnungsvorstellungen wirkten auch in Transalbingien, solange das Miteinander zwischen Staufern und Welfen ungetrübt blieb.

Die Zersplitterung des Stammesherzogtums Sachsen durch den Sturz des Löwen

Die oft demonstrierte Einigkeit zwischen dem Staufer Friedrich I. Barbarossa, dem Kaiser des Heiligen Römischen Reiches, und dem mächtigsten deutschen Reichsfürsten, dem 1156 noch das Herzogtum Bayern zugesprochen worden war, wurde im Laufe der 70er Jahre brüchig. Für diese Entwicklung gab es mehrere Gründe: das geheime Mißtrauen zwischen den beiden macht- und selbstbewußten Vettern, der verletzende Welfenstolz, die Rücksichtslosigkeit, mit der Heinrich der Löwe seine Ziele verfolgte, die Häufung der Beschwerden gegen ihn und seine Verweigerung der militärischen Hilfeleistung für den Kaiser in Italien.

Der Bruch war vollständig, als Heinrich drei Vorladungen vor den Reichstag mißachtete und nicht erschien, um sich vor seinen Anklägern zu rechtfertigen. So verlor er 1180 durch den Spruch der provozierten Reichsfürsten auf dem Reichstag zu Würzburg endgültig die Herzogtümer Sachsen und Bayern und alle anderen Reichslehen. Auf dem Reichstag zu Gelnhausen, der bald darauf folgte, erhielt Bernhard von Anhalt, ein Sohn Albrechts des Bären, als neuer Herzog den östlichen Teil Sachsens.

Der Askanier mochte sich mit der erworbenen Herzogswürde am Ziel alter Erbansprüche sehen, die seine Familie in Sachsen gegen die Welfen erhoben hatte. Denn er war, wie Heinrich der Löwe, ein Urenkel des letzten billungischen Sachsenherzogs, der 1106 in Artlenburg starb. Doch ihm wurde nur ein Teil des sächsischen Herzogtums als Lehen gegeben. Das größere westfälische Gebiet im Westen fiel an den Erzbischof von Köln, der zum Herzog ernannt wurde.

Da zu erwarten war, daß Heinrich sich nicht kampflos unterwerfen werde, beschloß man außerdem eine Reichsheerfahrt gegen den der Oberacht verfallenen Fürsten. Heinrich, jetzt „völlig recht- und ehrlos“, zog sich vor dem anrückenden Reichsheer nach Nordelbien zurück. Die Befestigungsanlagen von Ratzeburg, Plön und Segeberg waren schon vorher verstärkt worden. Auf dem Rückzug ließ er die Ertheneburg, den festen Platz am Elbübergang, niederbrennen. Doch die von Barbarossa verkündete Amnestie und die unnachsichtige Behandlung der Vasallen durch den Welfen bewogen viele, ihn zu verlassen, z. B. die Gra-

fen von Holstein und Ratzeburg. Die Anhänger des Ratzeburger Grafen sperrten sogar in spontaner Aufwallung den Herzog aus der Ratzeburg aus. Als Holsteiner und Dänen sich dem Herzog versagten und auch sein Schwiergervater, der englische König, sich außerstande sah, ihm zu helfen, unterwarf sich der Herzog 1181 in Erfurt auf Gnade und Ungnade dem kaiserlichen Vetter. Er mußte für drei Jahre das Reich verlassen und lebte zweimal im englischen Exil. Nichtsdestoweniger versuchte er fast bis zu seinem Tode (1195), das Schicksal zu wenden, durfte freilich am Ende froh sein, seinen lehensfreien Grundbesitz um Braunschweig und Lüneburg für die welfische Dynastie erhalten zu haben. Auf dieser Basis entstand 1235 das Herzogtum Braunschweig-Lüneburg.
Nach der Aufgliederung des Machtbereichs Heinrichs des Löwen blieb das Gebiet unseres Kreises ein Bestandteil des – allerdings stark verkleinerten – sächsischen Herzogtums. Aber die Grafschaft Ratzeburg bekam einen neuen Lehnsherrn aus dem Hause der Askanier. Nur über die Sadelbande (Südkreis) konnte dieser neben seinem mittelelbischen Eigenbesitz unmittelbar verfügen. Die Anerkennung als Lehnsherr mußte noch erreicht werden. Um für alle Fälle gewappnet zu sein, legte Bernhard auf einer schon durch ihre natürliche Lage gesicherten Höhe zwischen Elbe- und Delvenautal 1182 eine Feste an, die „Lauenburg".
Seine Stellung war dennoch wenig furchterregend: Wichtige Städte (Lübeck und Stade) und Herrschaftsbefugnisse, z. B. die Investitur der nordelbischen Bischöfe, fehlten ihm. „In jenen Tagen war kein König in Israel, es tat ein jeder, was ihm beliebte". Mit diesen biblischen Worten kritisierte der welfenfreundliche Arnold von Lübeck die Situation im Lande. Immerhin fanden sich die Grafen von Ratzeburg, Dannenberg, Lüchow und Schwerin bei dem neuen Herzog zur Huldigung ein. Aber der Graf von Holstein (Adolf III.) erschien nicht. Das Bemühen des Askaniers, seine Herrschaft zu sichern, geriet in der Folgezeit – vor allem nach dem Tode des Kaisers Heinrich VI. im Jahre 1197 – in den Sog eines erneuten Thronstreits zwischen Staufern und Welfen, der es den dänischen Königen erlaubte, Nordelbien zu erobern. Daher gelangte Bernhard I. nach dem Aussterben des Ratzeburger Grafengeschlechts (1200) nicht in den Besitz der Grafschaft, die als erledigtes Lehen an ihn zurückgefallen war. Die Machtverhältnisse zwangen ihn zur Passivität, zum Abwarten. Ihm fehlten das Herz und die Pranken des Löwen.

Die Zeit der dänischen Vorherrschaft in Nordelbien

Lokalgeschichte ist verflochten mit Regional- und Reichsgeschichte; sie kann selten isoliert betrachtet werden. Sichtbar wird diese enge Verbindung in Expansions- und Krisenzeiten der übergreifenden staatlichen Ordnungsmächte. Die Besiedlung Polabiens durch Deutsche geschah im größeren Zusammenhang der Ostkolonisation, und obwohl diese nicht national, sondern dynastisch gesteuert wurde, fiel auf sie etwas vom Lichterglanz der deutschen Ruhmeshalle. Das Fehlen einer starken herzoglichen und kaiserlichen Gewalt im Norden zu Beginn des 13. Jahrhunderts ermutigte andererseits die Herrscher Dänemarks, ihre Reichsgrenze von der Eider bis an die Elbe vorzuschieben. Die Ohnmacht der deutschen Gewalten lud sie förmlich ein, ihre „Weltminute" nicht zu verschlafen. „Das Schicksal drängt", wie Stefan Zweig es formulierte, „zu den Gewaltigen und Gewalttätigen". Und auf dem dänischen Thron saßen gerade in dieser Epoche starke Persönlichkeiten.
Das lokale Geschehen hierzulande war Teil einer dänischen Großmachtpolitik im Ostseeraum, die bis Estland reichte. Die deutsch-dänischen Beziehungen hatten schon damals eine lange Vorgeschichte, deren Beurteilung sich heutigen Maßstäben entzieht. Partner- und Gegnerschaft wechselten. Überhaupt bot jene Zeit allgemein das verwirrende Bild der Verschwörung aller gegen alle. Jeder ging mit jedem – je nach Gunst der Lage. Die Treue der Verträge mußte nicht nur im deutsch-slawisch-dänischen Spannungsfeld oft genug durch eheliche Bindungen gesichert werden. Die Prinzessinnen als Ehegeiseln wurden nach ihrer Neigung nicht gefragt.
In den Jahren 1201 bis 1203 besetzten König Knut VI. bzw. sein jüngerer Bruder (seit 1202 als Waldemar II. auf dänischem Thron), teilweise unter Kämpfen, die Grafschaften Holstein und Ratzeburg, die Sadelbande und die Städte Hamburg und Lübeck. Die Feste Lauenburg wurde mit allen Mitteln und Maschinen der damaligen Belagerungstechnik bestürmt, konnte jedoch nicht eingenommen werden. Die Burgbesatzung ergab sich erst nach Zusicherung freien Geleits und der Freilassung des gefangenen holsteinischen Grafen (Adolf III.).
Als Statthalter der Dänen in Holstein und der Grafschaft Ratzeburg herrschte der Neffe des Königs, Graf Albrecht von Orlamünde. Von der Ratzeburger Grafschaft blieb allerdings nur ein Torso,

weil Waldemar die Länder Wittenburg, Boizenburg und Gadebusch zugunsten der Grafen von Schwerin und Mecklenburg abtrennte. Entschädigt wurde Graf Albrecht mit der Sadelbande, so daß nun zum ersten Male der Norden und der Süden des heutigen Kreises in einem einheitlichen Verwaltungsgebiet vereinigt waren.

Die Schlacht von Bornhöved (22. 7. 1227)

Rund 25 Jahre standen die Dänen an der Elbe. Sie stützten ihre Macht mit Hilfe deutscher Vasallen. In dieser Zeit erhielt Mölln deutsches Stadtrecht, und die Lauenburg hatte eine dänische Besatzung. Doch buchstäblich über Nacht brach die dänische Machtstellung zusammen – ausgelöst durch die verwegene Tat eines kleinen deutschen Grafen.
Eine Erbschaftsregelung des dänischen Königs, durch die sich der Graf Heinrich von Schwerin benachteiligt fühlte, trieb diesen zu „verzweifelter Selbsthilfe". Es gelang ihm 1223, Waldemar II. und dessen Sohn auf dem Eiland Lyö (bei der Insel Fünen) nachts in seine Gewalt zu bringen und über die Ostsee nach Dannenberg im fernen Wendland zu verschleppen. Im Bergfried der dortigen Burg, dem sog. Waldemarsturm, hielt er seine königlichen Gefangenen über zwei Jahre fest, um seine Forderungen durchzusetzen. Es war eine Geiselnahme, die in ganz Europa ungeheures Aufsehen erregte und an politischer Brisanz nur von der Festnahme des englischen Königs Richard Löwenherz in Österreich auf dem Rückweg vom Kreuzzug (1192) übertroffen wird. Kaiser und Papst schalteten sich ein – pro und contra. Es ging um hohe Lösegelder und die Rückgabe der dänischen Eroberungen.
Während die Verhandlungen ins Stocken gerieten, kam es 1225 bei Mölln zur Schlacht. Der dänische Statthalter Albrecht von Orlamünde und sein Verbündeter, der Welfe Otto von Lüneburg, wurden geschlagen. Graf Albrecht fiel dabei seinen Gegnern in die Hände. Jetzt war das führungslose Dänemark bereit zum Verzicht. Aber König Waldemar verwarf nach seiner Freilassung die beschworenen Vereinbarungen, zumal der Papst ihn von seinen eidlichen Verpflichtungen löste. Beide Seiten rüsteten zu einem neuen Waffengang. Die Herren Nordalbingiens, die sich allein dem Dänenkönig nicht gewachsen fühlten, baten den Herzog Albrecht I. von Sachsen, der 1212 seinem Vater Bernhard I. in der Regierung gefolgt war, um Waffenhilfe. Sie taten es ungern, weil die Anerkennung der Lehnshoheit des Herzogs über die nordelbischen Grafen neue Aktualität gewann.
Der vereinten Kraft der norddeutschen Fürsten, der jungen Reichsstadt Lübeck und der Dithmarscher gelang es, am Maria-Magdalenen-Tag (22. 7.) 1227 Waldemar II. bei Bornhöved vernichtend zu schlagen – ohne militärische Hilfe des Reiches. Durch die Vorentscheidung bei Mölln und die Schicksalsschlacht von Bornhöved wurde das Gebiet zwischen Elbe und Eider von dänischer Herrschaft frei.

Der Weg zum askanischen Herzogtum Sachsen-Lauenburg

Nach der Schlacht von Bornhöved konnte der Askanier Albrecht I. (1212–1260) als Herzog von Sachsen endlich die nordelbischen Gebiete, die seinem Vater 1180 von Barbarossa übertragen wurden und ihm in der Zeit der dänischen Herrschaft versperrt waren, in Besitz nehmen. Der Rest der Grafschaft Ratzeburg – sie wurde nicht neu verliehen – und die Landschaft Sadelbande blieben, wie in der Dänenzeit, als zusammengefaßter einheitlicher Hoheitsbezirk bestehen. Sie bildeten neben dem ererbten mittelelbischen Hausgut um Wittenberg die unmittelbare landesherrliche Machtbasis. Zum herzoglichen Besitz gehörte ferner – wahrscheinlich seit 1211 – das Land Hadeln an der Elbmündung. Als Lehnsherr stand der Herzog schließlich – mehr oder weniger anerkannt – über den Grafen von Holstein, Schwerin, Dannenberg und Lüchow.

Den allgemeinen askanischen Herrschaftsanspruch formulierte er in dem Titel „Herzog von Sachsen, Engern und Westfalen, Herr Nordalbingiens". Trotz der Kluft zwischen Anspruch und Wirklichkeit besaß Albrecht hohes Ansehen. Er stand in der Gunst des staufischen Kaisers Friedrich II., des aufgeklärtesten Fürsten seiner Zeit, der auf Sizilien absolutistisch regierte. Nach Bornhöved nahm Albrecht das Kreuz und begleitete den Kaiser auf dem 5. Kreuzzug (1228/29), durch den Jerusalem vertraglich – zum Mißvergnügen des Papstes ohne Gewalt – für kurze Zeit wiedergewonnen wurde. Die dynastischen Bande reichten nach Brandenburg, Anhalt, Braunschweig und Österreich, aber ein Landgewinn hat sich aus ihnen nicht ergeben. Seine erste, früh verstorbene Gemahlin war die Tochter des österreichischen Herzogs. In zweiter Ehe heiratete er die Tochter des Welfenherzogs von Braunschweig-Lüneburg; sie war die Verlobte des 1241 verstorbenen Landgrafen Hermann von Thüringen, des Sohnes der heiligen Elisabeth, gewesen.

Albrecht I. (Münzbild v. 1243)

Als Landesherr bemühte Albrecht sich besonders um den Ausbau seines nordelbischen Besitzes. Dotationen (Schenkungen) an geistliche Ordensgemeinschaften und Hospitalbrüder dienten der Festigung der weltlichen Herrschaft. Den Stifter leiteten dabei vermutlich nicht nur Frömmigkeit, sondern mehr der wirtschaftliche Nutzen und das gesellschaftliche Prestige. Denn als eigenständige Zentren der „Intelligenz, Askese und Arbeitsamkeit"[16] förderten die Orden die wirtschaftliche und kulturelle Entwicklung und vermittelten Kontakte zu anderen Ländern.
Albrecht schenkte u. a. dem Johanniterorden zu Jerusalem Pogeez (1228) und Klein Disnack (1229), dem Nonnenkloster in Reinbek gab er 1238 seinen Anteil des Dorfes Reinbek, den Hof Mühlenrade und wenige Jahre später Talkau. Eine große Zahl lauenburgischer Kirchen wurde in seiner Regierungszeit erbaut. Die Kirche zu Lauenburg erhielt den Namen der Schutzheiligen vom Bornhöved-Tag. Die friedliche Periode unter Albrecht kam auch dem „Fortschreiten der kirchlichen Organisation" zugute, wie das Ratzeburger Zehntregister erkennen läßt. Verträge mit den Städten Lübeck und Hamburg belebten Handel und Verkehr. Mölln erfuhr das fürstliche Wohlwollen durch die bedeutende Erweiterung des städtischen Grundbesitzes. Albrecht und seine Söhne weilten häufig auf der Lauenburg. Aus dem fürstlichen Wohnsitz und der städtischen Siedlung, die zwischen der Elbe und dem Steilhang zu Füßen des Burghügels entstanden war, entwickelten sich im Laufe der Zeit Schloß und Residenzstadt Lauenburg.
Albrecht gebot unangefochten im Herzogtum. Sein Herrschaftsbereich hatte zwei Schwerpunkte: den mittelelbischen Hausbesitz um Wittenberg und das aus den Ländern Ratzeburg und Sadelbande vereinigte Gebiet zwischen Elbe und Trave. Nur in der Bewahrung des Gesamtbesitzes hätte das Territorium Aussicht gehabt, sein politisches Gewicht zu erhalten. Diese Chance wurde nicht wahrgenommen. Die Ganzheit ging 1295/96 durch die Teilung in Sachsen-Lauenburg und Sachsen-Wittenberg verloren. Die Erbteilung ließ „zwei voneinander unabhängige, politisch selbständige" Herzogtümer entstehen.
Mit dem kleinen Reichsfürstentum an der Niederelbe beginnt die eigentliche lauenburgische Geschichte. Das Gebiet Sachsen-Lauenburgs war im Geburtsjahr freilich größer als das jetzige Kreisgebiet. Neben dem Kernland gehörten zu ihm „das Land längs der Elbe um Hitzacker und Bleckede", die Vierlande mit Bergedorf, Alten- und Neuengamme, Curslack und Kirchwärder (späteres Amt Bergedorf) und das Land Hadeln. Schon im 14. Jahrhundert schrumpfte der linkselbische Besitz – außer Hadeln – auf einen Streifen zwischen Obermarschacht und Barförde (Marschvogtei) zusammen. Der rechtselbische Teil mit Wehningen und Darzing (späteres Amt Neuhaus) blieb bei Sachsen-Lauenburg.
Doch die Lust zu teilen war noch nicht befriedigt. Das sachsen-lauenburgische Herzogshaus, dessen Ausgangsbasis zwischen der Reichsstadt Lübeck und dem welfischen Hausbesitz ohnehin bescheiden war, spaltete sich in die Bergedorf-Möllner und die Ratzeburg-Lauenburger Linie. Die Spaltung, die fast 100 Jahre – von 1305 bis 1401 – dauerte, schwächte Macht und Ansehen des Gesamtherzogtums, zumal die rivalisierenden Häuser im Ge-

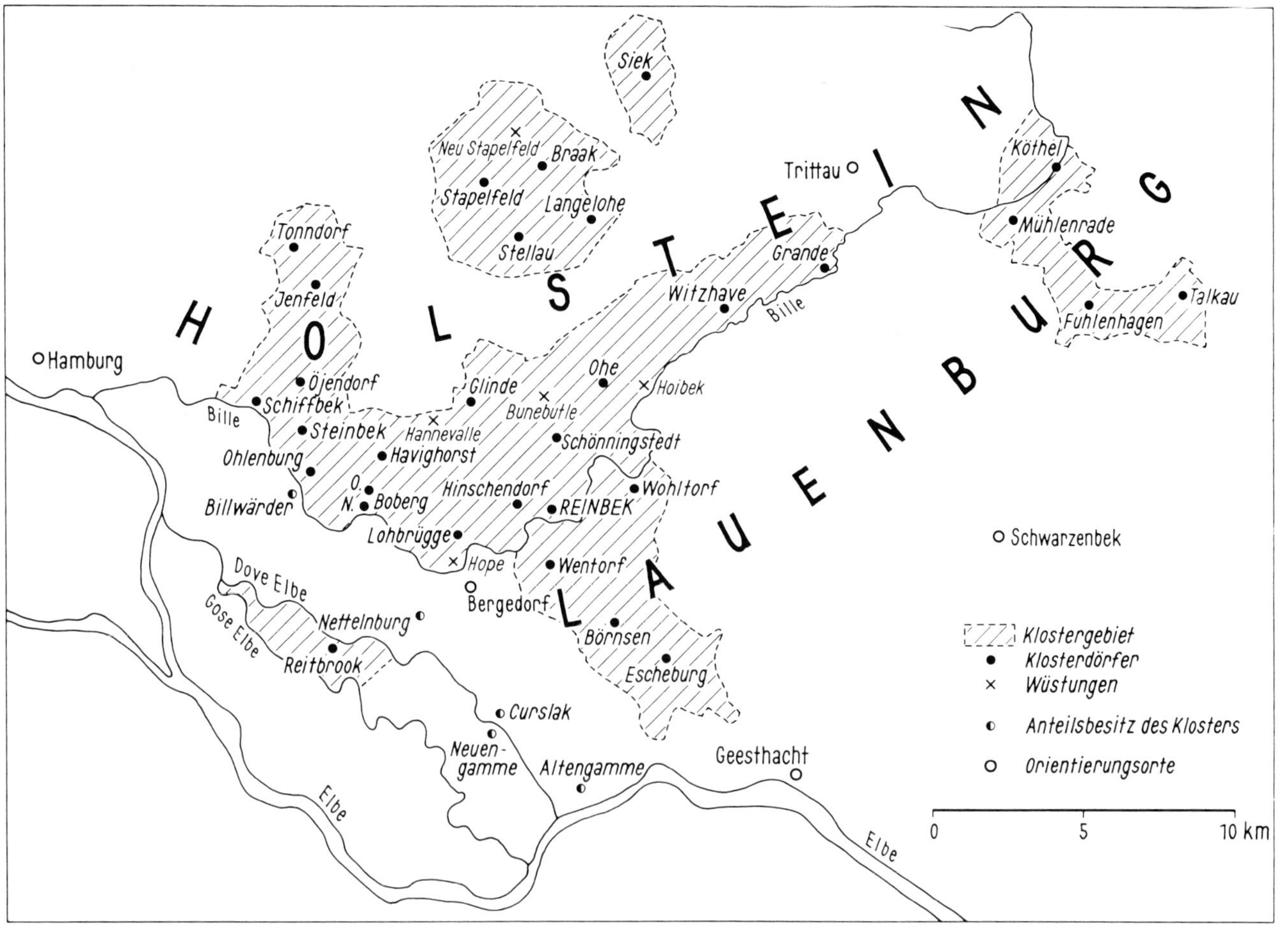

Klosterherrschaft Reinbek um 1500 (nach Prange 1967)

ben und im Nehmen keine zärtlichen Verwandten waren. Nur mit auswärtiger Hilfe erreichte die Möllner Linie 1321 eine Korrektur der Gebietsverteilung. Ihr Anteil mehrte sich um die Kirchspiele Bergedorf, Curslack, Altengamme und Geesthacht, so daß erst jetzt von einer Bergedorf-Möllner Linie gesprochen werden kann. Sie besaß neben Hadeln und dem genannten Neuerwerb den Norden des Landes zwischen Mölln, Stecknitz und der Grenze zu Lübeck und Holstein. Der übrige, größere und geschlossene Bereich unterstand der Ratzeburg-Lauenburger Linie. Als das Bergedorf-Möllner Haus 1401 ausstarb, „verblieb die Ratzeburg-Lauenburger Linie als allein regierendes Herzogshaus“[17], bis auch sie 1689 im Mannesstamm erlosch. Da die benachbarte Grafschaft Holstein sich im 14. und 15. Jahrhundert im Zuge der allgemeinen landesherrlichen Entwicklung von der herzoglichen Lehnshoheit lösen und politisch selbständig auftreten konnte, rissen die Bindungen nach dem Norden ab. Die Bille trennte für lange Zeit Lauenburg von Holstein bzw. Schleswig-Holstein.

Das Herzogtum im Bannkreis hansischer Macht und lübischen Geldes

Mit der Last der Spaltung und einer labilen Landesherrschaft trat das Herzogtum Sachsen-Lauenburg in das 14. Jahrhundert. Es war nach der amerikanischen Historikerin Barbara Tuchman „eine gewalttätige, gequälte, verwirrende, leidende und zerfallene Zeit, ein Zeitalter, in dem, wie viele glaubten, Satan triumphierte“[18]. Aber welches Jahrhundert im „Herbst des Mittelalters“ zeigte sich eigentlich menschlicher? Manche Zeichen und Ereignisse boten freilich Ansätze, den Menschen abergläubische Furcht einzuflößen: Die Verlegung der päpstlichen Residenz von Rom nach Avignon in Frankreich (1309–1377), die darauf folgende abendländische Kirchenspaltung (1378–1417), die Klimaverschlechterung – die Ostsee fror zweimal zu –, Hungersnöte infolge von Mißernten, schwere Erdbeben (1348) im Südosten des Reiches (Kärn-

Burgruine Linau

ten, Steiermark, Krain und Friaul) und der Schwarze Tod (um 1350). Hinzu kamen soziale und wirtschaftliche Umbruchserscheinungen sowie Wandlungen in der Kriegstechnik und Wehrverfassung mit Gewinnern und Verlierern.

Das Geld wurde „ein König unter den Gütern", und die monetäre Zahlungsfähigkeit entschied immer mehr über Macht und Ansehen. Der auf Arbeit und Leistung ihrer Bürger beruhende Aufstieg der Städte führte zu Spannungen zwischen den geldbesitzenden Kaufleuten und den landbesitzenden, aber verarmten Adligen. Zahllose Privatfehden störten Handel und Wandel. Die Fehde galt ja als rechtmäßiges Mittel des Adels, mit Waffengewalt vermeintliches Recht zu erhalten. Die Ritter konnten sich im Rahmen der förmlichen Fehde auf Ehre und Recht berufen, ihre Taten glichen indes aus der Sicht der Betroffenen denen von Räubern und Wegelagerern.

Geld und Fehdeunwesen machten unsere Herzöge und die reiche Handelsstadt Lübeck zu Partnern in Landfriedensbündnissen – aus verschiedenen Beweggründen: Lübecks Motiv war die Sicherheit der Handelswege. Die Herzöge wollten dagegen aus dem störungsfreien Durchgangsverkehr finanziellen Nutzen ziehen und den selbstherrlichen Adel der Landesherrschaft gefügig machen. Der eigenmächtige Rechtsschutz sollte in die Ordnungsmacht des „Staates" übergehen. Zuweilen verbanden sich allerdings die Landesherren mit ihren Vasallen, wenn Vorteile lockten.

Das für den sachsen-lauenburgischen Adel folgenschwerste Landfriedensbündnis wurde im Frühjahr 1349 zwischen dem Herzog von Ratzeburg-Lauenburg, den holsteinischen Grafen und der Stadt Lübeck geschlossen. Ihm trat ein halbes Jahr später auch Hamburg bei. Eine größere Zahl befestigter Rittersitze wurde gleich im ersten Ansturm zerstört, darunter Gr. Zecher, Steinhorst, Borstorf, Kulpin und Gudow. Die stärkste Wehranlage war die Burg von Linau; sie gehörte dem Rittergeschlecht der Scharpenbergs. Lübeck bot im Herbst desselben Jahres 1500 Bewaffnete gegen die „Wolfshöhle" auf. Die Feste fiel nach dreiwöchiger Belagerung. Turm und Mauern wurden erst nach der Einnahme zerstört; sie widerstanden offenbar den von Wurfmaschinen (Bliden) geschleuderten Steinkugeln.

Um die offene Flanke des wichtigsten Frachtweges („Alte Salzstraße") gegen Überfälle mecklenburgischer Ritter abzuschirmen, errichteten die Lübekker um 1350 einvernehmlich mit dem Herzog von

Territorialbesitz zwischen Elbe und Trave.
Kartendruck aus dem Jahre 1742 zum Möllner Wiedereinlösungsprozeß 1579–1747 (Domarchiv Lübeck)

Mölln, Festung an der Alten Salzstraße. Bild von Murjahn nach einem Epitaph von 1578

Ratzeburg-Lauenburg eine Landwehr zwischen dem Südende des Ratzeburger Sees und dem Hegesee bei Mölln. Aber die Gefährdung des Handels durch Streifzüge und Fehden dauerte an. Dieser Herausforderung begegnete der Lübecker Rat mit einem neuen Konzept. Er suchte durch Erwerb von „Straßenstützpunkten" einen wirksameren Schutz zu erreichen. Das Vorhaben wurde im Lauenburgischen durch die Teilung der Landesherrschaft, die Verarmung des Adels und die chronische Finanzschwäche der Herzöge, vor allem der Bergedorf-Möllner Linie, erleichtert. Das wichtigste Objekt der gezielten „Landgebietspolitik" mußte wegen seiner zentralen Lage das Städtchen Mölln sein. Als Rastort und Zollstelle des Fernverkehrs und als Umschlagplatz für Salz besaß es für Lübeck eine herausragende Bedeutung. Im Jahre 1359 war der lübische Rat am Ziel. Für 15 580 Lübecker Gulden kamen Stadt und Vogtei Mölln unter die Pfandherrschaft der Hansestadt. In einer Klausel wurde den Herzögen ein Rückkaufrecht eingeräumt. Lübeck übernahm alle Rechte, die der herzogliche Landesherr ausgeübt hatte. Als „Festung an der Salzstraße" hat Mölln viele Jahre der lübischen Friedenssicherung gedient. Bewaffnete Reiter, eine „stehende Truppe" unter einem Hauptmann, überwachten von hier aus die Straßen.

Die Aussicht auf einen weiteren bedeutenden Landerwerb beflügelte die Lübecker, als der letzte, kinderlose Herzog der Bergedorf-Möllner Linie, Erich III., nach dem Tode seines Bruders allein regieren mußte. Dieser fürstliche „Tunix" wollte aber den verbliebenen Besitz weder verwalten noch für die ungeliebte Verwandtschaft erhalten. Seine Devise könnte „Behaglich leben ohne Streben" gewesen sein. Er verpfändete 1370 den Rest seines Territoriums für 16 262½ Mark lübsch an die Hansestadt, die im gleichen Jahr nach dem Sieg über Dänemark im Stralsunder Frieden ihren Zenit erreichte. „Die Verpfändung war damals eine gebräuchliche Art der Geldbeschaffung".

In den Verhandlungen erwies Erich sich als ein schlitzohriger Fürst. Lübeck sollte die Herrschaft Bergedorf erst nach seinem Tod antreten und verpflichtete sich über die hohe Pfandsumme hinaus zu festen Jahresraten und zusätzlichen finanziellen Leistungen. So lebte Herr „Erich ohne Land" auf seinem Schlößchen Bergedorf wie ein vermögender Rentner bis an sein Lebensende (1401). Auch seinen Vasallen gönnte er ein Leben ohne Geldsorgen. Er ermunterte sie „durch Erteilung von Genehmigungen", ihre Lehngüter an kapitalkräftige Lübecker Bürger zu verkaufen. Das seit 1359 unter dem landesherrlichen Schutz der Stadt Lübeck stehende Gebiet der Vogtei Mölln wurde durch den privaten Ausverkauf, der sich in den folgenden Jahrhunderten fortsetzte, regelrecht durchlöchert. Die Verpfändung der Mölln-Bergedorfer Territorien lag nicht im Interesse des askanischen Gesamthauses. Für die Ratzeburg-Lauenburger Linie galt deshalb der Rückerwerb der verpfändeten bzw. verlorenen Distrikte als höchstes Ziel der Politik. Ihre Eigentumsansprüche mußten nach dem Tode Erichs III. das Verhältnis zur Reichsstadt Lübeck ändern. In der Zeit des guten Einvernehmens entstand (1391–1398) ein ansehnliches Werk des Friedens: der Stecknitzkanal, der erste Wasserscheidenkanal Nordeuropas. Er verband Elbe und Trave und gewann für Lübeck wegen der Beförderung des Lüneburger Salzes erhebliche Bedeutung. Zwei Flüsse, die in die Trave mündende wasserreiche Stecknitz und die zur Elbe fließende wasserarme Delvenau, wurden durch einen Graben bei Mölln verbunden und durch Schleusen schiffbar gemacht.

Die Wiedervereinigung ist immer ein hehres Ziel; sie kann anspornen, aber auch ermüden, wenn der lange Atem fehlt. Überraschende Gewaltanwendung zeitigt meist nur flüchtige Erfolge. Der entscheidungsfrohe Erich IV. von Ratzeburg-Lauenburg versuchte den Rückerwerb, die lauenburgische Wiedervereinigung, mit Gewalt – und hatte kurzlebigen Erfolg. Im raschen Zugriff brachte er 1401 die Stadt Lübeck um den Pfandbesitz im Raume Bergedorf-Geesthacht und ihre verbrieften Rechte im Lande Hadeln. Der Anschlag auf die Herrschaft Mölln (1409/10) endete dagegen ohne Landgewinn. Sein Sohn Erich V. setzte die Bemühungen um die Wiedergewinnung Möllns und der durch die Herren von Krummesse verkauften Güter und Dörfer fort – mit Klagen vor Gericht und klotziger Gewalt. Der Rechtsweg brachte Lübeck wegen der Krummesser Güter in arge Bedrängnis. Es verfiel sogar der Reichsacht.

Doch dann unterlief dem unsteten und fehdelustigen Lauenburger ein Fehler. Er verfeindete sich völlig unnötig mit dem Kurfürsten von Brandenburg, verlor das Vertrauen der benachbarten Fürsten und sah sich plötzlich isoliert in eine gefährliche Fehde mit den Hansestädten Hamburg und Lübeck verwickelt. Dem hansischen Angriff war er nicht gewachsen. Im Frieden von Perleberg (1420)

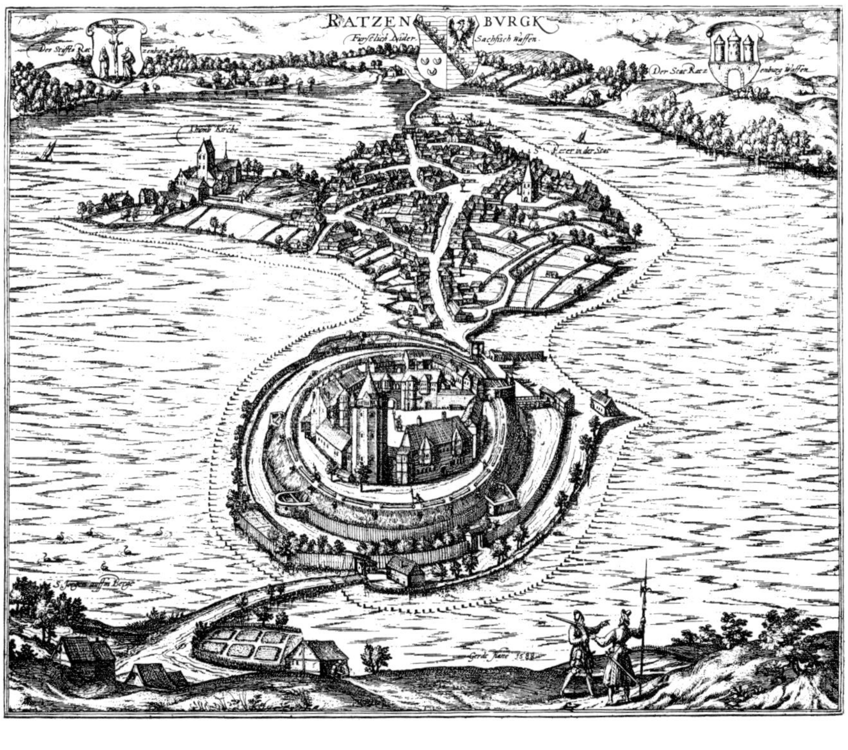

Schloß und Stadt Ratzeburg. Kupferstich von Gerdt Hane 1588

verzichtete Sachsen-Lauenburg auf Bergedorf, die Vierlande, Geesthacht und den halben Sachsenwald. Bergedorf und die Vierlande gingen für immer verloren.
Nach dem Scheitern der gewaltsamen Lösung verlagerten sich die Anstrengungen der Herzöge stärker auf die friedlich-rechtliche Ebene. Mit der grundsätzlichen Anerkennung des herzoglichen „Wiedereinlösungsrechts" an Mölln wurde die Frage des Rückerwerbs ein Problem des Geldes. Da die bekannte sachsen-lauenburgische Geldnot anhielt – das machen weitere Güterkäufe (Grönau und Ritzerau) durch Lübeck allzu deutlich –, rückte die Einlösung in weite Ferne. Tatsächlich währte die „Lübecker Zeit" für die Stadt Mölln bis 1683, für die Dörfer der Vogtei Mölln bis 1747 und für etliche Liegenschaften (Enklaven) bis 1937.

Der Streit um die Kurwürde

Das Herzogtum Sachsen-Lauenburg war ein Reichsfürstentum. Seine Herrscher besaßen als Reichsfürsten Stimmrecht im Reichstag; das sächsische Kurrecht, d. h. das Recht, den deutschen König zu küren (wählen), haben sie dagegen nach der Landesteilung (1295/96) nicht erwerben können. Die Anerkennung als Kurfürst wäre angesichts der Kleinheit des Landes aus heutiger Sicht paradox gewesen. Aber die Geschichte ist reich an Widersinn, und dem konkurrierenden Haus Sachsen-Wittenberg fehlte es ursprünglich ja auch an Masse.

Siegel Bernhards II. v. 1434 mit den Kurschwertern im Wappen

Die Ausgangslage war für beide Seiten gleich. Das Recht der Mitwirkung bei der Königswahl galt zunächst als „unteilbarer Gesamtbesitz". Bei der sächsischen Landesteilung scheint es keine klaren Absprachen wegen der Kurstimme gegeben zu haben. Die mittelelbischen Rivalen hatten freilich in dieser Frage den besseren politischen Instinkt und überspielten ihre lauenburgischen Verwandten von der Niederelbe. Ehe Sachsen-Lauenburg 1298 öffentlich protestierte, war der Herzog von Sachsen-Wittenberg schon in die Rolle eines Kurfürsten hineingeschlüpft und pflegte seine Beziehungen zu dem Kreis der Wahlberechtigten.
Während der dynastischen Machtkämpfe und Wirren um die deutschen Königswahlen in der ersten Hälfte des 14. Jahrhunderts standen beide Herzogshäuser in gegensätzlichen Wahlbündnissen. Die sachsen-lauenburgischen Herzöge wirkten also bei anstehenden Königswahlen mit. In keinem Fall konnten sie sich jedoch als alleinige Inhaber der Kurstimme durchsetzen. Als schließlich in der „Goldenen Bulle" Karls IV., dem „Reichsgrundgesetz" von 1356, die Zahl der Kurfürsten fest bestimmt und die Königswahl geregelt wurde, blieben die Ansprüche Sachsen-Lauenburgs auf der Strecke. Zu dem begrenzten Kreis der Auserwählten gehörten drei geistliche – die Erzbischöfe von Mainz, Trier und Köln – und vier weltliche Kurfürsten: der König von Böhmen, der Pfalzgraf bei Rhein, der Markgraf von Brandenburg und der Herzog von Sachsen-Wittenberg. Mit der sächsischen Kurstimme war das Erzmarschallamt verbunden. Das Wittenberger Haus hatte eindeutig gesiegt. Im Bemühen um ihr Prestige, einer milderen Form des „Willens zur Macht", haben die Sachsen-Lauenburger nichtsdestoweniger Erzmarschallamt und Kurwürde verlangt.
Eine Gelegenheit, das Ziel zu erreichen, bot sich – auf Grund eines Erbvertrages – beim Aussterben der Wittenberger Linie im Jahre 1422. Doch Kaiser Sigismund, der oberste Lehnsherr, gab die Kurwürde 1423 an den Markgrafen von Meißen, mit dessen Gebiet Sachsen-Wittenberg vereinigt wurde. Auch nach diesem Mißerfolg hielt das lauenburgische Fürstenhaus zäh an seinen Ansprüchen fest. So setzten die Herzöge wiederholt die Kurschwerter symbolisch in ihr Wappen – im Widerspruch zum Mandat des Kaisers. Nur dem letzten Askanier Sachsen-Lauenburgs, Julius Franz, wurde durch kaiserliches Privileg erlaubt, die Kurschwerter für seine Person in das Wappen aufzunehmen.

Er hatte sich als General der Kavallerie bei der Befreiung Wiens von türkischer Belagerung (1683) besondere Verdienste erworben.
Mit der Verleihung der Kurwürde an die Markgrafen von Meißen wanderte der Name „Sachsen" weiter elbaufwärts. Denn das staatliche Gebilde, das aus der Vereinigung Sachsen-Wittenbergs mit den wettinischen Landen entstand, hieß Sachsen bzw. Kursachsen. Der Name bezeichnete nun allerdings Land und Leute, die mit dem alten Sachsenstamm wenig gemeinsam hatten. Eine andere Folge dieser dynastisch-politischen Entwicklung war die Entstehung der Begriffe Nieder- und Obersachsen. Sie erscheinen offiziell als Landschaftsbezeichnungen, als „Obersächsischer und Niedersächsischer Kreis", in der von Kaiser Maximilian I. verfügten Einteilung des Reichsgebiets in zehn Landfriedenskreise. Sachsen-Lauenburg gehörte mit Holstein, Mecklenburg und den welfischen Gebieten zum „Niedersächsischen Kreis".

Schloß und Stadt Lauenburg im Jahre 1586. Zeichnung v. Georg Friedrich von Berg

Sachsen-Lauenburg in der Zeit der Reformation und der Religionskriege

Die lauenburgische Geschichte in der Zeit des Übergangs vom Mittelalter zur frühen Neuzeit verlief unter der wechselnden Paarigkeit der Herrschernamen Magnus und Franz, wobei das zeitliche Nacheinander zuletzt in ein dramatisches Gegeneinander der Brüder Magnus II. und Franz II. umschlug. Mit ihren guten und schlechten Eigenschaften erwiesen sich alle (Magnus I., Franz I., Magnus II. und Franz II.) als echte Askanier. Andererseits waren sie auch typische Vertreter des herrschenden Zeitgeistes, der Renaissance.
Der kulturelle und soziale Umbruch lockerte schon im 15. Jahrhundert die alten Ordnungen und führte zu einer Zügellosigkeit, wie sie nur Zeitwenden eigen ist. Bezeichnenderweise wurde das Zeitalter der Reformation von einer „grobianischen Literatur" begleitet, die den groben, unflätigen und unsittlichen Menschen als Spiegelbild der Zeit hinstellte. Erfindungen und überseeische Entdeckungen veränderten das Weltbild, und der oft geäußerte Gedanke einer Reformation des Reiches und der Kirche erfüllte die Menschen mit neuen Hoffnungen. Die kaiserliche Gewalt im Heiligen Römischen Reich war freilich auf den Bereich der „deutschen Nation" zurückgeschrumpft, und die politischen Gewinner der kirchlichen Reformation wurden die Fürsten. Sie konnten durch Aneignung von Kirchengütern ihre Gebiete vergrößern und als „Notbischöfe" durch die Ausbildung des Kirchenregiments ihre Landesherrschaft erheblich stärken.
Schon vor der Reformation versuchte Herzog Magnus I. (1507–1543), in tatkräftiger Selbsthilfe einen alten askanischen Traum zu verwirklichen: die Ausdehnung der weltlichen Hoheitsrechte auf das Stiftsland des Bischofs, das Land Boitin. Er ging vor mit roher Gewalt, was in jener Zeit nichts Außergewöhnliches war. Die Gegenseite beschimpfte ihn als „Bestie" und „Monstrum", vom Papst wurde er gebannt und vom Kaiser geächtet. Die Auseinandersetzungen zogen sich weit in die Reformationszeit hinein. Schließlich mußte sich Magnus dem Spruch des Reichskammergerichts fügen und auf die beschlagnahmten Stiftsgüter verzichten. Im übrigen verhielt er sich diplomatisch. Er trat nicht zur neuen Lehre über, begünstigte aber die evangelische Bewegung, indem er sich um lutherische Prediger bemühte. Während Magnus für das Land Hadeln eine Kirchenordnung erließ, begnügte er sich im Stammland mit einem vorläufigen Mandat (Anweisung). Rücksichten auf kaiserliches Wohlwollen zwangen zu vorsichtigem Lavieren.
Franz I. (1543–1581) setzte die Politik des Vaters in grobianischer Manier fort. Aber auch seine An-

schläge auf das bischöfliche Stiftsland schlugen fehl. Es glückte ihm nur, sich des Klosters Marienwohlde zu bemächtigen. Das bedeutete neben dem Rückerwerb von acht lauenburgischen Dörfern des Klosters Reinbek, der schon unter seinem Vater erfolgt war, einen Gewinn; er reichte jedoch nicht aus, um der finanziellen Schwierigkeiten Herr zu werden. Der listige Versuch, durch Abdankung und Übertragung der Regierung an seinen ältesten Sohn Magnus II. die Krise zu lösen, scheiterte, weil dieser selbst verschwenderisch, großspurig und unfähig war, die versprochene Entschuldung des Landes und die Abfindung der Brüder durchzuführen.
Das Schuldenproblem verquickte sich jetzt mit dem heillosen Bruderzwist um die Erbfolge; in dem entstehenden Familienstreit schwankte der Vater zwischen den Söhnen Magnus II. und Franz II. hilflos hin und her. Am Ende siegte Franz II. (1581–1619). Er entwickelte sich als regierender Fürst zum bedeutendsten askanischen Staatsmann im Jahrhundert der Reformation und verhinderte den Zerfall des Herzogtums. Grundlegende Gesetze und Verordnungen wurden in seiner Regierungszeit erlassen: u. a. die überfällige Kirchenordnung (1585), die Polizeiverordnungen für Ratzeburg und Lauenburg und die „Union der Ritter- und Landschaft“ (1585). Durch diesen mit Franz II. abgesprochenen Vertrag sicherten sich die ständischen Vertreter – in erster Linie die Adligen – ihren Einfluß auf die Regierung des Landes, während in vielen anderen Territorien die ständische Mitwirkung bald im fürstlichen Absolutismus

Herzog Franz II. von Sachsen-Lauenburg (1581–1619)

„eintrocknete“. Nur die Ritterschaft und die beiden Städte Lauenburg und Ratzeburg beschickten anfangs die Landtage. Mölln stand als „Ausland“ noch unter lübischer Pfandherrschaft und trat erst 1816 der Union bei. Die Bauern waren nicht vertreten.
Milde und Güte wurden dem allgemein anerkannten Landesherrn am Ende seines Lebens bescheinigt. Der skandalumwitterte Bruder Magnus II. hat sie nicht erfahren: Er wurde aus Gründen der Staatsräson 15 Jahre – bis zu seinem Tode – in einem Gemach des Ratzeburger Schlosses in Haft gehalten.
Als Franz II. 1619 starb, züngelten schon die Flammen, die sich zum Flächenbrand des 30jährigen Krieges (1618–1648) ausweiten sollten. Obwohl sein Nachfolger August (1619–1656) – ein friedfertiger Fürst – sich neutral verhielt, konnte er die Leiden des Krieges nicht von seinen Untertanen fernhalten. Der erste, noch harmlose Vorbote des Krieges auf lauenburgischem Boden war der flüchtige Kurfürst von der Pfalz, der bei Prag 1620 geschlagene „Winterkönig“. Er befand sich auf der Durchreise nach Segeberg, wo die niedersächsischen Fürsten und der dänische König Christian IV. über Krieg und Frieden konferieren wollten. Als der geächtete Kurfürst in dem Dörfchen Köthel Rast machte, ahnten die Hufner nicht, daß dem vornehmen Herrn bald wilde Söldnerhaufen und Marodeure folgen würden. Im Lauenburgischen wurden keine Schlachten geschlagen, dennoch mußten die Bauern und Bürger des ohnmächtigen Landes durch unaufhörliche Einquartierungen, Durchzüge, Rekrutierungen, Plünderungen und Übergriffe schwer leiden.
Die Tortur der Leiden begann, als Christian IV., der König von Dänemark und Herzog von Holstein, als Oberster des niedersächsischen Reichskreises an die Spitze der Protestanten trat und bei Lutter am Barenberg (1626) dem Heerführer der katholischen Liga, Tilly, unterlag. Die geschlagenen evangelischen Truppen fluteten durch das Land zurück, die Regimenter der „Ligisten“ folgten. Von Büchen, dem Tagungsort der Landstände, aus bereiteten Tilly und Wallenstein die Kriegszüge gegen Jütland und Mecklenburg vor. Ihr Grundsatz „Der Krieg ernährt den Krieg“, Hungersnot und Pest ließen die Menschen verzweifeln. Schwer litten auch die Lübecker Pfandschaften Mölln, Ritzerau und Behlendorf. Fast gleichzeitig mit dem Beginn der Friedensverhandlungen in Münster und Osnabrück wurde Lauenburg noch einmal 1643/44 das Opfer kaiserlicher und schwedischer Durchzüge.

Urkunde von der „Union der Ritter- und Landschaft" (1585)

Während der regierende Herzog August verarmte und mit Lübecker Anleihen einen bescheidenen Hofstaat führte, wurde er durch immer neue Ansprüche seiner zahlreichen Stiefbrüder bedrängt, die als Offiziere zu Reichtum und Ansehen gelangten. Die bekanntesten sind Franz Albrecht und Julius Heinrich. Franz Albrecht wechselte als Offizier und Diplomat mehrfach die Parteien. Da der schwedische König Gustav Adolf am Tage von Lützen (6. 11. 32) im dichten Nebel an der Seite seines Pagen und des Lauenburgers fiel, bildete sich die gehässige Legende, Franz Albrecht habe den Tod des Königs verursacht. Er blieb lange eine umstrittene Gestalt der Geschichte. Als kaiserlicher Generalfeldmarschall wurde er in der Schlacht bei Schweidnitz gegen die Schweden 1642 tödlich verwundet.

Mehr Glück hatte sein Bruder Julius Heinrich. Auch er erwarb sich durch Kriegsdienste erhebliche Geldmittel. Seine Karriere wurde begünstigt durch den Übertritt zum katholischen Glauben. Als Entgelt für geleistete Soldzahlungen erhielt er im Namen des Kaisers die Herrschaft Schlackenwerth in Böhmen, die zu einer bewunderten Residenz ausgebaut wurde. Er profitierte, wie sein Freund Wallenstein, von den Enteignungen böhmischer Adliger und Städte.

Die Reformation zog ein Zeitalter der Religionskämpfe nach sich, das über 100 Jahre dauerte und erst nach einem 30jährigen Krieg durch den Westfälischen Frieden von 1648 ein Ende fand. In den religiösen Fragen war der Friede nach dem Völkerrechtler Rudolf Laun ein Verständigungsfriede: Er brachte den Fürsten Freiheit und Gleichheit des Glaubens. In den weltlichen Fragen war er dagegen ein Siegfriede der stärkeren Mächte und Territorien. Das lauenburgische Herzogshaus gewann kein Gebiet hinzu, denn das bischöfliche Stiftsland wurde in das weltliche Fürstentum Ratzeburg verwandelt und fiel an das Haus Mecklenburg. Aber Sachsen-Lauenburg hatte seine Eigenständigkeit bewahrt.

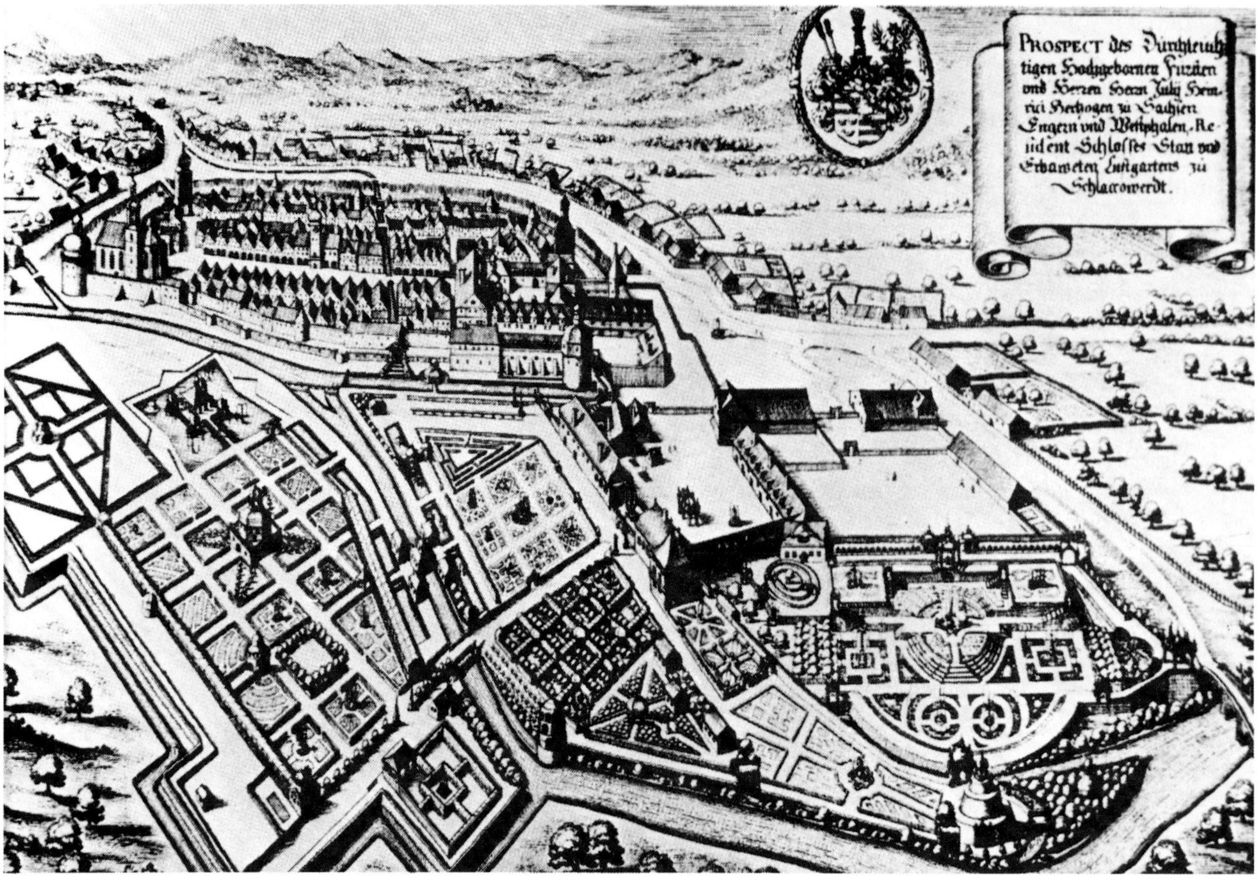

Schloß und Lustgarten Schlackenwerth bei Karlsbad (um 1650)

Die letzten Askanier und der sachsen-lauenburgische Erbfolgestreit

Die Geschichte Lauenburgs und seiner Herzöge im 17. Jahrhundert wird auch sichtbar im Wechsel und Bild der fürstlichen Wohn- und Regierungssitze. Franz II. war der letzte Herzog, der in der Stadt Lauenburg residierte. Durch die Ordnung der Verwaltung und Finanzen, die Mitgift seiner zweiten Frau und die kaiserlichen Dienste in den Niederlanden und Türkenkriegen flossen ihm Geldmittel zu, mit denen er sein Schloß zu einer frühbarocken Residenz ausbaute. Vom Glanz dieses Fürstensitzes ist wenig erhalten. Große Teile des Schlosses brannten 1616 ab.

Sein Sohn August, der lauenburgische „Friedensfürst" während des 30jährigen Krieges, regierte sein Land von Ratzeburg aus. Das dortige Schloß glich freilich mehr einer mittelalterlichen Burganlage mit Klappbrücke und niesenden Pechnasen als der Residenz eines „durchlauchtigsten Fürsten". Der elende Krieg und die Versorgungsforderungen seiner Brüder zwangen ihn zu einer bescheidenen Lebensführung. Das Aussehen des Schlosses dürfte sich in seiner Zeit nicht wesentlich von der bildlichen Wiedergabe des Hane-Kupferstichs (1588) unterschieden haben.

Die letzten bedeutenden Askanier, Julius Heinrich (1656–1665) und sein Sohn Julius Franz (1666–1689), haben ihren Ruf als „glanzvolle Fürsten der Barockzeit" nicht im Herzogtum Lauenburg, sondern im fernen Böhmen durch die berühmte Schloß- und Parkanlage Schlackenwerth bei Karlsbad erworben. Dort hatten die beiden Liebhaber der Künste sich eine wahrhaft fürstliche Residenz geschaffen. Sie liebten den Prunk und die pompöse Hofhaltung. Lauenburg war für sie ein Nebenland, aber kein gleichgültiges. Sie haben viel für das Herzogtum getan, besonders Julius Franz. Nach einem jahrelangen Rechtsstreit mit Lübeck konnte er 1683 die Stadt Mölln gegen Zahlung der Pfandsumme zurückgewinnen. Die Dörfer und Güter der Vogtei blieben noch über 60 Jahre lübisch. Auch der 1420 verlorene Sachsenwald wurde – entgegen dem Urteil des Reichskammergerichts (1684) – wieder lauenburgisches Eigentum.

Als Julius Franz 1689 unerwartet starb, hinterließ

Georg Wilhelm, Herzog zu Braunschweig und Lüneburg

er keinen männlichen Erben. Die ihn überlebenden Prinzessinnen, zwei bezaubernde Augenweiden, waren im Herzogtum, einem Reichslehen, nicht erbberechtigt. Eine von ihnen, Sibylla Augusta, heiratete 1690 den berühmten „Türkenlouis", den Markgrafen Ludwig Wilhelm von Baden-Baden.
Die Frage der Erbfolge im herrenlosen Lauenburg rief zahlreiche Länder auf den Plan, unter ihnen Kursachsen, Mecklenburg-Schwerin, Kurbrandenburg, das Haus Wettin und Braunschweig-Lüneburg. Aber während die anderen nur schriftlich ihre Forderungen erhoben oder durch Abgesandte symbolisch Besitz ergriffen, ließ Herzog Georg Wilhelm von Lüneburg-Celle für das welfische Gesamthaus Braunschweig-Lüneburg das Land militärisch besetzen, die alte askanische Schloßanlage in Ratzeburg abreißen und eine moderne Festung anlegen. Interessanterweise hat der universale Geist Leibniz als „hannoverscher Hofhistoriker" viel Fleiß und Zeit zur Begründung des welfischen Anspruchs aufgewendet.
Die fieberhafte Eile, mit der die Festungspläne verwirklicht wurden, veranlaßte Dänemarks König 1693 zum Eingreifen. Seine Soldaten umschlossen die Inselfestung Ratzeburg und schossen mit Geschützen und schweren Mörsern die Stadt in Brand. Nur wenige Gebäude überstanden den Feuersturm. Herzog Georg Wilhelm mußte dem dänischen König in einem Vergleich das Zugeständnis machen, das Ratzeburger Befestigungswerk zu schleifen, aber Lauenburg gab er nicht heraus. Er richtete sich hier auf Dauer ein, obwohl der Streit um die Nachfolge noch nicht entschieden war. Auswärtige Mächte bat er um Spenden für den Wiederaufbau Ratzeburgs; dieser war bis 1705 im wesentlichen beendet. Die überlieferte ständische Verfassung blieb in Kraft. Im Rezeß (Verhandlungsergebnis) von 1702 bestätigte er der Ritter- und Landschaft ihre alten Rechte. Eine Stärkung erfuhr das Amt des Landmarschalls, das von einem Mitglied der Familie von Bülow (Gudow) in Erbfolge ausgeübt wurde. Das Amt setzte besondere Fähigkeiten voraus, weil sich seine Inhaber als herausgehobene, vornehme Repräsentanten und in der „Funktion des Ausgleichs" zwischen Fürst und Landschaft bewähren mußten. Der Landesrezeß von 1702 galt als Verfassungsurkunde mit einigen Abänderungen bis 1876.
1705 starb Georg Wilhelm. Mit ihm erlosch die Lüneburger Linie. Lauenburg fiel an die hannoversche Linie des Hauses, das 1692 die Kurwürde erlangt hatte. Der sachsen-lauenburgische Erbfolgestreit ging weiter und wurde erst 1716 vom Kaiser zugunsten Hannovers entschieden. Da der damalige Kurfürst Georg Ludwig 1714 durch Erbgang den englischen Thron bestiegen hatte, wurde Lauenburg in Personalunion nicht nur mit Hannover, sondern auch mit Großbritannien verbunden.

Herzog Julius Franz von Sachsen-Lauenburg (1666–1689)

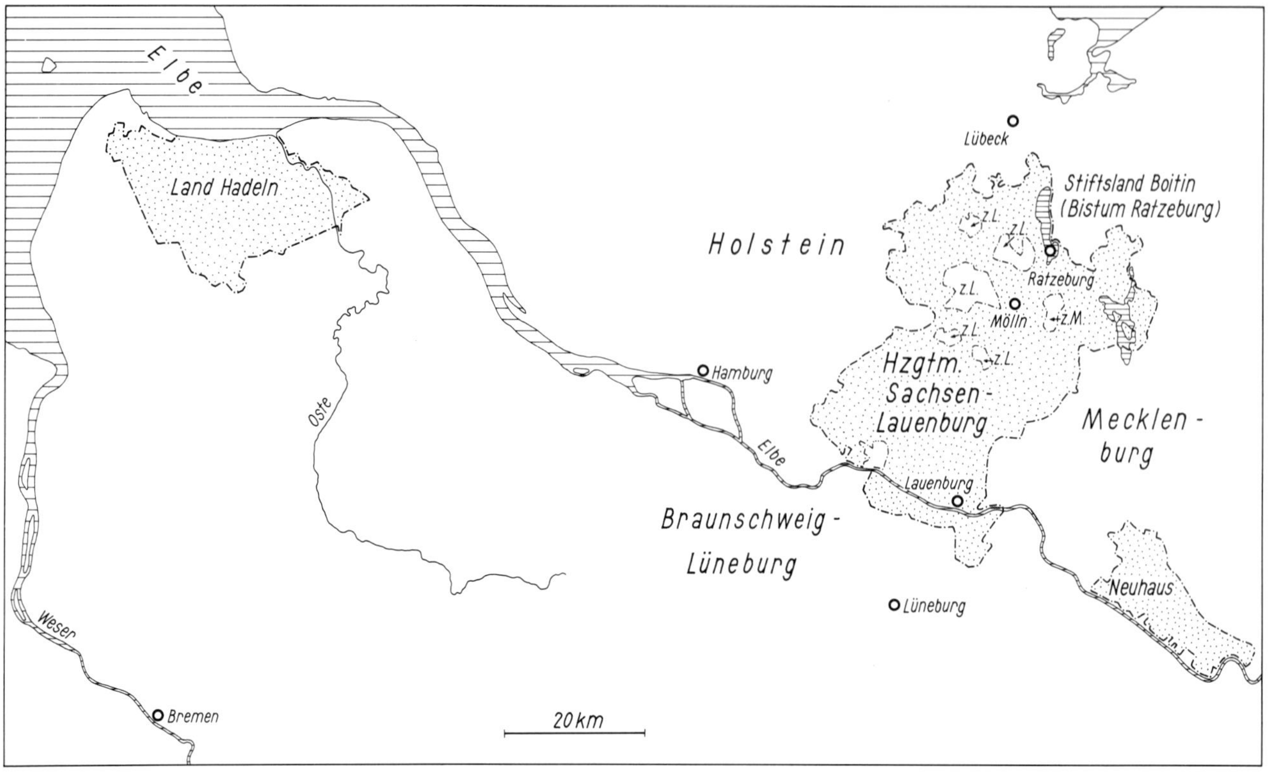

Das Herzogtum Sachsen-Lauenburg unter den Askaniern im 16. und 17. Jh.

Die hannoversche Periode

Die personale Verbindung koppelte Lauenburg nach dem Aussterben des angestammten Herrscherhauses an stärkere auswärtige Mächte. Innenpolitisch garantierten die Landesrechte und die Entfernung von der Zentralgewalt des Herrschers eine weitgehende Selbständigkeit. Die Außenpolitik des landfremden Fürsten entzog sich jedoch jeder Kontrolle. In seiner Zugehörigkeit zum Kurfürstentum Hannover bzw. zu Großbritannien spürte daher Lauenburg, wenn auch meist mittelbar, die Einflüsse der Weltpolitik.

Das 18. Jahrhundert war die Zeit der großen europäischen Kriege, die die Landkarten verändert haben. Im Nordischen Krieg (1700–1721), den Schweden zunächst gegen Rußland, Dänemark und Sachsen-Polen führte, verlor es seine Vormachtstellung an der Ostsee. Im Spanischen Erbfolgekrieg (1701–1714) kämpfte eine „Große Allianz", bestehend aus England, Habsburg, Preußen, dem Reich und den Niederlanden, gegen Frankreich. Um die Jahrhundertmitte rangen England und Frankreich um den Besitz Indiens und Nordamerikas. Die weltweite Auseinandersetzung verband sich im Reich mit dem Kampf zwischen Österreich und Preußen um Schlesien, weil Frankreich sich mit Österreich verbündete und den englischen Festlandsbesitz Hannover bedrohte. Gegen diese Gefahr schloß sich England mit Preußen zusammen.

Als dänische und polnische Reiterei 1712 – im Nordischen Krieg – bei Gadebusch den Schweden unterlag, wichen versprengte Gruppen auf lauenburgisches Gebiet aus. Die 1713 zur Verstärkung anrückenden russischen Truppen bezogen Winterquartier im Raum Pötrau-Siebeneichen. Ihre „Manneszucht" wurde gelobt. Zar Peter der Große, „das Wundertier aus Moskau", verweilte damals kurz in Mölln. Bald darauf schlossen sich Preußen und Hannover dem Bündnis gegen Schweden an. 1715 marschierte eine dänische Armee zur Belagerung von Stralsund durch das Herzogtum und kehrte nach dem Fall der Stadt auf demselben Wege zurück.

Nach dem Nordischen Krieg blieb Lauenburg viele Jahrzehnte von Durchzügen und Einquartierungen verschont. Auch im 7jährigen Krieg (1756–1763) gab es im Lande keine Kampfhandlungen, obwohl England mit Hannover an der Seite Preußens stand. Dennoch wurden die Bewohner der Dörfer und adligen Gerichte häufig in Aufregung versetzt

durch preußische Werber und durch Zwangsrekrutierungen, die von der Ratzeburger Regierung auf Befehl Hannovers angeordnet werden mußten. Die Zahl der Freiwilligen reichte nicht aus, um die Verluste der Truppen auszugleichen. Die jungen Leute hatten – im Jargon der Schüler von heute – weder einen „Bock" auf den blauen Rock des preußischen Königs noch Lust, für den „allerdurchlauchtesten, großmächtigsten Fürsten und Herrn Georg den Anderen, König von Großbritannien ..." ihr Leben hinzugeben.
Um die Untertanen vor den groben Tätlichkeiten der preußischen Werber zu schützen, empfahl die Regierung in einer Verordnung, bei dem Erscheinen der Werber die Sturmglocken zu läuten, die Landfriedensstörer festzunehmen und bei Widerstand totzuschlagen oder niederzuschießen. Die Gestellung der Wehrfähigen für die hannoversche Armee fand bei den Landeskindern, wie bereits erwähnt, ebenfalls wenig Gegenliebe. Die Lauenburger waren noch weit entfernt von der Wertschätzung der Uniform im Sinne des populären Zweizeilers „Der Soldate, der Soldate ist der schönste Mann im ganzen Staate".
Besonders die Gutsherrschaften waren gehalten, Rekruten zu stellen. Aber aus den erhaltenen Akten der Gutsarchive geht hervor, daß manche für den Gamaschendienst Auserwählte auf dem Transport zur Garnison desertierten und ins „Ausland", d. h. in die benachbarten Territorien Holstein, Mecklenburg und Lübeck gingen. Als drückend wurde auch von den Ämtern und adligen Gütern empfunden, daß sie mit eigenen Fuhrwerken „Proviant und Fourage für die Armee" zu den Magazinen bis nach Lüneburg und Uelzen fahren mußten.[19] Eine weitere Belastung stellten schließlich die Kriegsgefangenen dar. 1758 kamen nach Mölln 647 Gefangene (Franzosen und Reichsarmee), die in Wirtschaften, Herbergen und Bürgerquartieren untergebracht wurden. Sie konnten sich ziemlich frei bewegen. Es gab noch keinen Stacheldraht. Die Stadt mußte „Stroh, Holz und Torf zum Essenkochen liefern".[20]
Trotz dieser Störungen war das hannoversche Jahrhundert für Lauenburg ein Segen. Die kurfürstliche Regierung tat alles, die Wohlfahrt zu fördern, den Lebensstandard zu heben und die durch Verpfändung verlorenen Gebiete zurückzugewinnen. Durch die erfolgreich fortgeführte Rückerwerbungspolitik erhielt das Land wieder eine größere Geschlossenheit. 1739 kam es zur Rückgabe des Amtes Steinhorst, das seit 1575 von Lauenburg getrennt gewesen war. Schüsse zwischen hannoverschen und dänischen Soldaten im Herrenhaus Steinhorst und dramatische Verhandlungen waren vorausgegangen. Nun gehörte das „Herz des Fürstentums", wie es einst eine Herzogin genannt hatte, wieder zu Lauenburg.
Auch der langwierige Streit um die Rückgabe der Vogtei Mölln gelangte zum Abschluß. Lübeck gab 1747 an Georg II., den Herzog von Lauenburg, Kurfürsten von Hannover und König von England, zahlreiche Dörfer zurück: Hof und Dorf Woltersdorf, Altmölln, Hornbek, Niendorf, Koberg, Sirksfelde, die lübischen Teile der Dörfer Breitenfelde, Berkenthin, Siebenbäumen, Duvensee und die Hoheit über die adligen Güter Rondeshagen, Kastorf, Bliestorf und Grinau.[21]
Eine hervorragende Verwaltung, die sich in den Jahresabschlüssen und Überschüssen der Ämter zu erkennen gibt, führte einen allgemeinen Aufschwung herbei. Tüchtige Beamte und neue Adelsfamilien wurden im Lauenburgischen heimisch, unter ihnen das Geschlecht der Bernstorffs. Die

Georg II. (1727–1760), König von Großbritannien, Kurfürst von Hannover und Herzog von Lauenburg

Grafen von Bernstorff haben zeitweise in hohen Stellungen deutsche und europäische Politik mitgestaltet. Den heutigen Lauenburgern sind sie vor allem als Besitzer des Herrenhauses Wotersen bekannt.

Die steigenden Einnahmen der Verwaltung waren auch eine Folge der ersten Flurbereinigung unseres Landes, der „Verkoppelung" der dörflichen Feldmarken. Die Anteile der Bauern an den Ackerstükken (Kämpen) und die Allmende (der Allgemeinbesitz) wurden neu vermessen und neu verteilt, so daß der Bauer eigene, „heckenumgrenzte" Feldgrundstücke erhielt. Durch diese Maßnahmen bildete sich ein wohlhabender, leistungsfähiger und lebenskräftiger Bauernstand. Die Verkoppelung begann 1764. Den Anstoß dazu gab bereits 1762 ein entsprechender Antrag der Eingesessenen des Dorfes Sandesneben (Amt Steinhorst). Die Anregung kam über die nahe Landesgrenze von holsteinischen Dörfern, wo die Neuordnung der Feldflur von den Bauern selbst durchgeführt worden war. Mit der Verkoppelung entstand das schachbrettartige Knicknetz, das für das Landschaftsbild unserer Heimat charakteristisch ist.

Anweisung zur Anlage von Knicks (1767)

Die günstige wirtschaftliche Entwicklung wurde unterbrochen durch die französische Expansion unter Napoleon. Die Ereignisse der Französischen Revolution und die Koalitionskriege hatte man bisher wie auf einem fernen Planeten als unbeteiligter Zuschauer verfolgt. Als nach dem Frieden von Amiens zwischen England und Frankreich abermals der Krieg zwischen beiden Mächten ausbrach, erhielt der Befehlshaber der französischen Armee in Holland den Befehl zum Einmarsch in das Kurland Hannover mit den Worten: „Marschiert, schlagt die hannoversche Armee und nehmt ihr die Waffen!" Die Regierung in Hannover konnte sich nicht zu einem militärischen Waffengang entschließen. Die Unsicherheit übertrug sich auf die Führung der Armee, zumal die Soldaten scharenweise desertierten. Das hannoversche Corps legte schließlich auf Grund der „Artlenburger Elbkonvention", die auf einem in der Elbe bei Artlenburg verankerten Fahrzeug zwischen beiden Befehlshabern (General Mortier und Feldmarschall von Wallmoden) geschlossen wurde, die Waffen nieder. Der Vertrag vom 5. Juli 1803 berechtigte die Franzosen, das lauenburgische Gebiet zu besetzen, was dann sogleich geschah. Schon am 21. Juli 1803 zogen die Franzosen in Ratzeburg ein. Mit der französischen Besetzung im Jahre 1803 endete de facto (tatsächlich) die hannoversche Zeit des Herzogtums Lauenburg.

Die Franzosenzeit

Durch die Konvention von Artlenburg (1803) wurde Lauenburg in den Strudel des weltpolitischen Geschehens hineingezogen. Die Franzosen kamen und richteten sich im Herzogtum häuslich ein. Die Verwaltungseinrichtungen blieben bestehen, doch das Land hatte unbequeme Besatzungslasten zu tragen. Die Privathäuser waren mit französischem Militär belegt; die tägliche Verpflegung hatte der Quartierswirt zu liefern. Was die fremden Truppen benötigten, nahmen sie sich, sogar Besen und Schwefelsticken (Streichhölzer). Boten für Briefe und „Wegweiser" für Kuriere und Kolonnen mußten zur Verfügung gestellt und bezahlt werden. Schon bald befand sich das Land in finanziellen Schwierigkeiten. Nach der Erhebung des Ersten Consuls Bonaparte zum Kaiser der Franzosen

(1804) verstärkte sich die Willkür der Besatzungsmacht. Die Parole „Krieg den Palästen, Friede den Hütten“ hatte sich längst als hohle Phrase erwiesen. Nach zweijähriger Besatzungszeit zogen die Franzosen ab, um die Streitkräfte des Korsen in Süddeutschland zu verstärken. Doch nun besetzten russische und schwedische Heeresteile Lauenburg. Die Last der Einquartierung blieb.
Um Preußen mit England und dessen Verbündeten zu verfeinden, bot Napoleon dem preußischen König das Kurfürstentum Hannover an. Der König ging darauf ein, und für ein Vierteljahr war Lauenburg von preußischen Truppen besetzt. Aber das freundliche Einvernehmen währte nicht lange. Bald befand sich Preußen – allein – im Kriegszustand mit dem französischen Kaiserreich und unterlag bei Jena und Auerstedt (14. 10. 1806). Die Kriegs- und Einquartierungslasten steigerten sich ins Unerträgliche, als preußische Truppen unter Blücher nach der vernichtenden Niederlage durch Mecklenburg und den Norden Lauenburgs zurückfluteten und die siegreichen Franzosen sich an ihre Fersen hefteten. Auf die Kapitulation Blüchers am 7. November bei Ratekau (nahe Lübeck) folgten die Rückmärsche der französischen Truppen und die Elendszüge der Gefangenen. Am meisten hatte das Land unter den Plünderungen der Nachzügler zu leiden.
Diese schlimmen Novembertage des Jahres 1806 leiteten die zweite französische Besatzungszeit ein. Lauenburg bildete bis 1810, ziemlich losgelöst von den anderen hannoverschen Landen, einen eigenen Verwaltungsbezirk unter einem kaiserlichen Intendanten, der auf dem Lauenburger Schloß residierte. Ihm stand eine Regierungskommission mit einheimischen Beamten zur Seite. Zu ihnen zählte der Amtmann Friedrich Compe, der seit 1793 mit außergewöhnlichem Erfolg das Amt Schwarzenbek leitete. Dem Geschick und der vaterländischen Gesinnung dieser Männer ist es zu danken, daß überzogene Forderungen der Besatzungsmacht gemildert wurden oder nicht zur Ausführung kamen.
1810 begann ein neuer Abschnitt der Fremdherrschaft. Um die letzten Lücken der Kontinentalsperre (Handelsblockade) gegen England zu schließen, verkündete Napoleon die Vereinigung der Küsten- bzw. küstennahen Gebiete von Holland bis Lübeck mit dem französischen Kaiserreich. Die Einverleibung betraf das Königreich Holland, das Großherzogtum Berg, Teile von Hannover und Westfalen, das Herzogtum Oldenburg und die Hansestädte. Das ganze Gebiet wurde durch das kaiserliche Dekret vom 18. 12. 1810 in zehn Departements eingeteilt. Das Departement der Elbmündungen bildete die nördliche Spitze des Imperiums und umfaßte vier Arrondissements: Hamburg, Lübeck, Lüneburg und Stade.

Theodor Körner, der Sänger der Befreiungskriege (1813)

Das Herzogtum Lauenburg gehörte mit seinen sechs Ämtern Ratzeburg, Mölln, Lauenburg, Schwarzenbek, Steinhorst und Neuhaus zum Arrondissement Lübeck. Artlenburg war Lüneburg und das Land Hadeln Stade angegliedert. Überall wurden französische Namen eingeführt: Die Bürgermeister hießen maires, die Rathäuser mairies, die Ämter cantons. In Mölln – auf der Hanenburg – untersuchten französische Zollbeamte (douaniers), die kaum ein Wort Deutsch sprechen konnten, die Passanten auf englische Schmuggelware. Lübeck, Bremen und Hamburg galten als „bonnes villes“, d. h. Städte ersten Ranges. Ihre Bürgermeister hatten das Recht, an den größeren kaiserlichen Festen in Paris teilzunehmen.
Die Verwaltung wurde nach französischem Vorbild eingerichtet. Sie hatte die Aufgabe, die Geldmittel des angeschlossenen Landes für die gewaltigen Heeresausgaben flüssig zu machen. Neuartige Steuern (Personal-, Mobilien-, Patent- und Fenstersteuern), hohe indirekte Steuern und Zollschranken waren nicht geeignet, Begeisterung für den neuen Staat zu wecken. Die rigorosen Methoden der Aushebung für den Waffendienst in der Fremde forderten Widerstand heraus. Wenn sich

Am Lüttauer See (b. Mölln) kämpfte 1813 im Freicorps Lützow Turnvater Jahn

der „Conscribirte" (Rekrut) dem Dienst entzog, sollte er militärisch verfolgt werden und „der ihm und seinen Eltern gemeinschaftlich auferlegten Geldstrafe nicht entgehen können".[22]

Am Ende war das Land ausgepreßt wie eine Zitrone, und überall schwelte der Haß auf die Unterdrücker. Was wogen schon gegen die bösen Erfahrungen die guten Einrichtungen, die die Franzosen mitgebracht hatten: die Öffentlichkeit der Gerichtsverfahren, die Schwurgerichte, die Aufhebung der letzten Reste des Feudalwesens und die Einführung der Standesämter („Civilstandsregister")? Das ruhige Lauenburger Kaltblut war reif für das blutige Schauspiel der Erhebung und Befreiung. Die Befreiungsstunde schlug nach dem Untergang der Großen Armee auf den Schneefeldern Rußlands (1812). Die Katastrophe wurde als Gottesgericht empfunden. Napoleons Stern verblich. Aber bis zum Sturz des Korsen hatte auch Lauenburg noch einmal Opfer zu bringen. Es wurde Nebenkriegsschauplatz, bevor die Völkerschlacht bei Leipzig alles entschied.

Vor den Kosaken, die bis Hamburg vorstießen, waren die französischen Besatzungstruppen im März 1813 auf südelbisches Gebiet ausgewichen. In Lauenburg konnten jetzt ungestört zwei Freiwilligen-Einheiten aufgestellt werden: eine Jägerkompanie, die sich aus Jägern und Forstleuten bildete, und ein lauenburgisches Feldbataillon. Doch die Franzosen kehrten zurück. Sie eroberten unter dem General Davout Hamburg und rückten mit einem verbündeten dänischen Korps bis Mecklenburg (Schwerin) vor. Ihnen stand eine Nordarmee aus preußischen, schwedischen, russischen, englischen, hannoverschen und mecklenburgischen Kontingenten gegenüber, ein „militärisches Mosaik".

Während sich im Raum um Leipzig die Hauptentscheidung anbahnte, wählte Davout in Nordelbien eine Verteidigungslinie, die sich ungefähr von Lübeck über Ratzeburg, Mölln und Büchen bis nach Lauenburg erstreckte. Sie lehnte sich an natürliche Hindernisse an, nämlich die Wakenitz, die Ratzeburger und Möllner Seen und die Delvenau. „Franzosenschanzen" im Vorfeld von Ratzeburg und Mölln sind noch heute den Einheimischen bekannt. Während des Vorstoßes nach Mecklenburg und des „Sitzkrieges" an der Hauptkampflinie gab es zahlreiche Gefechte, z. B. bei Lauenburg, Büchen, Mölln, Kogel und Mustin. Nach einem Scharmützel in der Nähe von Gadebusch starb der leidenschaftliche Sänger der Befreiungskriege, Theodor Körner. In einem Biwaklager bei Büchen hatte er zuvor das Lied „Das Volk steht auf, der Sturm bricht los . . ." gedichtet. In den Reihen des Lützowschen Freikorps kämpfte am Lüttauer See bei Mölln in starker Erregung, aber ohne eine „Spur von Furcht" Turnvater Jahn.

Die Niederlage Napoleons in der Völkerschlacht bei Leipzig (18. 10. 1813) zwang Davout, seine „Stecknitzlinie" aufzugeben. Beim Abzug wurde die Gegend zwischen Delvenau und Bille von Korn, Schlacht- und Federvieh, Pferden und Wagen buchstäblich „ausgeleert". Die Erlebnisse der Franzosenzeit haben lange nachgewirkt. Bonapartismus war noch über die Mitte des 19. Jahrhunderts hinaus verfemt wie heute der Nationalsozialismus. Wenn der Historiker Dahlmann, 1813 Professor der Geschichte in Kiel, in seiner Waterloo-Rede (7. 7. 1815) unseren großen westlichen Nachbarn pauschal als meineidig, gottesleugnerisch und raubbegierig bezeichnete, entsprachen diese Worte damals sicherlich der allgemein vorherrschenden Stimmung im Lande. Die Abwendung der Franzosen vom Geist der Aufklärung zum „Nationalgeist" rief bei uns eine entsprechende Hinwendung zur vaterländischen und nationalen Gesinnung hervor.

Dem Befreiungsjahr 1813 folgte der Wiener Kongreß (1814/15), das Schau- und Schachspiel der Diplomaten. Unser Herzogtum wurde ein Tauschobjekt der hohen Politik. Hannover trat Lauenburg an Preußen ab. Dänemark erhielt als Entschädigung für Norwegen Schwedisch Vorpommern mit Rügen und vertauschte seine Neuerwerbung gegen Lauenburg an Preußen. Norwegen wurde in Personalunion mit Schweden vereinigt. Neben Schleswig und Holstein war Lauenburg nun als drittes Elbherzogtum in Personalunion mit Dänemark, einer nichtdeutschen Macht, verbunden. Als Herzog von Holstein und Lauenburg war der dänische König jedoch deutscher Bundesfürst und Mitglied des Deutschen Bundes, eines lockeren Staatenbundes, der die Hoffnungen der Freiheitskämpfer enttäuschte. Die Wünsche der Bevölkerung wurden nicht berücksichtigt.

In Personalunion mit der dänischen Krone

Als das Herzogtum Lauenburg 1815 an Dänemark fiel, blieben das Amt Neuhaus, die südelbischen Dörfer (Marschvogtei) und das Land Hadeln, das nach jahrzehntelanger kaiserlicher Übergangsverwaltung (Sequestration) 1731 unter die welfische Landesherrschaft gekommen war, bei Hannover. Am 27. Juli 1816 erfolgte die Übergabe an Dänemark. Die Schleswig-Holsteinische Kanzlei wurde am 2. August in Königl. Schleswig-Holstein-Lauenburgische Kanzlei umbenannt. Der neue Landesherr, König Friedrich VI. von Dänemark, bestätigte die „wohlerworbenen und hergebrachten Rechte und Freiheiten" seiner neuen Untertanen und die Privilegien der ständischen Vertretung entsprechend dem Rezeß von 1702.
Das Versprechen, die Landesverfassung nicht anzutasten, sicherte ihm die Sympathien der Eingesessenen. Im Jahre 1817 besuchte er mit der Königin, zwei Prinzessinnen und einem respektablen Gefolge das neuerworbene Herzogtum. Dem hohen Besuch wurden rührende Beweise „ehrfurchtsvoller Dankbarkeit und Freude" sowohl von seiten der Ritter- und Landschaft als auch der Bevölkerung zuteil. Den Höhepunkt der Reise bildete der Besuch in Ratzeburg mit Blumen, Transparenten, Ehrenpforte, Spalier der Schützengilde, Illumination, Bootsfahrt und Festball. Friedrich VI. hat bis zu seinem Tode (1839) viermal Lauenburg besucht. Er und sein Nachfolger Christian VIII. zeigten „entschiedenes Wohlwollen" für die lauenburgischen Landeskinder.

Der hoheitliche Wechsel vom welfischen zum dänischen Landesherrn spiegelt sich auch in den Veränderungen des lauenburgischen Wappens. Während der Zugehörigkeit zum welfischen Fürstenhaus hatten die Behörden unseres Herzogtums das Wappenzeichen des Sachsenstammes, das springende weiße Roß im roten Feld, als Landeswappen geführt. Bei der Abtretung an den dänischen König wurde bestimmt, daß der neue Landesherr nur den Kopf des Rosses in sein Wappen aufnehmen solle. Er habe ja nur den Hauptteil, den Kopf, nicht das Ganze erhalten. Die Behörden trennten sich indes ungern vom springenden Sachsenroß. Erst 1841 wurde von Kopenhagen verbindlicher gemacht, nur den Pferdekopf als Siegel und Wappen zu verwenden. Unter Dänemarks Zepter hatte alles gute Weile. Und das gefiel den Lauenburgern.
Nach den Trübsalen der napoleonischen Ära empfand man hier mit Dankbarkeit die Segnungen des Friedens. Die geruhsame, unpolitische und treuherzige Grundhaltung der Biedermeierzeit (1815–1848) entsprach dem damaligen Wesen lauenburgischer Prägung, das ganz auf „gnädiges und untertäniges Vertrauen" ausgerichtet war. „Die Biederkeit des neuen Landesherrn stimmte zu den biederen, einfachen Sitten seiner neuen Landeskinder."[23] So hieß es in der Kondolenz- und Glückwunschadresse, die unsere ständische Vertretung anläßlich des Todes Friedrichs VI. an dessen Nachfolger im Dezember 1839 richtete. Es ist bezeichnend für den ruhigen Gang der lauenburgischen Entwicklung, daß die Gesetzgebung während der ganzen dänischen Zeit nicht umfänglicher war als die Gesetzessammlung eines einzigen Jahres in anderen Ländern. Dieses Stagnieren stand in großem Gegensatz zu der hannoverschen Zeit, in der „unzählige allgemeine Landesverordnungen publiziert" wurden. Nur einzelne erkannten, daß es „zu wenig neue, aber zuviele alte Gesetze" gab.
In diesem friedfertigen Milieu blieb Lauenburg von den liberalen Forderungen nach freiheitlicher Verfassung und nationaler Einheit weitgehend unberührt – im Unterschied zu den „Bruderstaaten" Schleswig und Holstein. Das historische Recht auf Unteilbarkeit und Eigenständigkeit (laut Herrschaftsvertrag von Ripen 1460), das die anderen beiden Herzogtümer gegen die eiderdänische Bewegung verteidigen mußten, spielte diesseits der Bille keine Rolle. Der nationale Gedanke hatte nur in kleinen liberalen Oasen, z. B. in der mecklenburg-strelitzschen Domschule zu Ratzeburg, eine Pflanzstätte. Für ihre Schüler fand alljährlich am 18. Oktober, dem Gedenktag an die Völkerschlacht von Leipzig, eine interne Feier statt. Am

Adolf Gottlieb von Bülow (1795–1841), um 1830 Erblandmarschall

Abend folgte die Hauptfeier auf mecklenburgischem Gebiet – auf der Bäk. Wer als Ratzeburger das vaterländische Sieges- und Freiheitsfest mitfeiern wollte, verließ das dänische Hoheitsgebiet und begab sich zum Bäker Gehölz, wo ein mächtiger Scheiterhaufen entzündet und die Veranstaltung mit einem Fackelzug abgeschlossen wurde. An der Grenze standen dann Polizisten bereit, um eine Grenzüberschreitung durch den illuminierten Zug zu verhüten. Dänemark war ja mit Napoleon verbündet gewesen. Doch die gemütlichen Verhältnisse litten darunter nicht. Dies änderte sich im „Sturmjahr" 1848, als sich in Deutschland das heftige Verlangen nach bürgerlicher Freiheit und Gleichheit mit dem ungeduldigen Ruf nach nationaler Einheit verband.

Ausgelöst durch die europäische und deutsche revolutionäre Bewegung und die schleswig-holsteinische Erhebung erreichte die Welle freiheitlicher und nationaler Erregung auch das Herzogtum Lauenburg. Im Januar 1848 war Christian VIII., König von Dänemark und Herzog von Schleswig, Holstein und Lauenburg, gestorben. Unter dem Einfluß einer eiderdänischen Regierung hatte der neue Herrscher, Friedrich VII., die Einverleibung Schleswigs in Dänemark verkündet. Hierdurch war der Grundsatz der Unteilbarkeit Schleswig-Holsteins verletzt. Dagegen bildete sich in Kiel eine provisorische Regierung. Sie bat den Deutschen Bund um Hilfe. Die lauenburgische Ritter- und Landschaft agierte zunächst neutral und beschloß nur, ihre Vertretung durch bürgerliche und bäuerliche Abgeordnete zu erweitern. Bürgerversammlungen und Wahlen fanden statt, doch die Beratungen der neuen Landesvertreter stießen auf Vorbehalte Friedrichs VII.; außerdem sprach er sich gegen die Verfügungsgewalt des Deutschen Bundes über das lauenburgische Militär aus. Die Königlich Lauenburgische Regierung trat zurück. Als der Rücktritt vom König-Herzog in Kopenhagen nicht angenommen wurde, wandte man sich an die Bundesversammlung in Frankfurt. Die Frankfurter Zentrale schickte einen Bundeskommissar, der eine provisorische Regierung für das Herzogtum einsetzte. Nach dem Vorbild des Schleswig-Holsteinischen Staatsgrundgesetzes und der Verfassung der Frankfurter Nationalversammlung wurde bis Mai 1849 ein liberales Grundgesetz für das Herzogtum Lauenburg ausgearbeitet, das schon bald durch den Ablauf der Ereignisse überholt war.

Der Versuch der Reichsgründung durch die Frankfurter Nationalversammlung scheiterte ebenso wie die schleswig-holsteinische Erhebung. Im kriegerischen Konflikt unterlagen die beiden Herzogtümer, von den deutschen Mächten allein gelassen, den Dänen. Die dänische Gesamtmonarchie blieb erhalten, aber Dänemark mußte im Londoner Protokoll 1852 auf die Einverleibung Schleswigs verzichten. Weder die deutschen noch die dänischen Liberalen hatten ihr nationales Ziel erreicht. Nach dem Scheitern kehrten die früheren Verhältnisse – auch in Lauenburg – zurück. Das Staatsgrundgesetz wurde aufgehoben. Nur eine Neuerung blieb: die zahlenmäßige Veränderung der Ritter- und Landschaft. Nach der Neuordnung des Jahres 1853 saßen neben fünf ritterschaftlichen Deputierten fünf bürgerliche und fünf bäuerliche Abgeordnete im lauenburgischen Landtag. Die Stellung des Adels war geschwächt.

Das Londoner Protokoll, das Dänen und Deutsche gegen ihren Willen in einer Gesamtstaatsordnung vereinigte, war im Jahrhundert des Nationalismus eine fatale Festschreibung. Als die dänische Staatsführung 1863 beschloß, Schleswig ganz einzuverleiben, griffen die deutschen Mächte ein. Im Auftrage des Deutschen Bundes rückten Truppen aus Hannover und Sachsen in Lauenburg und Holstein ein. Eine Bundeskommission übernahm die Ver-

waltung dieser beiden Herzogtümer. Preußische und österreichische Truppen zogen 1864 durch Lauenburg und Holstein nach Norden und besetzten Schleswig. Da es Otto von Bismarck, dem damaligen preußischen Ministerpräsidenten, gelang, das Eingreifen nichtdeutscher Großmächte zu verhindern, blieb der Feldzug gegen Dänemark ein „lokalisierter Kleinkrieg", in dem die Dänen schnell den kürzeren zogen. Ihre militärische Niederlage ist mit den Namen Oeversee, Düppel und Alsen verknüpft. Im Frieden von Wien (30. 10. 1864) mußten sie Schleswig-Holstein und Lauenburg an Österreich und Preußen abtreten.
Mit diesem Übergang endete die dänische Zeit Lauenburgs. Sie ging nicht als Episode einer Fremdherrschaft, wie die Franzosenzeit, in die lauenburgische Geschichte ein, weil die Einwohner lange Zeit mit ihrem Los zufrieden waren. Die Schleswig-Holstein-Lauenburgische Kanzlei in Kopenhagen hatte den deutschen Beamten die Verwaltung überlassen und nicht versucht zu danisieren. Nur die Kommandosprache des „Lauenburgischen Jäger-Corps" war dänisch gewesen. Erst im letzten Jahrzehnt hatte es Spannungen und einen Vertrauensschwund gegeben.

In unserer Landschaft hat die dänische Periode augenfällige Spuren hinterlassen: den Königsdamm in Ratzeburg, der Stadtinsel und Ostufer verbindet, und den Eisenbahndamm in Mölln, der Stadt- und Ziegelsee trennt. Sie erinnern an die Schaffung neuer Verkehrswege in jener Zeit, an den Bau der Chaussee Schwarzenbek-Thurow und der Lübeck-Büchener Eisenbahn. Schließlich soll nicht verschwiegen werden, daß der dänische König Christian VIII. der Stifter der Lauenburgischen Gelehrtenschule gewesen ist. Sie setzte nach der Auflösung der Domschule durch die großherzogliche Regierung von Mecklenburg-Strelitz (1845) die Tradition der höheren Schulbildung in unserem Bereich fort.

Die preußisch-deutsche Zeit bis 1918

Dem Frieden von Wien folgte 1865 der Vertrag von Gastein, in dem sich Österreich und Preußen über die Verwaltung der Elbherzogtümer einigten.

Lauenburgisches Jägercorps von 1842

Österreich erhielt Holstein und Preußen Schleswig zur Ausübung der gemeinsamen Rechte zugewiesen. Ihre anteiligen Rechte an Lauenburg trat die Wiener Regierung gegen 2,5 Millionen dänische Taler an den König von Preußen ab.
Die Angliederung an Preußen war nicht ein Schicksal, das von Lauenburg passiv erlitten wurde. Im Gegenteil. Schon vor dem Wiener Frieden hatte die Ritter- und Landschaft auf Anraten des Grafen Albrecht Bernstorff-Stintenburg, der in hohen preußischen Staatsdiensten stand, offiziell den Wunsch auf Anschluß erklärt. Die Landesvertreter fürchteten, daß ihr Ländchen abermals das Opfer eines Länderschachers wie 1815 würde. Sie hofften, durch den freiwilligen Anschluß an das mächtige Preußen lauenburgische Sonderrechte wahren zu können. Das Ja zum Unabänderlichen machte sie frei, aktiv das politisch Notwendige zu tun – ohne Kriecherei. So wurde Lauenburg nicht wie Schleswig-Holstein nach dem deutschen Bruderkrieg (1866) als Provinz einfach annektiert, sondern durch Personalunion mit Preußen verbunden. Die Erbhuldigung (Untertaneneid) der Ritter- und Landschaft nahm der neue Landesherr, König Wilhelm I., am 26. September 1865 in der St.-Petri-Kirche zu Ratzeburg in feierlicher Zeremonie entgegen.
Der freiwillige Anschluß sicherte dem Herzogtum fürs erste seine Selbständigkeit und innere verfassungsrechtliche Ordnung. Große Enttäuschung rief im Lande allerdings die Ankündigung hervor, daß es die Geldentschädigung für Österreich als Lösegeld selbst aufbringen und künftig Steuern zahlen müsse. Steuerlich war Lauenburg ein Paradies gewesen. Die neuen finanziellen Belastungen, die von einem so kleinen selbständigen staatlichen Gebilde für die Verwaltung und andere Verpflichtungen kaum aufgebracht werden konnten, förderten den Gedanken, die Personalunion in eine Realunion (völlige Vereinigung) umzuwandeln. Diese Wendung wurde begünstigt durch das um sich greifende nationale Denken; der Geist der Kleinstaaterei war nicht mehr zeitgemäß. Bismarck, der das Ministerium für Lauenburg nebenher leitete, hat die Zeit für die Einverleibung langsam reifen lassen.
Die Realunion wurde durch eine Reihe von Maßnahmen und Gesetzen auf dem steuerlichen Sektor und im Bereich der Wirtschaft, des Wehrrechts, der Justiz und Verwaltung vorbereitet. Die Neuerungen beendeten u. a. die gutsherrliche Gerichtsbarkeit und die Grundherrschaft und erfüllten z. T. liberale Forderungen von 1848. Von besonderer Bedeutung waren während dieser Phase die vertragliche Regelung über das Domanialvermögen (1871) und die Gründung des lauenburgischen Landeskommunalverbandes (1872). Da der König sich die Domänen im Amte Schwarzenbek mit dem Sachsenwald vorbehielt, fielen dem Lande 5/7 des Domaniums (Domänen und Forste) als Eigentum zu. Die Verwaltung des bedeutenden Vermögens unterstand ausschließlich dem Landeskommunalverband, d. h. einer selbständigen einheimischen Körperschaft. Nach zähen Verhandlungen wurde Lauenburg durch das Gesetz vom 23. Juni 1876 direkt „mit der preußischen Monarchie für immer vereinigt" und der Provinz Schleswig-Holstein als „Kreis Herzogtum Lauenburg" mit Sonderrechten eingegliedert. Der Kreis stellte einen Vertreter für das preußische Abgeordnetenhaus. Die Wahlen zu diesem Hause erfolgten nach dem Dreiklassenwahlrecht, das die ärmeren Schichten stark benachteiligte, während die Mitglieder für den Reichstag des Deutschen Reiches (seit 1871) aus demokratischen allgemeinen und direkten Wahlen hervorgingen. Weitere Gesetze regelten danach die Anpassung an moderne staatliche Verhältnisse. Mit der Einführung der preußischen Kreisordnung 1882 verlor die Ritter- und Landschaft – nach fast 300 Jahren – endgültig ihre Funktion. An ihre Stelle traten Kreistag und Kreisausschuß.
Mit Preußen kam der Fortschritt, forsch, straff, fordernd und – im Vergleich zur Dänenzeit – sehr unbequem. Aber er brachte die Reichsgründung

Otto von Bismarck in Friedrichsruh (1884)

Die Freiwillige Feuerwehr Sirksfelde, gegr. 1889, um 1911

und einen ungeahnten wirtschaftlichen Aufschwung. Aus einem dänisch-lauenburgischen wurde ein preußischer Untertan und ein guter Patriot des Deutschen Reiches. Dieser nahm es hin, nun doch „bis auf die Haut preußisch uniformiert zu werden". Darob zu zürnen wäre ungerecht. Die von Preußen herbeigeführte nationale Einigung war, wie bei anderen Völkern, ein notwendiges Durchgangsstadium und vollzog sich im „Jahrhundert des Nationalismus" mit der Zwangsläufigkeit eines Naturgesetzes. Im nationalen Wirtschaftsraum mit seinen normierenden Gesetzen verschwanden die fossilen Hemmnisse, die die Steigerung des Produktionsprozesses bislang behindert hatten. Der gemeinsame deutsche Markt war, so gesehen, nicht weniger fortschrittlich und vernünftig als die europäische Wirtschaftsgemeinschaft heute ist.

Vor diesem Panorama werden der Überschwang der vaterländischen Gefühle und der Stolz, zu Preußen zu gehören, plausibel. Schule, Bilder der kaiserlichen Familie in den Wohnstuben, Militärdienst, Freizügigkeit, Kriegerdenkmäler und die Erinnerung an das auch von Lauenburgern vergossene Blut auf den Schlachtfeldern Frankreichs bewirkten eine nationalpolitische Umerziehung, die in den alljährlichen Sedanfeiern ihren festlichen Höhepunkt fand. Die Erinnerungsfeiern liefen beispielsweise in Ratzeburg nach einem festen Programm ab – mit Reden, Umzügen, Musik, Schauturnen, Kinderbelustigung auf dem Festplatz, Tanz, Feuerwerk und allgemeinem Gesang vaterländischer Lieder; und als der Patrioten liebstes Lied erklang dann oft die „Wacht am Rhein".

Die Zucht und Ordnung der Kasernen drangen mit den heimgekehrten Reservisten in die privaten Bereiche und in das Feuerlöschwesen, das unter dem preußischen Aar aufblühte, ein. Die Schulübungen und Brandmanöver der Freiwilligen Feuerwehr erhielten eine gute Kritik, wenn sie „mit militärischem Schneid ausgeführt" und die Kommandos „energisch gehandhabt" wurden.

Wie sehr sich die Einstellung zu Preußen wandelte, zeigt auch der Stimmungsumschwung in der Bevölkerung gegenüber Bismarck. Zwischen der Zirkularsatire „Schwarzpapier und Weißpapier, Bismarck ist ein Trampeltier“ (1867) und dem Hoch eines lauenburgischen Schulleiters „auf Bismarck als des Reiches Grund- und Edelstein“ (1886) liegen nur rd. zwei Jahrzehnte, aber Welten. Die Verärgerung über die finanzielle Schröpfung war einer Bewunderung und Verehrung des Kanzlers gewichen – nicht zuletzt aus dem Grunde, daß sich persönliche Beziehungen zwischen Bismarck und dem Herzogkreis entwickelt hatten. Fürst Bismarck und seine Nachfahren wurden im Lauenburger Lande heimisch. Er selbst war von 1865 bis 1876 Minister für Lauenburg und von 1892 bis 1898 Mitglied des Kreistages. Den Titel eines Herzogs von Lauenburg, den Wilhelm II. ihm bei seinem Scheiden aus dem Kanzleramt 1890 verlieh, hat er freilich abgelehnt zu führen. Die Gedanken nicht nur der Lauenburger kreisten damals um den Sachsenwald, den ernsthafte Zeitgenossen als den geographischen „Mittelpunkt des germanischen Europas“ rühmten.

Bismarck ist auch heute noch im Lauenburgischen allgegenwärtig: durch den plastischen Bronzekopf in der Eingangshalle des alten Kreishauses in Ratzeburg wie auch durch die Gedächtnisstätten (Museum und Gruftkapelle) und die fürstliche Familie in Friedrichsruh. Nur in Lauenburg ist es möglich, wie es ja 1979 wirklich geschah, daß in einer Versammlung der Redner Otto von Habsburg mit dem historischen Versprecher Otto von Bismarck begrüßt wird, weil hierzulande der Vorname und Adelstitel „Otto von“ die Gedankenverbindung zum Reichsgründer und „greisen Recken“ des Sachsenwaldes auslösen.

Das nationale Hochgefühl setzte sich in der Ära Kaiser Wilhelms II. fort. Es wurde gestützt durch den Fortschrittsglauben des Bürgertums, das sich zu keiner Zeit glücklicher und erfolgreicher empfunden haben dürfte als in den Jahrzehnten vor dem Ersten Weltkrieg. Störungen des nationalen und bürgerlichen Selbstverständnisses gab es durch die Lohnstreiks der Besitzlosen und das Wachsen der Arbeiterpartei. Schon 1873 wurde das Streiken als „eine alltägliche Erscheinung“ vermerkt, und bei den Reichstagswahlen 1875 erhielten die Sozialisten in Mölln und Lauenburg fast ebenso viele Stimmen wie die stärkste Partei – die Nationalliberalen. Der Kampf gegen die marxistisch orientierte Arbeiterschaft wirkte polarisierend und beunruhigend.

Die radikalen Formulierungen, die sowohl von bürgerlicher als auch sozialdemokratischer Seite während der Wahlkämpfe verwendet wurden, kennzeichnen die Kluft, die mitten durch die Kreisbevölkerung ging. In einem bürgerlichen Aufruf zur Reichstagsstichwahl 1912 hieß es: „... der bürgerliche Kandidat ... muß siegen, daß der Sozialdemokratie die Lust vergeht, unser schönes Lauenburger Land mit ihrer Anwesenheit zu verunzieren.“ Obwohl die Sozialdemokraten aus dem ersten Wahlgang dieser Reichstagswahl als stärkste Partei hervorgegangen waren, besaßen sie nicht die geringste Aussicht, im Wahlkreis ihren Kandidaten gegen das vereinigte konservativ-liberale Lager durchzubringen, weil nach dem Wahlrecht mehr als die Hälfte aller abgegebenen Stimmen erforderlich war. Noch geringere Chancen bot die Situation bei den Wahlen zum preußischen Abgeordnetenhaus 1913. Hier gab das Dreiklassenwahlsystem den hochbesteuerten Urwählern der ersten beiden Abteilungen, d. h. den Besitzenden, das Übergewicht.

Die soziale Gesetzgebung Bismarcks und die Verbesserung der Lebensverhältnisse haben aber den „inneren Feind“, den „Reichsfeind“, wie er sich

Lauenburgisches Jäger-Batl. Nr. 9 (Postkarte)

Frauen und Mädchen nähen Winterbekleidung für die Soldaten während des 1. Weltkrieges (Sandesneben)

selber nannte, der der deutschen Jugend den „Hurrapatriotismus aus dem Gehirn" reißen wollte, stärker in die nationale Gemeinschaft integriert, als die Öffentlichkeit ahnte. Dies zeigte sich 1914, als die Schüsse von Sarajevo den Ersten Weltkrieg auslösten. Während die sozialdemokratischen Vertreter im Reichstag für die ersten Kriegskredite stimmten, wurden ihre Anhänger und Wähler von der allgemeinen patriotischen Begeisterung mitgerissen. Alle Schichten waren überzeugt, in einen gerechten, von außen aufgezwungenen Kampf zu ziehen. Den Ausmarsch des Lauenburgischen Jäger-Bataillons Nr. 9 in Ratzeburg begleiteten leidenschaftliche Anteilnahme, Tücherschwenken und begeisterte Hurras, aber auch Abschiedstränen. Das Alltagsgeschäft des Krieges bedeutete allerdings leidenschaftslose Pflichterfüllung und maßloses Leiden. „Von insgesamt 460 Offizieren und 16 040 Oberjägern und Jägern, die aus Ratzeburg ins Feld zogen, haben in den 4 Kriegsjahren ... 61 Offiziere und 1972 Mann den Heldentod gefunden, während mit den Vermißten und Verwundeten die Gesamtverluste an Offizieren und Jägern 8626 Mann betragen."[24] Die Dörfer und Städte Lauenburgs hatten über 2000 Tote, die „für König und Vaterland, für Kaiser und Reich" gefallen waren, zu beklagen.

Der gigantische blutige Kampf der Großmächte wurde durch den Kriegseintritt der USA entschieden. Als die deutsche Oberste Heeresleitung (OHL) Ende September 1918 erkannte, daß der Krieg verloren sei, zwang sie die politische Führung zu einem überstürzten Waffenstillstandsangebot an den amerikanischen Präsidenten Wilson. Während des „Notenduells" zwischen Wilson und der deutschen Regierung begann in Deutschland ein Umwälzungsprozeß, der am 9. November in der Abdankung des Kaisers und in der Ausrufung der Republik gipfelte.

Eine revolutionäre Bewegung, die sich durch meuternde Matrosen der deutschen Hochseeflotte von der „Wasserkante" aus verzweigte, hatte diese Entwicklung beschleunigt. Am 5. November erreichte die Revolution Lübeck und am folgenden Tage den Kreis Herzogtum Lauenburg. Der lauenburgische Etappenwinkel wurde von Lübeck und Hamburg aus in die Zange genommen. Während sich die Aufstandsbewegung in der Nordhälfte eher spontan ausbreitete, verlief sie im Südkreis – beeinflußt durch Hamburg und Geesthacht, das damals noch nicht zum Kreisgebiet gehörte – planmäßiger und radikaler. Widerstand und Blutvergießen gab es jedoch nicht, vielmehr Solidarisierungen. Die Bevölkerung war nach dem Schock des Waffenstillstandsangebots ohne jede Siegeshoffnung und kriegsmüde.

Ein Teil der Ratzeburger Garnison formierte sich am 6. November zu einem Demonstrationszug und entwaffnete die Offiziere. An ihre Stelle trat ein Soldatenrat, der für Ruhe und Ordnung sorgte und Plünderungen verhinderte. Die zivilen Behörden arbeiteten ungestört weiter. Nur Bahnhof, Post- und Telegraphenamt waren vorübergehend militärisch besetzt. Im Süden erzwangen Matrosen aus Hamburg am 8. November die „gesamte Arbeitseinstellung" in den Sprengstoffabriken Düneberg und Krümmel. In der Stadt Lauenburg veranlaßte am gleichen Tage ein Trupp Soldaten die Freilassung der im Amtsgerichtsgefängnis einsitzenden Gefangenen. Die Arbeiter traten am 9. November, dem Schicksalstag der Hohenzollerndynastie, in einen Sympathiestreik und veranstalteten einen Umzug, „dem sich auch Bürgerliche anschlossen". Im Südkreis reichten sich Arbeiter und Soldaten die Hand. Innerhalb einer Woche war der Kreis von einem freilich „noch recht weitmaschigen Netz von Arbeiter- und Soldatenräten überzogen".[25] Am Ende des Jahres 1918 bestanden Räte in Ratzeburg, Mölln, Lauenburg, Schwarzenbek, Büchen, Grünhof und Besenhorst mit festen „Kontrollbezirken". Die verwirrenden Ereignisse revolutionären Charakters rissen Tabuzäune ein und signalisierten – auch bei uns im Lauenburgischen – den Wechsel des Systems vom Kaiserreich zur Republik.

Lauenburg in der Weimarer Republik und im Dritten Reich

Mit dem Zusammenbruch des monarchischen Obrigkeitsstaates erhob sich die Frage, wie das Deutsche Reich regiert werden solle. Die Auseinandersetzung um die künftige Staats- und Regierungsform – ob parlamentarische oder proletarische Demokratie – führte zu schweren Kämpfen in Berlin und anderen Teilen des Reiches. Von großer Tragweite war, daß sich die Mehrheit der Arbeiter unter dem Einfluß der SPD und Gewerkschaften in der richtigen Einschätzung der realen Machtverhältnisse für die parlamentarische Demokratie und gegen das Rätesystem der revolutionären Linken entschied. Sie wollte Ordnung und Arbeit, keinen chaotischen Umsturz. Die Verhinderung eines Sowjetdeutschlands gelang freilich nur durch die Zusammenarbeit mit dem alten Militär- und Verwaltungsapparat. Dank haben die Sozialdemokraten in der neuen Republik nicht geerntet. Der einen Seite galten sie als Verräter der Arbeiterklasse, der anderen als „Novemberlinge", die für die deutsche Niederlage verantwortlich seien.

Die Parteiungen der Vorkriegszeit brachen wieder auf, z. T. unter neuen Namen: Die Konservativen sammelten sich in der Deutschnationalen Volkspartei (DNVP), die Linksliberalen in der Deutschen Demokratischen Partei (DDP) und die rechten Nationalliberalen in der Deutschen Volkspartei (DVP). Die radikalen sozialistischen Gruppen hatten sich bereits 1917 von der SPD getrennt. Aus einem Teil der Unabhängigen Sozialisten (USPD) und dem Spartakusbund bildete sich die Kommunistische Partei Deutschlands (KPD). Die staatstragenden Parteien (Weimarer Koalition) waren die SPD, DDP und das katholische Zentrum, das im Norden nicht in Erscheinung trat. Die Wehen und Krisen der Weimarer Republik wirkten sich stark auf die politische und soziale Entwicklung Lauenburgs aus.

Die politische Macht der ersten Stunde nach dem Ende des Kaiserreiches übten im Kreis die Soldaten- bzw. Arbeiterräte aus. Nach den Wahlen der preußischen Stadt- und Gemeindeparlamente im März 1919 und der Kreistagsneuwahl (4. 5. 19) verloren die Räte ihre politischen Aufgaben, die sie ohnehin sehr zaghaft wahrgenommen hatten. Sie ließen sich – ganz im Sinne der Mehrheits-SPD – auf „wirtschafts- und sozialpolitische Gebiete" abdrängen, wo sie dem Mißtrauen der Gewerkschaften begegneten. Vor allem gelang es ihnen nicht, über den vom Kreisarbeiterrat gewählten „Beigeordneten beim Landrat" die Spitze der Kreisverwaltung wirksam zu kontrollieren. Irgendwann im Sommer 1919 hauchte diese Bewegung, die mit Elan begonnen hatte, unbemerkt ihr Leben aus, und niemand trauerte. Die lauenburgischen Arbeiter folgten ihren herkömmlichen Organisationen, der SPD und der Gewerkschaft, die ihre politischen und wirtschaftlichen Interessen in getrennter Kompetenz seit eh und je vertreten hatten.

Aus den Wahlen zur Nationalversammlung (19. 1. 19), an denen zum ersten Male Frauen teilnahmen,

Reichsbanner, Wehrverband der SPD: Einweihung des Fahnenmastes auf der „Alten Wache" in Lauenburg (1928)

gingen die zwei gemäßigten Parteien, die Mehrheitssozialdemokraten und die Deutschdemokraten, als die großen Sieger hervor. Beide errangen im Kreis einen Stimmenanteil von 75,9 %. Die Parteien also, die auf Reichsebene mit dem Zentrum die staatsbejahende Weimarer Koalition bildeten, fanden im lauenburgischen Wahlkreis die überwältigende Zustimmung der Arbeiterschaft und des Mittelstandes. Doch diese breite Vertrauensbasis ging in der Notzeit der ersten Nachkriegsjahre (1919–1923/24) schnell verloren.
Schon in den Reichstagswahlen von 1921 konnte die demokratische Mitte (SPD und DDP) ihre absolute Mehrheit nicht mehr halten. Die größten Verluste verzeichnete die DDP. Ihre mittelständischen Wähler (Handwerker und Bauern) orientierten sich nach rechts und gaben der Deutschnationalen und der Deutschen Volkspartei ihre Stimme. Die SPD verlor Stimmen an USPD und KPD. Die Gewinner dieser Wahlen waren die Parteien, die das System von Weimar ablehnten. Die sog. Maiwahlen von 1924 bestätigten den Trend nach rechts.
Die Wahlergebnisse von 1921 und 1924 sind das Spiegelbild des Stimmungstiefs in der hiesigen Bevölkerung. Reichspolitische Ereignisse (Annahme des Diktatfriedens von Versailles, Kapp-Putsch, Reparationszahlungen, Ruhrkampf, Inflation) und persönliche Not schufen ein verfassungsfeindliches Klima, in dem die Dolchstoßlegende wucherte. Engpässe in der Lebensmittelversorgung, Arbeits- und Verdienstlosigkeit förderten die Vergehen gegen das Eigentum. Der Schleichhandel blühte. Gegen die überhandnehmenden Felddiebstähle und organisierten Raubüberfälle der Jahre 1919/20 bildeten sich in vielen Gemeinden des Kreises Einwohnerwehren. Während des Kapp-Putsches (März 1920) traten die Arbeiter der Munitionsfabriken Düneberg und Krümmel und der Gesellschaft zur Verwertung von Heeresgütern (Nüssau) in den Streik, größere Arbeitertrupps aus Besenhorst und Lauenburg zogen in die Dörfer südlich der Bahnlinie Schwarzenbek-Büchen und entwaffneten die Selbstschutzverbände. SPD und DDP riefen auf zum Generalstreik, der im Südkreis befolgt wurde. Der Norden hielt sich zurück. In die-

sem zwiespältigen Verhalten offenbarten sich aufschlußreiche Unterschiede zwischen den politischen Hochburgen Ratzeburg und Lauenburg.
Folgenschwer traf fast alle Schichten, besonders die Kleinrentner, die schleichende Geldentwertung, die sich während des Ruhrkampfes zur galoppierenden Schwindsucht entwickelte. Der Mangel an Kleingeld zwang unsere Städte und Gemeinden schon 1921 zur Ausgabe von Notgeldscheinen. Der Währungsverfall läßt sich am Brotpreis eindrucksvoll verfolgen. Für 1 Pfund Brot zahlte man bei Kriegsende 25 Pfennige, im Januar 1923 140 Mark und im November 260 Milliarden. Jeder Lauenburger war Milliardär, doch das Rechnen mit Milliarden und Billionen überforderte die meisten. In Ermangelung passender Geldbörsen steckten die Landwirte die in rasender Folge gedruckten Scheine in die Milchkannen.
Schließlich war auch dieses Tal der Tränen und Trübsal durchschritten. Eine neue Ära begann. Sie ist mit dem Namen Stresemann verbunden. Der passive Widerstand an der Ruhr gegen die Franzosen wurde abgebrochen, eine neue Währung – die Rentenmark – eingeführt und das Reparationsproblem durch einen Zahlungsplan (Dawes-Plan) aus den Verpflichtungen des Versailler Vertrages herausgelöst und als eine Angelegenheit rein wirtschaftlicher und finanzieller Natur verselbständigt. Durch eine Reihe von Verträgen fand Deutschland wieder Anerkennung als internationaler Partner. Die neue Ära bescherte der glanzlosen Weimarer Republik die sog. „goldenen fünf Jahre" (1924–1929).
Auch im Kreis regte sich das Wirtschaftsleben trotz Steuerdrucks und Zinsenlast mit neuer Zuversicht. Öffentliche Arbeiten, die durch Anleihen gedeckt wurden, milderten die Lage auf dem Arbeitsmarkt. Als Jahrhundertbauwerk galt das ehrgeizige Projekt, das Wasser des Schaalsees zu dem 31 m tiefer gelegenen Ratzeburger See zu leiten, um elektrische Energie zu erzeugen. Der Bau des Zuleitungskanals, des Farchauer Kraftwerks und einer Anschlußbahn von Dermin (Ratzeburg) zum Schaalseekanal gab 300–400 Arbeitern für zwei Jahre (1924/25) Beschäftigung.
Wenn man damals auch hoffte, mit „Fleiß und Tüchtigkeit" die Probleme des Kreises zu lösen, blieb im Bürgertum eine gewisse Skepsis vorherrschend. Daß das goldene Jahrfünft nicht so golden war, wie man bislang meinte, belegt Zimmermann für unseren Bereich in seiner Untersuchung über Wählerverhalten und Sozialstruktur mit reichem Zahlenmaterial. Angesichts der Erwerbslosigkeit und Notstandsprogramme in jener Zeit könne „von einer normalen Situation nicht gesprochen werden". Schon vor dem Ausbruch der Weltwirtschaftskrise (1929) habe es hier eine dauernde, nicht durch die Saison bedingte Arbeitslosigkeit gegeben. 1927 seien z. B. „rund 1000 das ganze Jahr über ohne Arbeit" gewesen. Arbeitslosigkeit, die Einkommenslage der handwerklichen und landwirtschaftlichen Kleinbetriebe und gleichmachende soziale Umschichtungen hätten eine politisch labile Wählerschaft entstehen lassen.
Die Negativerscheinungen verstärkten sich gefährlich in der Zeit der Weltwirtschaftskrise. Zu der persönlichen Existenzangst gesellte sich die nationale Enttäuschung, die der Youngplan auslöste. Dieser Plan sah Reparationszahlungen bis 1988 vor. Nicht nur die langzeitigen finanziellen Verpflichtungen riefen Empörung hervor. Ebenso heftig war die Erbitterung über Frankreich, das die endgültige Räumung der Rheinlande von der Annahme des neuen Zahlungsplanes abhängig machte. Eine rein politische Frage, die im Sinne der Verständigungspolitik geregelt werden sollte, war durch Frankreich in ein Geldgeschäft verwandelt worden. Dadurch wurde die Weimarer Republik um ihren publikumswirksamen Erfolg gebracht.
Die Krisenstimmung begünstigte den raschen Aufstieg des Nationalsozialismus – auch in Lauenburg. Die Schnelligkeit der Schicksalslawine lassen die wachsenden Stimmenanteile der hiesigen NSDAP in den Reichstagswahlen von 1928 bis 1933 erkennen:

20. 5. 28:	5 %
14. 9. 30:	25,4 %
31. 7. 32:	48,9 %
5. 3. 33:	52,4 %

In Mölln hatte die Partei bereits in der Juliwahl von 1932 die absolute Mehrheit. Die Zahl der Ortsgruppen und Stützpunkte wuchs ständig. Im Trommelfeuer der Propaganda gegen das System und die „Geier von Versailles" verloren die bürgerlichen Parteien ihre krisengeschädigten Anhänger. Nur der sozialistische Block, etwa ein Drittel der Wähler, blieb bis 1933 weitgehend immun. Schlüsselfigur der Erfolge war der Parteigenosse Hans Gewecke. Er kam aus Stormarn und wurde 1931 – mit 25 Jahren – Kreisleiter. Mit ihm gewann die Partei einen intelligenten, agitatorisch begabten, fanatischen, aber doch, wie sich später zeigte, korrekten Mann. Er galt wegen seines polemischen Redestils als „scharfer Hund" und wurde zweimal durch Redeverbote an die Kette gelegt. Seine seit 1931 propagierte Alternative „Befreiung durch Hitler oder Bolschewismus" besaß eine stärkere Zugkraft als die vor der ersten Reichspräsidentenwahl 1932 ver-

Ausbildungsbataillon des 6. Inf.-Rgts in Ratzeburg (um 1936)

breitete SPD-Flugblatt-Parole „Wir wollen weder Hitler noch Thälmann, weder den Münchener noch den Moskauer Diktator".
Die Ernennung Hitlers zum Reichskanzler durch den Reichspräsidenten von Hindenburg am 30. Januar 1933 löste abermals einen Systemwechsel aus: den Abschied von der parlamentarischen Demokratie und den schrittweisen Übergang zum totalitären Führerstaat. Die Sehnsucht nach einem starken Mann, der mit eisernem Besen auskehre und eine „Diktatur der Liebe zu Deutschland" errichte, war damals weit verbreitet. Die Systemüberwindung durch die „Idee des heroischen Lebens", der „Manneszucht und Mannesehre" war auf höherer Ebene durch die konservativ-revolutionäre „Deutsche Rundschau" geistig vorbereitet worden. Vielleicht erklärt dieser Hinweis, warum auffallend viele Pastoren und Lehrer in unserem Kreis den Umschwung begrüßten.
Die Berufung Hitlers wurde am 1. Februar 1933 mit einem Fackelzug der NSDAP in Ratzeburg gefeiert. In Schwarzenbek fand am 5. Februar ein Festgottesdienst statt, an dem der Stahlhelm und die SA-Stürme Schwarzenbek, Büchen und Hohenhorn mit Standarte und Fahnen geschlossen teilnahmen. In vielen Orten wurden Hitler-Eichen gepflanzt und von Pastoren geweiht. Am Abend des „Tages von Potsdam" (21. 3. 33) versammelten sich die Lauenburger nach einem „riesigen Fackelzug" im Glüsinger Tal zum „Rütli-Schwur":

„Wir wollen sein ein einzig Volk von Brüdern,
in keiner Not uns trennen und Gefahr . . ."

Am Tag der Sommersonnenwende loderten an vielen Orten „als Fanal einer neuen Zeit" Feuer „hell in die Nacht hinein". Ein neues „Wir-Gefühl" belebte alle Schichten und verdrängte die „kollektiven Unlustgefühle" der Weimarer Zeit. „In unerhörter Einmütigkeit" ging man ans Werk. So konnte der Kreischronist 1934 begeistert schreiben: „Und wie ein Sturmwind ist es da auch übers Lauenburger Land hingebraust . . . das Kommenwollende hat weit und breit, in Stadt und Land, sich frische, unverbrauchte, durch Vergangenes unbelastete Organe eingesetzt; was für begeisterte Mitarbeit die gewünschte Gewähr nicht zu bieten schien, ward beseitigt; mit oder ohne Neuwahlen ward gleichgeschaltet und ausgeschlossen . . ."
Nach der Auflösung oder Selbstauflösung der Parteien (1933) war die NSDAP die einzige politische Willensträgerin. Sie befahl dem Staat. Im Sinne des Führerprinzips wurde die Mitbestimmung „von unten nach oben" auf allen Verwaltungsebenen

weitgehend ausgeschaltet. In den Gemeinden entschied alleinverantwortlich der Bürgermeister. Die gewählten Vertretungen verschwanden. Die neuen Gemeinderäte hatten nur eine beratende Funktion. Sie wurden durch den Kreisleiter nach Anhörung des Bürgermeisters schriftlich berufen. Auf Kreisebene verlor der Kreistag seine Beschlußzuständigkeit an den Kreisausschuß, der sie später dem Landrat überlassen mußte. Die „Einheit von Partei und Staat" fand bei uns eine ungewöhnliche Form in der Doppelresidenz Mölln-Ratzeburg. Während in den anderen Kreisen Verwaltung und politische Leitung in der Kreishauptstadt verortet waren, behielt die Kreisleitung ihr Domizil in Mölln, der Hauptstadt der lauenburgischen NS-Bewegung. Auch im Braunhemd blieben die Bürger beider Städte Erzrivalen.
Mit großer Zustimmung begrüßte die Bevölkerung im Jahre 1937 das „Gesetz über Groß-Hamburg und andere Gebietsbereinigungen": 13 lübische und fünf mecklenburgische Enklaven (Gebietsinseln), die seit dem Mittelalter dem Land entfremdet waren, kehrten zusammen mit dem Domhof Ratzeburg zurück. Sie waren schon lange als „ein

Hitler-Jugend marschiert

Pfahl im Fleische Lauenburgs" empfunden worden. Außerdem wurde die Stadt Geesthacht aus dem Hamburger Staatsgebiet herausgelöst und dem preußischen Landkreis Herzogtum Lauenburg eingegliedert. Die Hoffnung auf die „naturgemäße Rückkehr" des einstigen Ratzeburger Bischofslandes erfüllte sich dagegen nicht. Es blieb mecklenburgisch. Man erwartete hier in Lauenburg von der „siegreichen deutschen Revolution" eine Reichsreform, eine Neugliederung des Reiches, aber Hitler zeigte dafür kein Interesse. Es wurde nur eine Teilreform verwirklicht. Das obige Gesetz löste auch den Landes- bzw. Kreiskommunalverband auf. Die Zeit der Sonderrechte war vorbei, nur das Domanialvermögen blieb dem Kreis erhalten.
Mit den innen- und außenpolitischen Erfolgen gewann das Regime das Vertrauen und die Anerkennung vieler früherer Gegner. Es bot frischen Talenten die Gelegenheit, sich aus bescheidenen Verhältnissen hochzuarbeiten und ihre Fähigkeiten erfolgreich zu entfalten. Unter dem weltanschaulichen Überbau gab es sogar Winkel, in denen weichere Gemütsregungen den straffen Befehlszug des Führerstaates milderten. Die scharfen Anordnungen der Reichsleitung gegen Kirchen, Juden und Freimaurer versuchte die Kreisleitung abzuschwächen. Das Verbot der Aushängekästen des antisemitischen Hetzblattes „Der Stürmer" in Schleswig-Holstein – lange vor dem Kriege – ist auf die Initiative des lauenburgischen Kreisleiters Gewekke zurückzuführen. Diese Kästen wurden von der SA, nicht von der politischen Leitung aufgestellt. Die antisemitischen Regungen, die es seit der Kaiserzeit im Lauenburgischen gab, konnten sich ohnehin nicht zu einem massiven tätlichen Judenhaß steigern, weil 1933 im ganzen Kreis nur zwei jüdische Familien – in Ratzeburg – lebten. Allerdings entging das Textilgeschäft Rosenberg 1938 nicht der „Arisierung", und niemand verhinderte, daß die in der Bevölkerung beliebte Familie deportiert wurde. Als von Dezember 1944 bis April 1945 auf dem Gelände einer Sägerei in Breitenfelde ein Außenlager des KZ Neuengamme mit 10 Gefangenen errichtet wurde, vermittelte das SS-Kommando „Privataufträge" und duldete entgegen strikten Anweisungen Kontakte mit Dorfbewohnern, die die Häftlingsverpflegung aufbesserten. Die Gefangenen empfanden das Außenkommando im Vergleich zum Hauptlager Neuengamme als „Erholungslager". Die Wohltäter mögen sich selbst als Gefangene des eigenen Systems betrachtet haben.
Der Ausbruch des Zweiten Weltkrieges rief – im Unterschied zu 1914 – keine Begeisterung hervor.

Hitler in Friedrichsruh anläßlich des Stapellaufs der „Bismarck“ in Hamburg (13. 02. 39): v.l.n.r.: Gauleiter Lohse, Hitler, Fürst Bismarck; hinter Hitler: Kreisleiter Gewecke (links) u. Außenminister v. Ribbentrop (rechts)

Doch allgemein versuchte man, nach den hohen preußisch-deutschen Idealen seine Pflicht zu erfüllen. Die Unterschiede zwischen Front und Heimat, die sich in den Bombennächten der Großstädte schon früh verwischten, verschmolzen für Lauenburg erst zum Schluß zu einer lebensgefährlichen Wirklichkeit. Unsere Heimat blieb lange Zeit vom Kriegsgeschehen verschont. Die Versorgungslage war gut, wenn auch mit zunehmender Länge des Krieges alles knapper wurde. Aber die Nachrichten über gefallene Angehörige, die vielen Verwundeten in den Lazaretten und die Bomber, die dröhnend über das Kreisgebiet Richtung Berlin flogen, wirkten beklemmend. Erschütterung und Hilfsbereitschaft lösten die schweren Bombenangriffe auf Hamburg (Juli 1943) aus. Dicke schwarze Wolken aus Rauch und Asche zogen über das Land und verdunkelten die Mittagssonne. Elendszüge mit Tausenden von Ausgebombten kamen in die heile Welt Lauenburgs und mußten betreut und untergebracht werden. Schwarzenbek war Auffang- und Verteilungsort für 69 000 Hamburger.

Als die russischen Armeen am 12. Januar 1945 die deutsche Mittelfront in Polen durchbrachen, wurden „die 20 innerdeutschen Gaue“ aufgerufen, Volkssturm-Bataillone für den Einsatz außerhalb des Heimatgaues aufzustellen. Die Volkssturmpflicht betraf alle Männer zwischen 16 und 60 Jahren, soweit sie nicht zum Arbeits- oder Wehrdienst eingezogen waren. Gauleiter Lohse, der Reichsverteidigungskommissar der Nordmark, befahl, daß die Kreise Lauenburg, Stormarn und Lübeck je eine Kompanie stellen sollten. Das „Volkssturm-Bataillon Schleswig-Holstein“ wurde auf dem Ratzeburger Marktplatz am 26. Januar – mangelhaft ausgerüstet und ausgebildet – von Lohse verabschiedet und nach Osten in Marsch gesetzt. Es kam – eher ein Hindernis als eine Hilfe – östlich der Oder zum Einsatz. Nur Reste dieser „Goebbels-Truppe“, wie die Russen sie nannten, kehrten auf abenteuerlichen Wegen mit bitteren Erfahrungen in ihre Heimat zurück.
Zu Beginn des Jahres 1945 zeichnete sich die bevorstehende Niederlage Deutschlands unüberseh-

bar ab. Seit Ende März/Anfang April bewegten sich West- und Ostfront immer schneller aufeinander zu. Zwischen den Fronten strömten Millionen von Flüchtlingen und Evakuierten aus den Ostgebieten nach Westen. Zahllose Flüchtlingstrecks aus Ost- und Westpreußen und Pommern gelangten unter unsäglichen Leiden nach Mecklenburg und Schleswig-Holstein. Am 19. April erreichten die Engländer zwischen Lauenburg und Harburg die Elbe. Am gleichen Tage sprengten deutsche Kommandos die Lauenburger Elbbrücke. Nordelbien war vom übrigen Reichsgebiet abgeschnitten.

Für die lauenburgische Bevölkerung begannen angst- und leidvolle Tage. Die Ortschaften wurden das Ziel häufiger feindlicher Luftangriffe. Der schwerste Bombenangriff traf Büchen (26. 4. 45). Die nach dem Kriege mißhandelten Knicks haben damals manchen Landmann vor den Geschoßgarben britischer Jagdflieger geschützt. Am 25. April entdeckten US-Jagdflieger in einer Bucht des Schaalsees bei Seedorf das unter Tarnnetzen versteckte größte Flugboot der Welt und versenkten es. Es war die legendäre, bei Blohm und Voß in Hamburg gebaute BV 238. Am 29. April, einem Sonntag, setzten die britischen Streitkräfte nach schwerem Trommelfeuer auf gepanzerten Fähren bei Artlenburg und am Glüsinger Grund über die Elbe und bildeten einen Brückenkopf. Schon um 8.00 Uhr fiel die Stadt Lauenburg, die unter dem Beschuß stark gelitten hatte, in ihre Hand.

Die den Engländern gegenüberstehenden Verbände der sog. „Armee Blumentritt" waren Reste unterschiedlicher Einheiten und dem Gegner materiell hoffnungslos unterlegen. Unter ihnen befanden sich viele 16- bis 19jährige, nur kurz ausgebildete Soldaten. Während der magische Dramaturg des „Nibelungenunterganges" am 30. April im Luftschutzbunker der Reichskanzlei „systematische Vorbereitungen" für seinen Selbstmord traf, trat seine „patriotische – aber verlorene Jugend" vom Sachsenwald und von Witzeeze-Pampau aus zum Gegenangriff an, um den Brückenkopf Lauenburg einzudrücken. Im Konflikt zwischen soldatischer Ehre und Schande stellte sie sich in aussichtsloser Lage – bedingungslos gehorsam – zum letzten Kampf „für Führer, Volk und Vaterland". Sie brachte ein unnötiges und sinnloses Blutopfer. Die feindlichen Panzerkolonnen waren nicht aufzuhalten. Nachmittags wurde Schwarzenbek besetzt. Da beherzte Möllner Bürger die Sprengung der Brükke über den Elbe-Trave-Kanal bei Altmölln verhin-

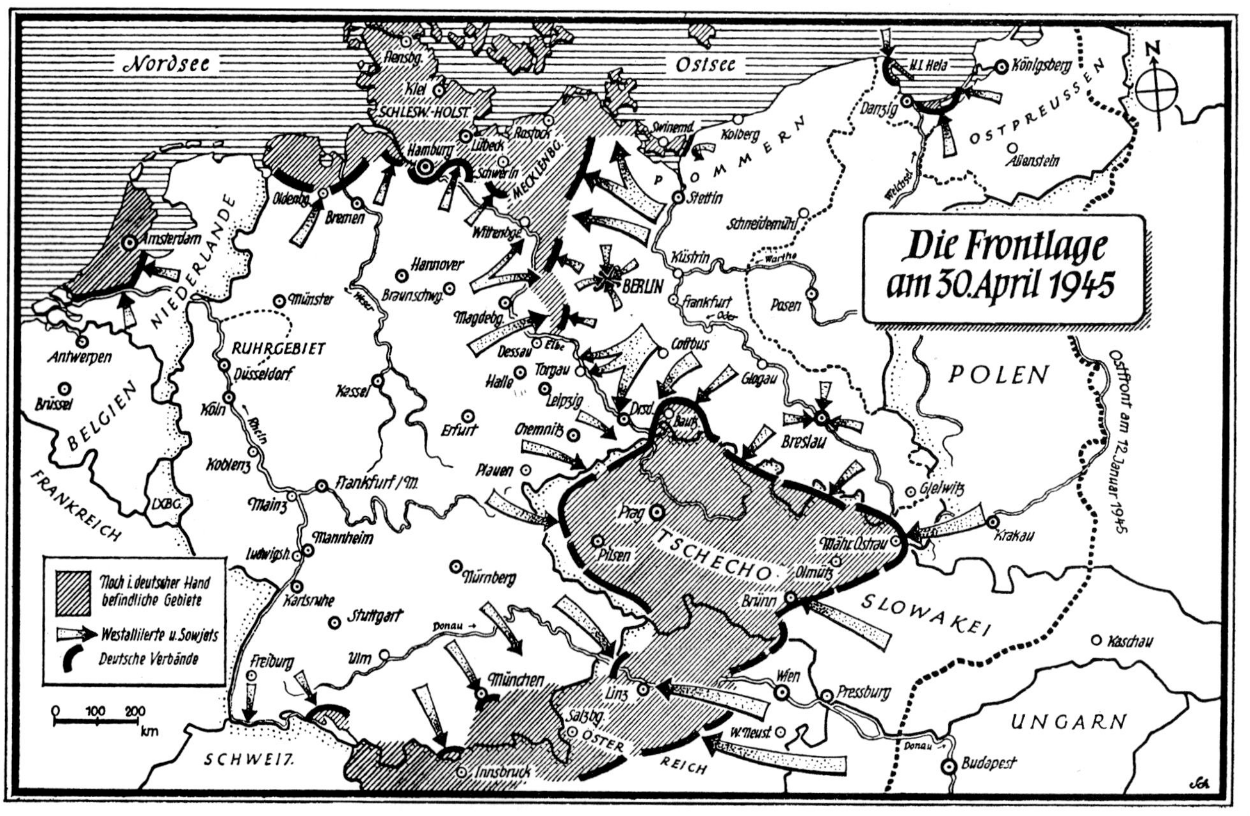

Die Frontlage am 30. April 1945

Britische Amphibien-Sherman-Panzer in Lauenburg (29. April 1945)

derten und die kampflose Übergabe der Stadt durchsetzten, kamen die Panzer am 1. Mai ungehindert nach Mölln. Mit weißen Bettlaken und Tüchern signalisierten in den Ortschaften die verängstigten Einwohner ihre Kapitulationsbereitschaft. Am 2. Mai rückten die feindlichen Abteilungen rasselnd und dröhnend bis Ratzeburg und Lübeck vor.
Die Soldaten der Roten Armee standen nach dem Abzug der britischen Truppen aus Westmecklenburg im Juli 1945 am Ostufer des Ratzeburger Sees und lugten – beklemmend nahe – von den Bäker Höhen auf die Inselstadt. Mit der Teilkapitulation der deutschen Streitkräfte an der britischen Front (4. 5. 45) und dem Inkrafttreten der bedingungslosen Gesamtkapitulation der Wehrmacht am 9. Mai 1945 endete der Todeskampf des Dritten Reiches. Die Lauenburger atmeten auf und fühlten sich befreit – von den Schrecken, Lasten und Nöten des Krieges. Aber man hatte „den Glauben an alles verloren". Die „Ideale ungetrübter Schönheit" waren zerbrochen.

Die Nachkriegszeit

Nach der bedingungslosen Kapitulation der deutschen Wehrmacht in Reims am 7. Mai 1945 und der Verhaftung der „Geschäftsführenden Reichsregierung" (Dönitz) in der „Enklave" Flensburg-Mürwik am 23. Mai war ganz Schleswig-Holstein der britischen Militärregierung unterstellt. Mit der Vier-Mächte-Erklärung vom 5. Juni übernahmen die Siegermächte die uneingeschränkte Regierungsgewalt in Deutschland. Als ihre Aufgabe betrachteten sie die Ausrottung des Militarismus und des Nationalsozialismus, die Demontage der Rüstungsindustrie, die Auslieferung der Kriegsverbrecher und die totale Überwachung. Die britische Besatzungsmacht wünschte ein demokratisches Staatswesen. Der Aufbau sollte stufenweise von unten nach oben erfolgen. Zunächst wurden alle Nationalsozialisten aus den Ämtern entfernt und die Bürgermeister und Ratsmitglieder der Gemeinden und Städte von den englischen Kommandanten ernannt. Im Herbst 1946 fanden die ersten freien Gemeinderats- und Kreistagswahlen statt. Ihnen folgten am 20. April 1947 die Wahlen zum 1. Schleswig-Holsteinischen Landtag. Schon vorher – am 23. 8. 1946 – hatte die bisherige preußische Provinz Schleswig-Holstein durch Verfügung der Militärregierung die staatsrechtliche Stellung eines Landes erhalten. Seit dem 23. Mai 1949 ist es als Bundesland ein Glied der Bundesrepublik Deutschland.
Das politische und kommunale Leben des Kreises Herzogtum Lauenburg entwickelte sich im Rahmen dieser Veränderungen. Konkurrierende Parteien formierten sich neu, und es gab Gemeindegebiets- und Ämterreformen – nicht immer zur ungeteilten Freude der Betroffenen. Im Zuge der Vereinheitlichung – dieser Prozeß begann ja schon 1876 – wurden die Besonderheiten des Kreises abgeschliffen. Lauenburg ist ein gewöhnlicher Landkreis Schleswig-Holsteins geworden. Nur die Beziehungen zu den Kreisdomänen, der Forstverwaltung und zur Lauenburgischen Gelehrtenschule in Ratzeburg sind noch heute „von besonderer Art". Eine Sonderstellung anderer Art nimmt der Kreis seit der Aufteilung Deutschlands in Besatzungszonen ein: Er ist der einzige Landkreis Schleswig-Holsteins, der unmittelbar am „Eisernen Vorhang", der blutenden Grenze zwischen kommunistischer und freier Welt, liegt. Die Entwicklung von der durchlässigen Zonengrenze zu der durch umfangreiche Sperranlagen gesicherten „Staatsgrenze West" der DDR birgt eines der traurigsten Kapitel der lauenburgischen Geschichte. Enge, 800 Jahre alte Bindungen zu den östlichen Nachbarräumen wurden zerschnitten. Wenn nach Herbert Wehner dem deutschen Volk die „Prüfung auferlegt" ist, „gespalten zu leben und doch seinen Zusammenhalt als Volk zu bewahren und dem Frieden der Welt zu dienen", dann hat man hier im Kreis ein 86 km langes mahnendes Denkmal der deutschen Frage täglich vor Augen. In den ersten Jahren seiner Entstehung war dieser Limes zwi-

schen Ost und West ein noch überwindbares Hindernis für Grenzgänger, freilich auch ein Tatort sowjetischer Übergriffe. Russische Soldaten drangen willkürlich über die Grenze, beraubten oder verschleppten Einwohner, schossen auf Polizisten und Zivilpersonen und versuchten, Frauen zu vergewaltigen. Andererseits wurde mancher Grenzgänger von dunklen Elementen ermordet und vermoderte ungeahndet am Rande der Schleichwege.
Maßloses Entsetzen und große Erregung löste die am 13. November 1945 zwischen dem britischen Generalmajor Barber und dem gleichrangigen russischen Offizier Lyaschenko in Gadebusch vereinbarte Grenzkorrektur aus. Beide handelten im Auftrage ihrer Oberbefehlshaber. Das Abkommen sah – ein halbes Jahr nach der Kapitulation für die Deutschen völlig überraschend – einen Landtausch vor. Uralte lauenburgische Gebiete um Lassahn (östlich des Schaalsees) und Dechow-Thurow kamen unter russische Kontrolle. Dafür fiel im Austausch das bisher mecklenburgische Gebiet zwischen Ratzeburger und Lankower See an die Britische Zone. Die Grenzregulierung war das Ergebnis

Landtausch an der Zonengrenze (November 1945)

verkehrsstrategischer und militärischer Überlegungen: Durch die Begradigung konnten die Engländer in diesem Abschnitt die Demarkationslinie von Ratzeburg aus schneller erreichen und wirksamer kontrollieren. Die Bewohner der lauenburgischen Gebietsteile erhielten die Möglichkeit, unter britischem Schutz zu bleiben, d. h. Haus und Hof zu verlassen. Dies bedeutete einen Umzug mit ungewisser Zukunft in einen von Flüchtlingen überfüllten Raum. 1761 Personen ließen sich dennoch – so groß war die Furcht vor den Russen – evakuieren, nur 278 blieben zurück. Die Räumung erfolgte „ohne Unterbrechung rund um die Uhr". Innerhalb von vierzehn Tagen mußten Vieh, Nahrungsgüter, Maschinen und Hausrat abtransprotiert werden.[26] Unter den damaligen Verhältnissen eine bewundernswerte Leistung. Die Annahme, daß sich auf russischer Seite die Räumung in gleicher Weise vollzogen habe, erwies sich als falsch. Die Bevölkerung – 687 Einheimische und 671 Ostflüchtlinge – harrte im Tauschgebiet aus und war dankbar, den Russen entkommen zu sein. Heute sind diese Gemeinden (Ziethen, Mechow, Bäk und Römnitz) staatsrechtlich „vollgültige Teile" unseres Landes.
Das Schicksal der Schaalseebauern war hart und bitter. Doch ihr Los wurde übertroffen durch die Not der Flüchtlinge und Vertriebenen, die aus den Ostgebieten mittellos in die Dörfer und Städte des Kreises gelangten. Zu Beginn des Jahres 1950 lebten auf Kreisgebiet 70 546 Einheimische und 82 744 Flüchtlinge bzw. Vertriebene, von denen 61 784 aus dem Raum ostwärts der Oder und Neiße kamen. Die Bevölkerungszahl hatte sich seit 1939 mehr als verdoppelt[27]. Die Zuweisung in Unterkünfte stellte die verantwortlichen Stellen und Helfer vor fast unlösbare Probleme, da die vorhandenen Einfamilienhäuser und Privatwohnungen mit ihren wenigen Heiz- und Kochmöglichkeiten für die Unterbringung so zahlreicher Menschen oft ganz ungeeignet waren. Viele Heimatlose mußten zusammengepfercht in Baracken- und Massenlagern vegetieren[28]. Das Flüchtlingsdurchgangslager Wentorf bei Hamburg auf dem Gelände der ehemaligen Wehrmachtskaserne war in den 50er Jahren mit 9000 Plätzen die größte Gemeinschaftsunterkunft der Bundesrepublik[29]. In Ratzeburg, Lauenburg, Geesthacht, Schwarzenbek, Büchen und anderen Orten wurden Volksküchen eingerichtet, um die Hungernden zu speisen. Unterernährung machte die Menschen anfällig für epidemisch auftretende Krankheiten.
Die täglichen Lebensmittelrationen wurden für alle auf 1400–1500 Kalorien gesenkt. Das war etwa

Bundeskanzler Dr. Adenauer im Flüchtlingslager Wentorf

die Hälfte unseres heutigen Konsums. Der Hunger trieb jung und alt im Spätsommer und Herbst auf die abgeernteten Felder, um Ähren zu lesen und nach Kartoffeln zu suchen. Im Wald wurden Bucheckern gesammelt. Für vier Pfund gewaschene und getrocknete Bucheckern erhielt man ein Pfund Margarine ausgehändigt. „Was die Lebensmittel, die Heizung und die Unterkunft angeht", stellte der ehemalige amerikanische Präsident Hoover 1947 fest, „ist das deutsche Volk auf den niedrigsten Stand gesunken, der seit 100 Jahren in der Geschichte des Westens bekannt ist."
Der Nahrungsmangel begünstigte den Schwarzen Markt. Auf ihm wechselten Schmuck und Wertgegenstände gegen Lebensmittel und Zigaretten den Besitzer, aber auch Diebesgut, das die organisierten Banden der sog. „displaced persons" anboten. Diese Opfer der nationalsozialistischen Ostpolitik, Angehörige der osteuropäischen Völker, die als Zwangsarbeiter während des Krieges in Deutschland arbeiteten, schlugen jetzt unter dem Schutz der Besatzungsmacht zurück. Sie überfielen die Bauernhöfe, plünderten, raubten und schossen nieder, was sich wehrte. Die deutsche Polizei war machtlos. Erst im Herbst 1945 wurde sie mit Pistolen bewaffnet[30].
Ein Verfahren, das im Rahmen der Umerziehung nicht die edelsten menschlichen Tugenden förderte, stellte die „Entnazifizierung" dar. Die Einstufung der Nationalsozialisten in Hauptschuldige, Belastete, Minderbelastete, Mitläufer und Entlastete – nicht so sehr nach ihren Handlungen, sondern nach der Zugehörigkeit zu einer NS-Organisation – zerstörte endgültig die einstige Volksgemeinschaft. Aus Angst vor Strafe und Sühne (Internierung, Enteignung, Berufsverbot und Geldbußen) vergaß mancher seine Heldenrolle und ließ sich von Freunden und Bekannten durch eine eidesstattliche Bescheinigung („Persilschein") vor der Spruchkammer entlasten. In diesem Klima blühte das Denunziantentum, und hin und wieder wurde auch, wie in Ratzeburg geschehen, ein einflußreicher „Naziverfolgter" als Krimineller enttarnt[31].
Obwohl alles auseinanderzufallen schien, ging die damalige Generation doch „gemeinsam ans Werk", „gebeugt, tief gebeugt, aber ... nicht ge-

Deutsch-deutsche Grenze bei Büchen

brochen", wie es Dr. Adenauer 1945 vor der Kölner Stadtverordnetenversammlung als Appell formulierte. Eine merkliche Besserung der trostlosen Verhältnisse trat aber erst ein nach der Währungsreform (1948) und der Bildung der Bundesregierung (1949) sowie durch den Aufbau der kommunalen Selbstverwaltung mit ehren- und hauptamtlich tätigen Bürgern (1950). Beim Vollzug der öffentlichen Aufgaben fiel den Parteien eine entscheidende Mitwirkung zu.

„Um das Wachstum eines demokratischen Geistes in Deutschland zu fördern und um das Abhalten freier Wahlen ... vorzubereiten", trat am 15. 9. 45 die Verordnung Nr. 12 der Militärregierung in Kraft, nach der „politische Parteien auf einer Kreisgrundlage ... gebildet werden" konnten. In der Folgezeit entstanden im Kreis Ortsvereine der SPD bzw. Ortsgruppen der CDU, die sich 1946 zu Kreisverbänden zusammenfanden. Beim Start war die CDU im Nachteil. Während die Sozialdemokraten auf eine lange Tradition, die nur durch das Dritte Reich unterbrochen worden war, zurückblicken konnten und schon vor der Verordnung der Militärregierung insgeheim den „Grundstock für die meisten Ortsvereine"[32] gelegt hatten, mußten die Gruppen, die das politische Leben überkonfessionell aus christlich-sozialer Gebundenheit erneuern wollten, ohne Rückgriff neu beginnen.

Im übrigen blies der Wind der Volksgunst keiner Partei freundlich ins Gesicht. Wegen ihrer negativen Erfahrungen mit dem Mehrparteiensystem der Weimarer Republik und dem Einparteiensystem des Dritten Reiches lehnten weite Kreise der Bevölkerung Parteien ab. Auf Diskussionsabenden der 50er Jahre wurde ihnen die Existenzberechtigung mehrfach abgesprochen. Vor allem sollte die Gemeinde- und Kreispolitik nicht den politischen Parteien ausgeliefert werden. Nur ideologiefreie Rathausparteien waren die Kritiker bereit anzunehmen. Noch im Jahre 1966 mußte auf einer Diskussionsveranstaltung in Ratzeburg, zu der der Ring Politische Jugend (RPJ) eingeladen hatte, ein gewisser „Uwe Barschel aus Börnsen" sich gegen die Ansicht wenden, daß Parteien nicht notwendig seien. Die parteipolitische Distanz und verbreitete Ohne-mich-Einstellung hielten allerdings die mei-

sten nicht ab, zur Wahlurne zu gehen. So realistisch war man eben doch, um einzusehen, daß die verschiedenen Meinungen und Interessen der Gegenwart nur von den Parteien gefiltert, gebündelt und als durchsetzbare Alternativen dem Bürger zur „Auswahl“ vorgelegt werden können.
Bei dem Versuch, „neben der SPD eine zweite große bürgerliche, demokratische und nichtsozialistische Partei“[33] aufzubauen, erlitt die lauenburgische CDU am Anfang herbe Rückschläge. Die FDP und DP (Deutsche Partei) behaupteten sich als bürgerliche Konkurrenten, und die Masse der Vertriebenen wählte in den 50er Jahren den BHE (Bund der Heimatvertriebenen und Entrechteten). Bei den ersten Landtags- und Bundestagswahlen erwies sich die SPD hier im Kreis als stärkste Partei. Im Kreistag verstand es die CDU jedoch, viele Jahre eine dominierende Rolle zu spielen – zeitweise durch Listenverbindung und Fraktionsgemeinschaft. Die bestimmende Kraft kommt auch dadurch zum Ausdruck, daß Gustav Drevs, ihr Kreisvorsitzender (1949–1951 und 1956–1973), ein Mann mit politischem Instinkt, von 1951 bis 1974 ohne Unterbrechung mit großem Engagement das Amt des Kreispräsidenten innehatte. Um der jahrelangen Ohnmacht einer Oppositionspartei zu entgehen, verzichtete die SPD in dieser Ära zunehmend auf eigene Konturen. Ihr Kreisvorsitzender Wendicke wuchs in die überlegte Rolle eines Juniorpartners der CDU hinein und konnte so durch enges Zusammenwirken mit Drevs der SPD Verdienste am allgemeinen Aufstieg sichern.
Daß die CDU seit Mitte der 50er Jahre immer stärker das eherne Schicksal des Kreises wurde, hing von der bundespolititschen Entwicklung und der Bonner Gesetzgebung ab: Die Gesetze über Flüchtlingssiedlung, Lastenausgleich und Feststellung von Vertreibungsschäden schufen die Voraussetzung für die Eingliederung der Vertriebenen. Außerdem wurde der Kreis von 1949 bis Ende 1967 durch Umsiedlung von 26 880 Personen wesentlich entlastet[34]. Die Vertriebenenorganisation des BHE löste sich allmählich auf, und ihre bisherigen Wähler stießen zur CDU.
Die Veränderungen, die sich in den 40 Jahren der Nachkriegszeit vollzogen haben, zeigen sich im Wandel der Aufgaben, denen sich Kreis und Gemeinden gegenübersahen bzw. gegenübersehen. In den ersten Jahrzehnten stand neben der Behebung der Flüchtlings- und Wohnungsnot die Verbesserung der Infrastruktur im Vordergrund. Es ging vorrangig um den Ausbau der Kreisstraßen und gemeindlichen Wirtschaftswege, um Flurbereinigung und den Bau von Schulen, Turnhallen und Sportplätzen. Intakte Natur war allenfalls ein kommerzieller Wertbegriff der Fremdenverkehrsplanung. Heute beschäftigen ökologische Probleme – Müllbeseitigung, Gewässerschutz, schadstofffreie Wasserversorgung, Erhaltung und Schaffung von Feuchtgebieten und Artenschutz – die kommunalen Gebietskörperschaften. Der Anstoß für den Umweltschutz kam aus dem außenparlamentarischen Raum, in dem sich Bürgerinitiativen zu einer grünen Bewegung formierten. Diese Bewegung ist schließlich auch „Partei“ geworden, freilich eine besondere Partei, weil sie basisdemokratische Gedanken der Rätebewegung von 1918/19 übernahm. Durch ihre Vertreter wurde es in einigen Stadt- und Gemeindeparlamenten und im Kreistag ungemütlicher, aber die Anregungen, die von ihnen ausgingen, haben den Altparteien neue Impulse gegeben. Die unterschiedlichen Positionen lassen wenig Spielraum für zahmen Konformismus. Kontroverse Debatten beherrschen die Sitzungen. Sie sind nicht nur ein Zeichen sachlicher Differenzen, sondern auch ein Ausdruck der umerzogenen kritikfreudigen Nachkriegsgenerationen, die die Männer der ersten Stunde überall abgelöst haben.

Der Grenzbahnhof Büchen: 1955–59 für die ostdeutschen Aussiedler ein Tor der Hoffnung

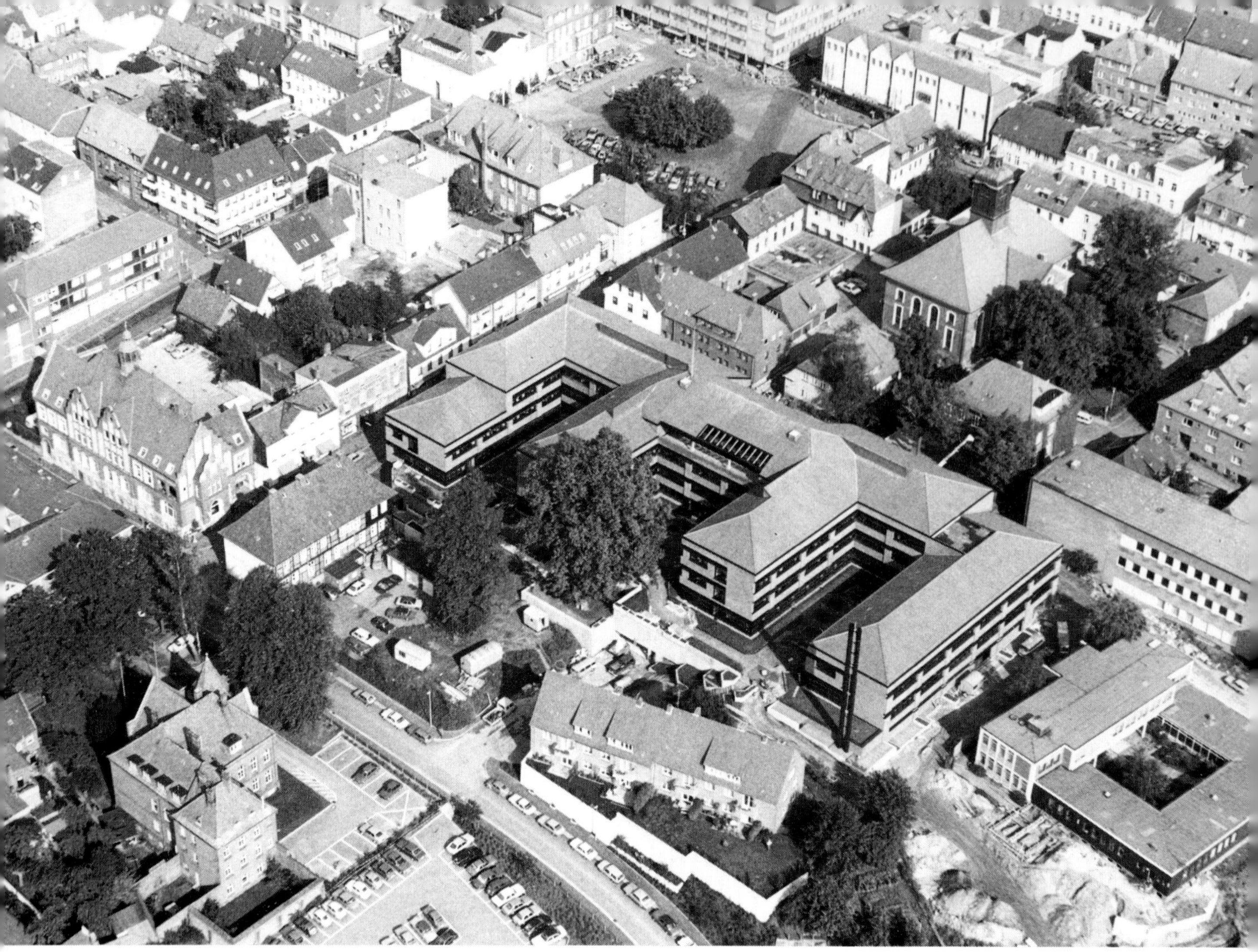

Blick auf das neue Kreisverwaltungsgebäude (Ratzeburg) von 1980

Aus den Nachwuchsorganisationen der klassischen Parteien und aus den Bürgerinitiativen sind junge Kräfte aufgestiegen. Sie sitzen in den Parteivorständen, im Kreistag und als Abgeordnete der CDU und SPD im Landtag. Einer von ihnen ist heute Ministerpräsident des Landes Schleswig-Holstein.

Auf dem langen Wege vom lehnsrechtlichen Fürstentum des Mittelalters zur kommunalen Selbstverwaltungskörperschaft der Gegenwart war Lauenburg unterschiedlichen Herrschaftsformen unterworfen. Die allgemeine politisch-rechtliche Entwicklung in Deutschland hat seine Bürger schließlich von Bevormundung befreit und ihnen die Meinungsfreiheit gebracht. Im Widerstreit der Meinungen ist auch die Kreis- und Kommunalpolitik kein ästhetisches Vergnügen. Jeder Beschluß der politischen Gremien und jeder Verwaltungsakt kann – angesichts der verbreiteten Gleichheit der Selbsteinschätzung – durch jedermann Widerspruch finden. Die Heftigkeit, mit der auf allen Ebenen um Entscheidungen gerungen wird, und die Ausdauer, mit der lauenburgische Vertreter die Interessen des Kreises, der Städte und Gemeinden wahrnehmen, bezeugen, daß das frühere Urteil „Sachsen pflegt gemeiniglich zu schlafen, wenn andere Leute wachen“ geschichtlich überholt ist.

Das Kreiswappen am alten Kreishaus

In den bisherigen Ausführungen standen die politischen Entscheidungen und Vorgänge, mit denen das Schicksal unseres Landes und seiner Bewohner eng verknüpft war, im Vordergrund. Das menschliche Zusammenleben wird jedoch noch durch Kräfte anderer Bereiche bestimmt. Als Einzel- und Gesellschaftswesen ist der Mensch vor allem in Wirtschaftsordnungen, die ihn zu persönlichen Anstrengungen zwingen, hineingestellt. Er arbeitet, um seine natürliche Existenz zu sichern, möchte aber auch die Güter gewinnen, die das Leben erleichtern, verschönen und erhöhen. Mit den eigenen verfügbaren Mitteln muß er haushalten, d. h. wirtschaften können, um im Spannungsfeld zwischen Genuß und Konsumverzicht seine Möglichkeiten zu nutzen. Wirtschaftsordnungen dienen der Bedürfnisbefriedigung des einzelnen und der Gesellschaft. Die Bedürfnisse der modernen Industriegesellschaft unterscheiden sich freilich wesentlich von denen früherer Zeiträume; denn die wirtschaftlichen Veränderungen und geistigen Bewegungen seit dem Mittelalter haben soziale Umschichtungen nach sich gezogen und neuartige Verbraucherwünsche geweckt. Die jetzigen wirtschaftlichen und gesellschaftlichen Verhältnisse in unserem Kreis sind weitgehend das Ergebnis der Entwicklung von der bäuerlichen Eigenbedarfsdeckungswirtschaft und der Kundenproduktion des Handwerks zur bürgerlichen Industriegesellschaft, die für einen anonymen Markt produziert.

Landwirtschaft

Der wichtigste Zweig der Wirtschaft war lange Zeit die Landwirtschaft. Ihre Geburtsstunde schlug zu Beginn der Jungsteinzeit mit dem Übergang von der Sammler- und Jägerkultur zur Seßhaftigkeit. Der Bauer, der sich heute im Zeichen der Agrarindustrie lieber Landwirt oder Agrarier nennt, gilt als Urproduzent. Er schuf durch Viehhaltung und Bodenkultur die Grundlagen für die menschliche Ernährung. Die schriftlichen Quellen über die bäuerliche Rechts- und Sozialgeschichte unseres Raumes beginnen erst mit der deutschen Kolonisation im 12. und 13. Jahrhundert zu fließen.

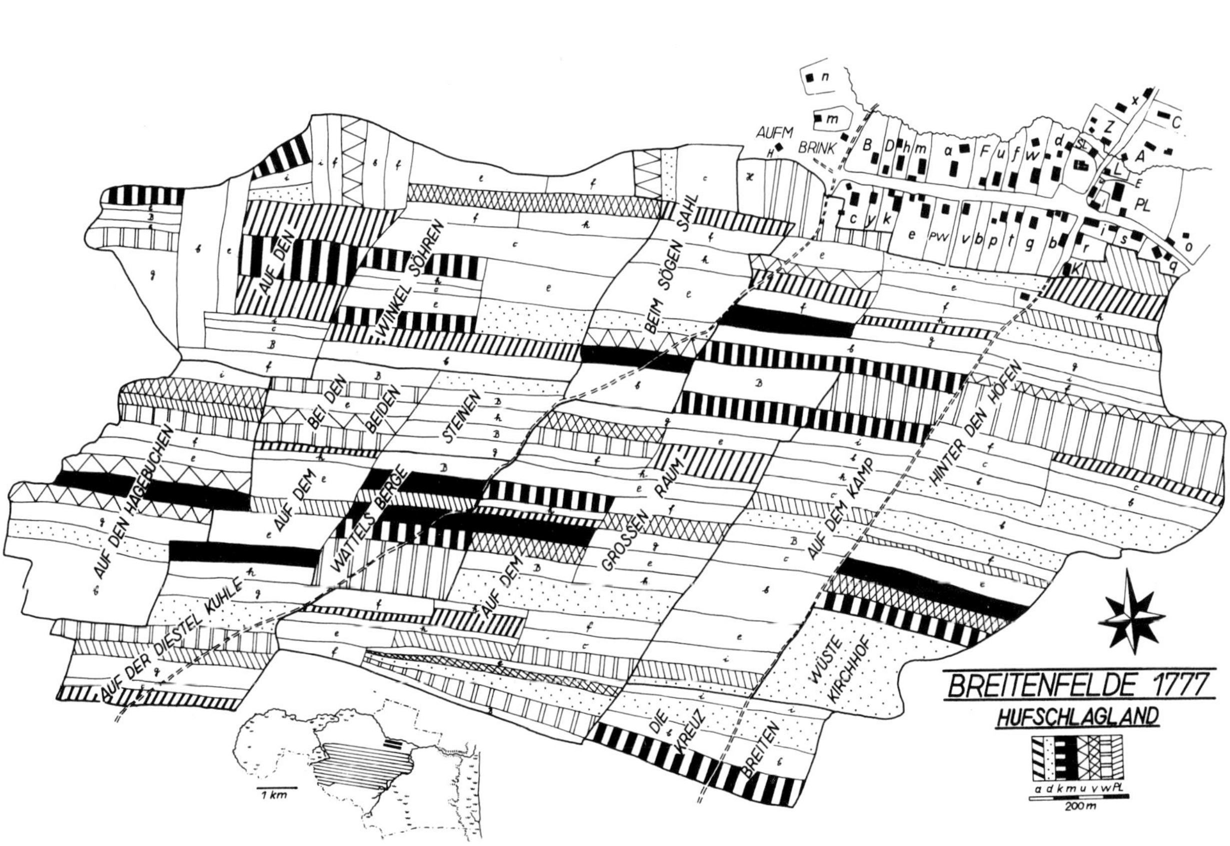

Hufschlagland der Breitenfelder Feldmark vor der Verkoppelung (nach Prange 1960)

Eine wichtige Quelle für die Besiedlung ist das Ratzeburger Zehntregister des Jahres 1230. Es enthält ein Verzeichnis der Ortschaften mit ihrer Gesamthufenzahl und informiert über die dem Bischof zustehenden Zehnt-Anteile.
Bei der Zuweisung des Ackerlandes an die Kolonisten diente die Hufe mit einem Flächeninhalt von rd. 12,5 oder 6 ha als Landmaß. Die Feldflur wurde in sog. Schläge oder Kämpe eingeteilt, die man wiederum in schmale Streifen (Stücke) aufgliederte. Jeder Besitzer eines Hufenlandes (Hufner) erhielt einen Streifen in einem Schlag zugeteilt. Die Ackerstreifen der einzelnen Hufner lagen im Gemenge und wurden in gemeinsamer Planung bewirtschaftet. Ihre Gehöfte legten die Bauern in nachbarschaftlicher Tuchfühlung an, wobei sie der Siedlungsform der Straßen- und Angerdörfer den Vorzug gaben. Die Ausdehnung des Ackerlandes umfaßte ursprünglich nur einen Teil der gesamten Feldmark, durchschnittlich 26 %. „Bei der Gründung lagen noch reichlich zwei Drittel der Flur in Wald und Busch“[35]. Durch Zurodung wurde aber die kultivierte Fläche bis zum 18. Jahrhundert verdoppelt.
Der Grund und Boden war Obereigentum des Landesherrn. Dieser hat ihn teils als Lehen dem Adel, teils – in geringerem Umfang – als Schenkung der Kirche bzw. ihren Orden überlassen. In vielen Dörfern, die später zu Ämtern zusammengefaßt wurden, war der Landesfürst selbst unmittelbarer Grundherr. Die lauenburgischen Bauern lebten also unter landesherrlicher, adliger und – bis zur Reformationszeit – geistlicher Grundherrschaft. Sie erhielten ihr Land aus der Hand der Grundherren als „Leihe“. Sie waren aber persönlich frei, zu keiner Zeit Leibeigene und nur mit ihrem Besitz „in dinglicher Abhängigkeit“[36].

Für das Nutzungs- und Gebrauchsrecht am Boden und den von der Herrschaft gewährten Schutz leisteten die „Grundholden“ Abgaben und Dienste auf den eigenbewirtschafteten adligen Gütern oder landesfürstlichen Höfen. Als die Bauern um die Wende zur Neuzeit durch die Einführung des römischen Rechts ihre Mitwirkung an der Rechtsprechung verloren, verband sich die Grundherrschaft mit der Gerichtsherrschaft. In den landesfürstlichen Ämtern stand der Bauer fortan unter herzoglicher, in den Dörfern und auf den Höfen des Adels unter adliger Gerichtshoheit. Die räumliche Gliederung Lauenburgs in herzogliche Ämter und adlige Gerichte hielt sich bis ins 19. bzw. 20. Jahrhundert. 1869 verloren die Ämter und adligen Güter ihre Gerichtsbarkeit, und die Gutsbezirke wurden 1928 auf Beschluß des preußischen Staatsministeriums aufgelöst.
Die Bewirtschaftung der Feldflur erfolgte in einem Wechsel von Korn- und Weidejahren. Die Gliederung in Schläge richtete sich nach dem Fruchtwechsel. Am Anfang überwog bei uns die vierschlägige Wirtschaftsweise; später gab es 7-, 8- und 9schlägigen Fruchtwechsel. Der Turnus hing ab von der Qualität und Erschöpfung der Böden, die „nach jahrhundertelanger Nutzung bei ungenügender Düngung ermüdeten“[37]. Bei 7schlägiger Bewirtschaftung war folgender Wechsel üblich: Roggen, Roggen, Hafer, Weide, Weide, Weide und Brache. Die Brache diente der Düngung und Erholung des Bodens. Auf kleinen Feldern, die nicht dem Flurzwang unterlagen, konnten die Bauern nach Belieben „Buchweizen, Leinsamen, Flachs, Erbsen, Bohnen u. a.“ anbauen[38]. Infolge der Auslaugung der Böden war die Getreideernte gering. Im Durchschnitt wurde nur das Dreifache der Aussaat eingebracht, bei Roggen pro Hektar 3,6 Doppelzentner. Heute werden bei Winterroggen auf lauenburgischen Feldern pro Hektar über 30 Doppelzentner geerntet.
In der vorindustriellen Landwirtschaftsgesellschaft bedeutete „ein schlechtes Erntejahr immer ein teures Jahr“, denn die wirtschaftlichen Austauschbeziehungen reichten nicht über den Nahbereich hinaus. Der Bauer war Selbstversorger in einer autarken Eigenwirtschaft. Die Produktion spielte sich im Rahmen der Großfamilie, in der mehrere Generationen zusammenlebten, ab. Soziale Sicherheit gewährten nur die Verbände der Familie und Nachbarschaft sowie die Hilfestellung des Grundherrn. Trotz der geringen beruflichen Gliederung herrschten in den Dörfern ausgeprägte gesellschaftliche Unterschiede. Es gab Hufner, Kätner, Brinkbesitzer, Anbauer und Einlieger (Insten). Durch Vergrößerung oder Teilung von Hufen entstanden im Laufe der Jahrhunderte soziale Abstufungen. Kätner und Brinkbesitzer hatten nur Teilhufen, und die besitzlosen Insten wohnten bei anderen zur Miete. Letztere verdienten ihren Lebensunterhalt als Tagelöhner oder Handwerker.[39]
Das Landschafts- und Siedlungsbild mit der buntscheckigen Streifenflur und die Wirtschaftsweise erfuhren durch die in der zweiten Hälfte des 18. Jahrhunderts beginnende „Verkoppelung“ starke Veränderungen. Unter Koppel versteht man ein mit Wall und Hecke (Knick) eingehegtes Stück Land. Verkoppelung war eine Flurbereinigung, durch die die Ackerstreifen aus der Gemenglage herausgelöst und „in Koppeln gelegt“ wurden. Sie bedeutete die Aufhebung des Flurzwanges wie

Trecker in Steinhorst um 1925

Mähen mit der Flügelmaschine um 1925

Viehtrieb in Albsfelde

auch die Beendigung der gemeinsamen Nutzung von Wald und Weide (Allmende). Diese Privatisierung entspricht in ihrer Bedeutung – freilich im umgekehrten Sinn – der Kollektivierung, die wir im Osten erlebten.

An der Verkoppelung waren die hannoversche Landesherrschaft, die Bauern und adligen Gutsherren aus z. T. unterschiedlichen Motiven interessiert. Die Regierung wünschte eine rationellere bäuerliche Wirtschaftsweise, leistungsfähige Bauernstellen und die Bewirtschaftung zusammenhängender Waldflächen nach forstmäßigen Gesichtspunkten. Die Bauern erhofften sich von der Trennung der Feldgemeinschaft eine bessere Nutzung ihrer Ländereien, einen durch gutsherrliche Holzungs- und Weiderechte unbeeinträchtigten Besitz und die Ablösung der drückenden Hofdienste. Die Gutsherren wollten durch Umlegung von Ländereien eine Ausdehnung des geschlossenen Hoflandes, um die Futtergrundlage für Milchviehhaltung zu verbessern. Die seit dem 17. Jahrhundert betriebene Milchwirtschaft der Güter machte die Koppelwirtschaft erforderlich. Nicht zufällig waren hier schon vor der Verkoppelung Knickanlagen verbreitet. Berge von Akten aus jener Zeit zeugen davon, daß trotz allgemeiner Zustimmung die praktische Verwirklichung der damaligen Bodenreform nicht ohne Streit über die Bühne ging. Die obrigkeitlichen Beamten mußten den bockigen Querulanten ein hohes Maß an Schafsgeduld entgegenbringen, denn die Regierung verlangte einstimmige Beschlüsse.

Jeder Bauer war verpflichtet, die ihm zugeteilten Koppeln mit einem lebenden Zaun (Knick) zu umgeben. So entstand ein „streifenförmiger Mischwald“, der sich im jahreszeitlichen Wechsel als wertvolles Kulturhilfsmittel bewährte und mit seinem Schachbrettmuster und heimischen Buschwerk der lauenburgischen Landschaft ein neues charakteristisches Gepräge gab. Die von der Regierung erwarteten positiven Auswirkungen der Verkoppelung blieben nicht aus. Da der Bauer unab-

hängig wirtschaften und höhere eigene Gewinne erzielen konnte, vermehrten sich sein Fleiß und Einsatz. Die finanzielle Lage besserte sich stetig. Die Ablösung der früheren Dienste in Geld verlor im 19. Jahrhundert ihre Bedeutung, denn die freie Nutzung stärkte das Eigentumsgefühl. Schließlich verwandelte sich in der preußischen Zeit durch die Aufhebung der Grundherrschaft (1872) der Besitz in volles Eigentum des Bauern: Meyer sieht einen Zusammenhang zwischen Verkoppelung und Bevölkerungsentwicklung. Die Einwohnerzahl Lauenburgs sei zwischen 1803 und 1835 – trotz der napoleonischen Wirren – von 28 713 auf 43 118 gestiegen. Der Zuwachs „um die Hälfte des Ausgangsbestandes" erkläre sich aus der Besserung der bäuerlichen Lebensverhältnisse.[40]
Die Bodenerträge suchte man noch lange durch Stalldung und kalkhaltigen Mergel zu steigern. Die Erkenntnisse Liebigs in der Agrarchemie setzten sich nur zögernd durch. Aber die im 19. Jahrhundert gegründeten landwirtschaftlichen Vereine und die seit 1908 bestehende Landwirtschaftliche Winterschule (heute: Kreislandwirtschaftsschule) in Mölln, die der Volksmund witzelnd „Steckrübenschule" nannte, verbreiteten die Lehren der Agrarwissenschaft und versahen die heranwachsenden Landwirte mit geistigem Rüstzeug. Nach der Erfindung der Zentrifuge und Einführung der Pasteurisierung entstanden in den beiden Jahrzehnten vor der Jahrhundertwende im Kreis zahlreiche Meiereien – meist auf genossenschaftlicher Basis –, die über Milchläden und Milchhändler ihre Erzeugnisse vermarkteten.
Augenfälliger war die Veränderung der Arbeitsmethoden durch den Einsatz von Maschinen. Zu Beginn unseres Jahrhunderts erschienen auf den lauenburgischen Feldern die ersten Erntemaschinen – die Grasmäher und Selbstbinder – und ersetzten die Handarbeit mit Sense und Sichel. Bald machten die von Dampflokomobilen oder Elektromotoren angetriebenen Standdreschmaschinen den Gebrauch des Dreschflegels überflüssig. Das Tempo der technischen Industrialisierung beschleunigte sich nach dem Zweiten Weltkrieg. Der Vormarsch der Trecker verdrängte das Pferd. Rd. 10 000 Pferde im Kreisgebiet wurden in wenigen Jahren unnütze Futterverwerter. Die Zahl der Traktoren stieg von 450 im Jahre 1939 auf über 4000 im Jahre 1976. Nicht nur die Zahl, auch die Größe der Maschinen nahm ständig zu. „Waren es 1950 noch 20 von Treckern gezogene Mähdrescher, so sind es heute etwa 800 große Selbstfahrmaschinen mit Schnittbreiten bis zu 5 Metern"[41].
Die Verwendung der modernen Großmaschinen ließ die Neueinteilung der Feldmark als zweckmäßig erscheinen, um maschinengerechte Felder zu erhalten. Die neue Flurbereinigung verursachte in einigen Gebieten eine starke Reduzierung der Knicks und oberirdischen Fließgewässer. Da einzelne Landwirte sich als Landpfleger von Syrien

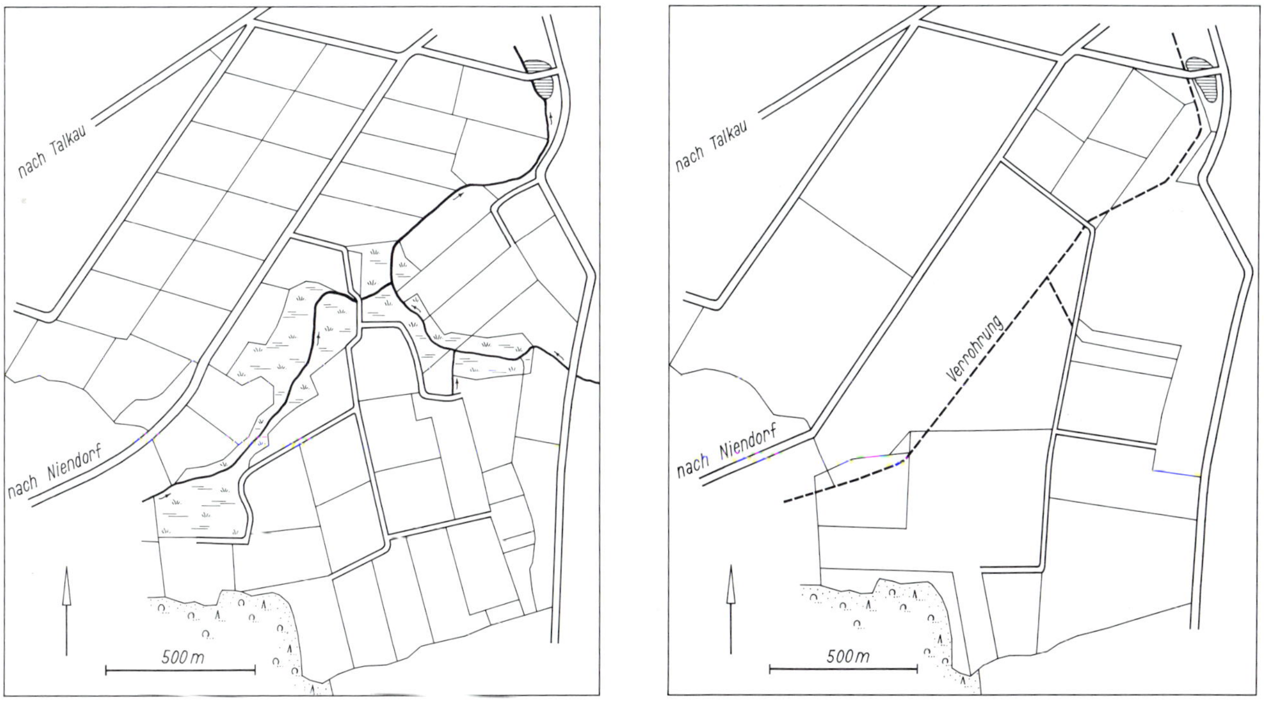

Heckenverluste durch die Flurbereinigung Breitenfelde (nach Kellerhoff 1984). Ausschnitt aus der Feldmark: Links vor, rechts nach der Flurbereinigung

verstanden und den unschuldigen Knick heimlich zum Sterben verurteilten, erhöhten sich noch nach der Neugestaltung der Flur die Heckenverluste. Wenn die Flurbereinigung unserer Tage die Errungenschaft der Verkoppelung, die Knicklandschaft, teilweise wieder aufhebt, obwohl beide Maßnahmen demselben Zweck – der Ertragssteigerung – dienen, so zeigt dieses Beispiel, wie sehr Technik und Fortschrittsdenken auch die Landwirtschaft, die in der konservativen Theorie als Basis konservativen Denkens gilt, verändert haben. Die durch den „wissenschaftlich-technischen Fortschritt" erreichte Produktionssteigerung und die Spezialisierung und Marktausrichtung der Produktion im Rahmen der EG haben allerdings zu einer Überproduktion landwirtschaftlicher Erzeugnisse geführt und bedrohen die Existenz auch hiesiger Bauernhöfe. Diese Gefahr gehört neben der Gefährdung des Grundwassers und Waldes durch Schadstoffe zu den Zeichen der Zeit, die uns schrecken. Das Wort „Ertragssteigerung" hat seinen Zauber verloren.

Gewerbliche Wirtschaft

Gewerbliche Tätigkeiten, d. h. die Verarbeitung von Rohstoffen und die Herstellung von Gegenständen, die der Mensch zum Leben benötigt, finden sich schon seit frühester Zeit in jeder bäuerlichen Eigenwirtschaft. Geschicklichkeit und Begabung bei der Anfertigung von Bedarfsgütern führten aber im Lauf der wirtschaftlichen Entwicklung zu einer gesellschaftlichen Arbeitsteilung und beruflichen Gliederung. Das Handwerk der dazu Berufenen ist die älteste Form des Gewerbes. Aus ihm entwickelte sich über Zwischenformen das Fabrikgewerbe, die heutige Industrie. Zur vollen Blüte gelangte das Handwerk erst in der Atmosphäre städtischen Lebens. Geschnitzte Haustüren, schöne Fachwerkkonstruktionen, überkragende Giebel und beeindruckende Kellergewölbe künden in den historischen Städten des Kreises von alter handwerklicher Kunst.

Die Spezialisierung des Handwerks unterlag dem Wandel in Technik und Mode. Für das Mölln des 14. Jahrhunderts sind Schlachter, Müller, Gerber, Wollspinner, Schuster, Schneider, Schmiede, Rademacher, Bäcker, Geschützmacher, Schwertfeger, Garbrater, Wurstmacher, Bartscherer, Sporenmacher, Riemenschneider, Fischer und Böttcher nachgewiesen. Die Aufzählung ist gewiß nicht vollständig, denn es fehlen z. B. die Baufachleute, der Zimmermann, Maurer und Dachdecker. Bis zum 18. Jahrhundert waren neue Berufe hinzugekommen: neben anderen die Hut- und Perückenmacher. Berufsbezeichnungen wie Grob- und Kleinschmied, Huf-, Messer- und Nagelschmied lassen eine weitere Arbeitsteilung erkennen. Die Städte errichteten für die Handwerker einst Verkaufsstände (Schrangen). Die Schrangenstraße in Ratzeburg erinnert mit ihrem Namen an diesen Brauch.

Alle gleichen oder ähnlichen Gewerbe waren zu Zünften (Innungen), die bei uns ursprünglich Ämter hießen, zusammengefaßt. In der Stadt Lauenburg hat es 33 Ämter gegeben. Hier kam natürlich dem Schifferamt und der Zunft der Lauenburg-Hohnstorfer Fischer besondere Bedeutung zu. Die Zünfte vertraten einerseits die Rechte der einzelnen Handwerker, andererseits achteten sie darauf, daß die Zunftmitglieder fachgerechte und preiswerte Arbeit leisteten. In regelmäßig stattfindenden Versammlungen („Morgensprachen") verhandelten sie ihre Angelegenheiten, und „Högen" dienten der lustigen Geselligkeit. Diese altertümliche Bezeichnung wird durch die „Schipperhöge", das traditionsreiche Fest der Lauenburger Schifferbrüderschaft, alljährlich neu belebt. Der Ausbildungsweg – Lehrling, Geselle, Meister – war genau bestimmt. Ausbildung übernahm der Meister nicht zum Nulltarif. In Mölln zahlten 1846 Zimmerlehrlinge 30–50 Reichstaler Lehrgeld.

Für jeden Meister bestand Zunftzwang. Die Handwerker auf dem Lande, die häufig ohne Meisterprüfung selbständig arbeiteten, galten als „Pfuscher". Die Zünfte führten einen ständigen Kampf gegen Pfuscher und „Bö(h)nhasen". So hießen die Schwarzarbeiter, die heimlich auf dem Dachboden für Kunden tätig waren. Sie wurden wie Hasen „gejagt" und gezwungen, Werkzeug und gefertigte Sachen herauszugeben. Bei solchen Jagden mußte der Gerichtsdiener anwesend sein, um die Zunftmeister beim Prügeln zu mäßigen. Im ehrbaren Handwerk herrschten rohe Sitten.

Seit dem Ende des 16. Jahrhunderts verloren die Zünfte an Bedeutung, zumal das durch die Zunftordnung eingeengte Handwerk den verstärkten Massenbedarf des frühkapitalistischen Wirtschaftssystems nicht befriedigen konnte. Landesherren und lokale Obrigkeiten wandten sich gegen die Beschränkungen der Zünfte und förderten durch Privilegien und Monopolerteilung neue zunftfreie Erwerbszweige und Wirtschaftsformen. Kaufleute und Unternehmer („Freimeister") organisierten in dirigierten Heimwerkstätten oder nichtzünftigen gewerblichen Betrieben (Manufak-

Alte Kupfermühle im Tal der Bäk (b. Ratzeburg) im 19. Jh.

turen) eine Massenproduktion für den anonymen Markt.
Vor diesem Hintergrund muß die „Industriesiedlung" im Kupfermühlental bei Ratzeburg, die zwischen 1581 und 1595 entstand, gesehen werden. Hier wurden über Lübeck importierte schwedische Eisen- und Kupfererze weiterverarbeitet. Das Gewinnstreben lübischer Kaufleute verband sich mit dem Geschäftsinteresse des Ratzeburger Domkapitels. Die Kraftquelle des Mühlenbachs, der sich mit starkem Gefälle vom Mechower in den Ratzeburger See ergießt, trieb damals oberhalb der seit alter Zeit bereits vorhandenen Pfaffenmühle vier Eisen- und Kupferhämmer und je eine Walk-, Pulver- und Papiermühle. Die zuletzt genannten drei Mühlenwerke wurden während des 30jährigen Krieges ebenfalls in Kupferhämmer umgewandelt. Die ersten „Facharbeiter" – es waren Meister und Gesellen – kamen von Holland und Schweden. Ein zwischen Lübeck und der Bäker Siedlung pendelnder Schiffsverkehr belebte den Ratzeburger See. Für den Absatz der in den Kupfermühlen hergestellten Kessel und anderen Fertigwaren erwarben die Mühlenherren von den mecklenburgischen Herzögen das Monopol. Als im 19. Jahrhundert die Wassermühle der Konkurrenz der Dampfmaschine erlag, wurden die Bäker Mühlen an den mecklenburgischen Staat, den Rechtsnachfolger des Domkapitels, verkauft. Die Gebäude verfielen, und die sieben Staudämme und Teiche verschwanden.
Zwei Erwerbszweige, die sich ebenfalls zunftfrei entwickelten und für das Wirtschaftsleben in Geesthacht wechselnde Bedeutung hatten, waren das Rutenweißen und Bandreißen. Die Nutzung der auf dem Elbvorland zur Uferbefestigung gepflanzten Weiden durch den Menschen ließ diese beiden bodenständigen Beschäftigungsarten entstehen, deren Bezeichnungen heute als merkwürdig und rätselhaft erscheinen. Die Bearbeitung der Weidenruten hat ihnen den Namen gegeben. Die Weidenschößlinge wurden abgeschnitten, in Heimarbeit geschält (geweißt) und gespalten (gerissen) und als fertige Faß- und Tonnenbänder an die berufsverwandten Korbmacher und Böttcher oder Handelsleute in Hamburg verkauft. Im 19. Jahrhundert spielte der Handel mit Bandholz (Weiden) und Bändern (Reifen) in Geesthacht zeitweise eine große Rolle. Denn das Bandholz wurde nun zum Teil an der Oberelbe eingekauft, auf Schiffen herangefahren und nach der Bearbeitung als Halbfertigware auf dem Wasserwege nach Hamburg gebracht. Da konnte schon ein einzelner Händler bis zu 50 Familien in Heimarbeit beschäftigen. Die Bandherstellung hörte auf, als in der Böttcherei Eisenbänder verwendet wurden und im Ort gegründete Industriebetriebe leichtere Arbeit und bessere Verdienstmöglichkeiten boten.
Die technische Entwicklung hat manche alten Berufe aussterben lassen, aber auch neue geschaffen: Elektriker, Kraftfahrzeughandwerker, Rundfunkmechaniker und viele andere. Die Innungen erstarkten wieder. Das sog. Handwerkergesetz von 1897 verfügte die Errichtung von Zwangsinnungen und Handwerkskammern. Befähigungsnachweise (Meisterprüfung) für die Führung von Handwerksbetrieben wurden später verbindlich. Nach dem Zweiten Weltkrieg trat an die Stelle der Pflichtinnung die freiwillige Innung. Das Handwerk des Kreises konnte sich als gewerbliche Produktionsart behaupten. Im gesamtwirtschaftlichen Rahmen stellt es einen bedeutenden Faktor dar. Aber sein „goldener Boden" wurde im Baugewerbe durch die illegale Schwarzarbeit, „die Bezahlung ohne Quittung", arg durchlöchert: Der Abstand zwischen Nettoeinkommen und lohnabhängigen Kosten ist zu groß geworden.
Der Industrialisierung – der Gründung von Großbetrieben mit Maschinen, Arbeitsteilung und Mas-

Moderner Industriebetrieb Fette in Schwarzenbek

senproduktion – waren im Kreis wegen der geringen Bodenschätze enge Grenzen gezogen. Sie hat daher bis zum Beginn des Zweiten Weltkrieges im Gefüge der heimischen Wirtschaft keine wesentlichen Veränderungen verursacht. Ablagerungen der Eiszeit – Tone und Kiese – gaben die Rohstoffgrundlage für die Gründung mehrerer Ziegel- und Kieswerke. Einige Sägewerke und holzverarbeitende Betriebe entwickelten sich in enger Verbindung mit der hervorragenden lauenburgischen Forstwirtschaft. Eine Konzentration von Industriebetrieben gab es nur im südlichen Kreisgebiet an der Elbe: in Lauenburg, wo sich zahlreiche Arbeiter auf der Schiffswerft Hitzler und in den Zündholzfabriken ihren Lebensunterhalt verdienten, und in der Nachbarschaft von Geesthacht. Hier begann ein industrieller Aufschwung mit der Errichtung von Sprengstoffabriken in Krümmel (1865) und Düneberg (1877). In den beiden Rüstungsbetrieben stieg die Zahl der Beschäftigten während der beiden Weltkriege – zu Zeiten der Hochkonjunktur – auf rund 15 000 Personen. Als Geesthacht im Rahmen des Groß-Hamburg-Gesetzes 1937 an den Kreis fiel, wurde die gewerbliche Wirtschaft Lauenburgs um weitere florierende Industriebetriebe bereichert.

Neben den zwei Geestrandstädten am Hochufer der Elbe konnte in der Vorkriegszeit nur Mölln ein größeres industrielles Werk aufweisen: die Eisengießerei der Werkzeugmaschinenfabrik Heidenreich und Harbeck. Strukturelle Veränderungen, die sich auf die Wirtschaft des gesamten Kreisgebietes auswirkten, bahnten sich jedoch an durch Rüstungsbetriebe in Mölln (Heeresmunitionsanstalt) und Schwarzenbek sowie kriegsbedingte Produktionsverlagerungen nach Mölln, Büchen, Lauenburg und Ratzeburg. Da diese Wehrmachts- und Rüstungsanlagen weitgehend unzerstört den Krieg überstanden, wurden ihre Gebäude nach dem Krieg für die Ansiedlung von Industriebetrieben interessant. Denn in der ersten Nachkriegsphase fehlten überall Material und Kapital für Neubauten. Die Nutzungsmöglichkeit vorhandener geeigneter Gebäude war damals für die Firmengründung wichtiger als die herkömmlichen Standortfaktoren Rohstoff, Absatzmarkt und Verkehrslage. Die neuen Unternehmen, die im Kreis heimisch wurden, gehörten insonderheit den Branchen „Metallverarbeitung, Maschinenbau, Textilien und Bekleidung, Teppichherstellung, Papierverarbeitung und dem graphischen Gewerbe" an[42]. Sie konzentrierten sich in den wirtschaftlichen Mittelpunkten Geesthacht, Mölln, Lauenburg, Ratzeburg, Schwarzenbek, Büchen und Wentorf.

Die stärkere industrielle Durchsetzung des Kreisgebiets in der Nachkriegszeit wäre nicht möglich gewesen ohne den schrittweisen Ausbau der notwendigen Versorgungsanlagen, der schon viel früher einsetzte. Die Einrichtung von Gas-, Wasser- und Elektrizitätswerken verdanken die Lauenburger den Pioniertaten einzelner rühriger und fortschrittlicher Bürger und der Aufgeschlossenheit der Behörden für derartige Projekte. Die Stadt Lauenburg darf sich rühmen, als erste Stadt in Schleswig-Holstein ein Gaswerk errichtet zu haben. Schon im Jahre 1852 – in der dänischen Zeit – bat ein dortiger Uhrmacher die Stadtverwaltung um die Genehmigung für eine „Gaserleuchtungs-Anstalt", die dann auch bald gebaut wurde.

Die Elektrifizierung begann in den lauenburgischen Städten um die Jahrhundertwende. Das maschinelle Erzeugen von Strom und das Verlegen der oberirdischen elektrischen Leitungen von der Zentrale zu den Konsumenten verliefen nicht immer konfliktfrei. Der wachsende Strombedarf führte bereits 1910 auf Kreisebene zu ernsthaften Überlegungen für ein lauenburgisches Wasserkraftwerk. Die Verwirklichung folgte erst 1924/25. Die Wasser des Schaalsees wurden durch drei Seen und einen Kanal zu dem 31 Meter tiefer gelegenen Ratzeburger See geleitet, um die herabstürzenden Wassermassen für die Gewinnung von elektrischer Energie zu nutzen. Für den Betrieb gründete der Kreis eine Aktiengesellschaft – die Lauenburgischen Landeskraftwerke (Laula). Das Schaalseekraftwerk bei Farchau empfanden die Lauenburger als ihr „Jahrhundertbauwerk". Doch sie täuschten sich. Die Stromversorgung reichte nicht aus. Deswegen entschloß man sich, die Laula 1938 an die Schleswag, die mit ihren großen Kraftwerken leistungsfähiger war, zu veräußern und sich diesem Stromversorgungsunternehmen anzuschließen.

Die Einführung der zentralen Wasserversorgung in den Städten des Kreises erfolgte ebenfalls um die Jahrhundertwende – vornehmlich aus hygienischen Gründen. Jahrhundertelang hatte man bedenkenlos das Trinkwasser den Seen und Flüssen entnommen. Erst unter dem Eindruck der tödlichen Choleraepidemie in Hamburg (1892) öffneten sich allgemein die Augen für die Gefahren, die aus verschmutztem Wasser kommen. Der Landrat warnte 1892 offiziell die Lauenburger, das Elbwasser zum Trinken und Waschen zu benutzen. Ein großer Aufwand (Bodenuntersuchungen, Tiefbohrungen, Maschinen- und Pumpenanlagen, Wassertürme und Rohrleitungen) war nötig, bis das kostbare Naß der „Wasserkunst" die Haushaltungen erreichte. Mit dem Verlegen der Leitungsrohre begann das Wühlen in der „Unterwelt" der Städte und Gemeinden, das seitdem zu einer oft belebten, doch unbeliebten Tradition geworden ist.

Zwei Großanlagen der Nachkriegszeit, die der Stromversorgung dienen, haben den Namen einer lauenburgischen Stadt weit über die Kreisgrenzen hinaus bekannt werden lassen: das mit der Elbstaustufe in siamesischer Verbindung stehende Pumpspeicherwerk Geesthacht und das Kernkraftwerk Krümmel (KKK). An beiden Werken sind die Hamburgischen Electricitätswerke (HEW) beteiligt. Während das Pumpspeicherwerk seit 1958 Legionen staunender Touristen lockt, hat der Kern-

Der Schaalseekanal

Das Pumpspeicherwerk Geesthacht

kraft-Koloß eher Furcht ausgelöst. Am Atomwerk Krümmel scheiden sich die Geister. Die Antwort auf die Frage nach der Beherrschbarkeit der Gefahren, die im Reaktorkern und in den Hauptkühlmittel-Leitungen lauern, ist mit Ungewißheit belastet.

Handel und Verkehr

Die geographische Lage an der schmalsten Stelle zwischen Elbe und Ostsee machte Lauenburg zu einem natürlichen Durchgangsgebiet für Handel und Verkehr. Zwei glückliche Beigaben der Natur erhöhten den Verkehrswert des Landes: Sand- und Schlickablagerungen der Elbe auf der Höhe von Artlenburg erlaubten vor der Eindeichung nur hier die Überwindung des breiten Stromtales. Und just an diesem Punkte boten auf dem Nordufer zwei Erosionsrinnen im Kliff des Geestplateaus die Möglichkeit, den Steilhang zu überwinden. Nicht zufällig entstand, unweit der Furt, die älteste Marktstelle – der Glüsinger Johannismarkt. Nach der Eindeichung blieb Artlenburg, jetzt als Fährstelle, Transitort für die bedeutendste mittelalterliche Verkehrsverbindung Lübecks mit Lüneburg und dem Süden: die „Heilige römische kaiserliche freie Straße", die heute als „Alte Salzstraße" über den Nahbereich hinaus bekannt geworden ist.

Das andere verkehrsfördernde Geschenk der Natur war das Stecknitz-Delvenau-Tal, das in Nord-Süd-Richtung das Kreisgebiet durchzieht. Seine Flußläufe wurden schon vor der Kanalisierung als Wasserwege und seine Talränder als Trassen des Landverkehrs benutzt. Das langgestreckte Tal gewann nach der Gründung Lübecks und dem Bau des Stecknitzkanals (1391–1398) für den Handel überragende Bedeutung. Der Kanal diente im Mittelalter vorwiegend dem Transport des Lüneburger Salzes. An der Kanalschiffahrt waren Lauenburger nicht beteiligt. Dieses Recht stand allein den Lübeckern zu.

Mittelalterliche Strecke der Alten Salzstraße im Breitenfelder Moor

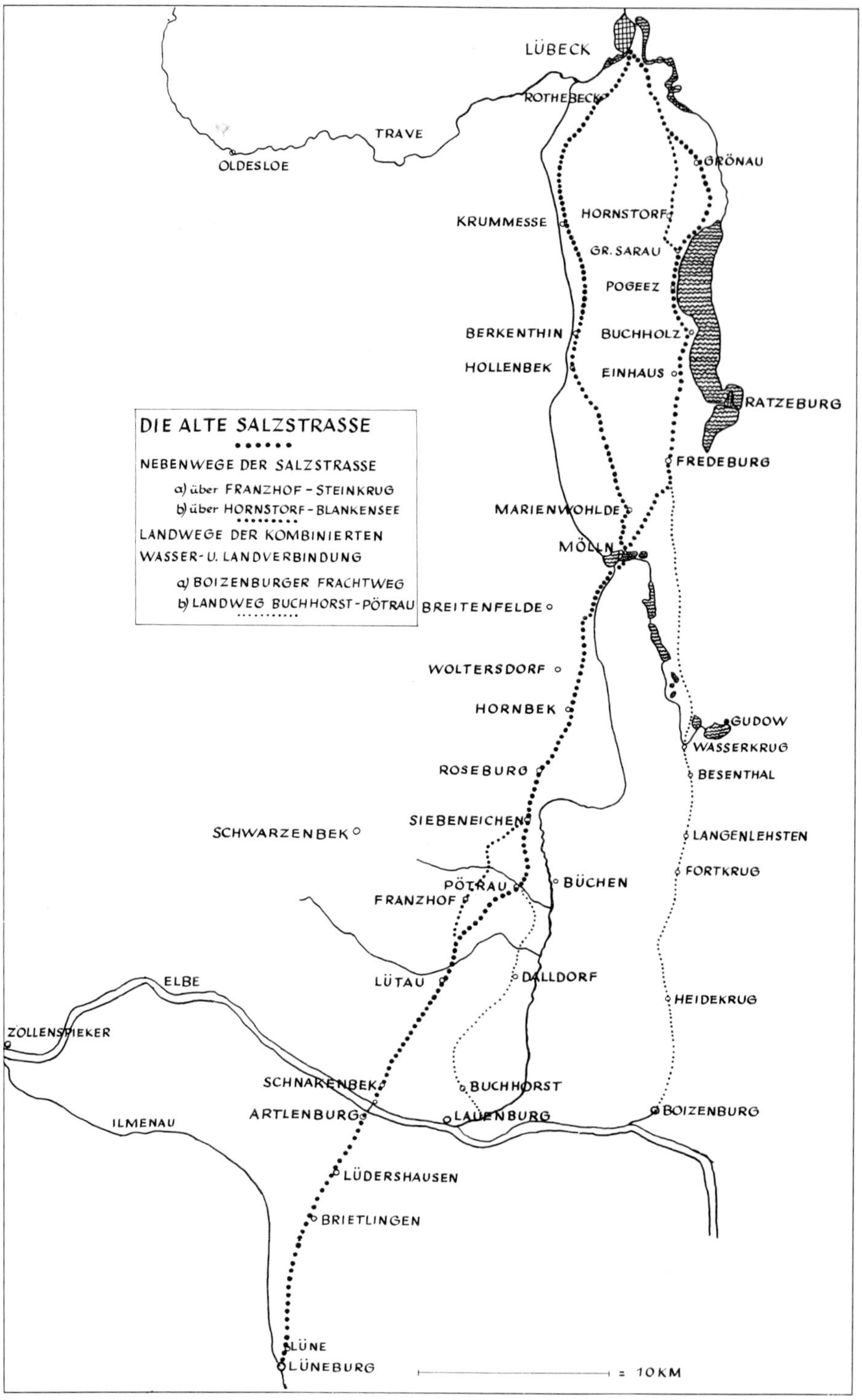

Wasser- und Landverbindungen zwischen Lüneburg und Lübeck im Mittelalter

Der Lüneburger Frachtweg und der Stecknitzkanal waren die wichtigsten, aber nicht die einzigen bedeutenden Verkehrswege, die durch Lauenburg führten. Andere überregionale Strecken verbanden mit Hamburg, Berlin und Mecklenburg. Die Warenströme wechselten bisweilen ihre Richtung, manchmal waren sie auch, wie in der Gegenwart, durch staatliche Grenzen behindert oder gesperrt. Mit dem Niedergang Lübecks und der Hanse erlahmte die wirtschaftliche Expansion nach Norden. An ihre Stelle trat in der Neuzeit eine Ost-West-Orientierung des Handels. Die in den neuen Wirtschaftszentren Obersachsens und Brandenburg-Preußens produzierten Waren suchten ihre Häfen in westlicher Richtung – in Hamburg und Bremen. Die West-Ost-Achse unseres lauenburgischen Verkehrssystems verstärkte sich: 1835 bis 1837 wurde der Handelsweg von Hamburg nach

Berlin – auf preußische Staatskosten – mit Trassenführung über die Stadt Lauenburg zur Chaussee ausgebaut. Bald darauf (1840–1842) folgte der Bau der Chaussee von Schwarzenbek an die mecklenburgische Grenze (Thurow). Bis 1854 gab es solche „Grandchausseen“ nur in West-Ost-Richtung. Die anderen Landstraßen befanden sich um die Mitte des 19. Jahrhunderts in einem trostlosen Zustand. Sie dienten meist nur dem „inneren Verkehr“.
Als der steigende Warenverkehr der Industrieorte die Transitstraßen überlastete, boten Schienenwege und „Dampfwagenzüge“ ein leistungsfähigeres System an. Dic Eisenbahnperiode begann für unser Gebiet mit dem Bau der Hamburg-Berliner Eisenbahn (1844–1846). Sie unterstreicht die Bedeutung der Ost-West-Richtung des damaligen Verkehrsstromes. Aus dieser Zeit stammte ein skurriles Privileg, das erst im Jahre 1937 aufgehoben wurde: Wegen der Geländeschwierigkeiten im Raum der Stadt Lauenburg entschied man sich für eine nördliche Trasse über Büchen. Da aber der dänische Landesherr den Einwohnern Lauenburgs eine Linienführung über ihre Stadt versprochen hatte, mußte die Eisenbahngesellschaft zusätzlich eine Zweigbahn Büchen–Lauenburg bauen. Die Anschlußbahn wurde 1851 eröffnet, und die Stadt-Lauenburger erhielten auf dieser Strecke das „Freifahrtrecht für Personen und Güter“ bei Benutzung der Bahn Hamburg–Berlin.
Ebenfalls in das Jahr 1851 fiel die Eröffnung der Lübeck-Büchener Eisenbahn, die sich vor allem auf die Wirtschaft Möllns und Büchens günstig auswirkte. Büchen wurde wichtiger Kreuzungsbahnhof. Den Anschluß nach Lüneburg über die Elbe bei Lauenburg ermöglichte 1864 eine „Trajektanstalt“ (Fähre) der Hannoverschen Staatsbahn, seit 1878 eine Eisenbahnbrücke. Die Staatsbahnen Oldesloe-Schwarzenbek (1887) und Oldesloe-Hagenow (1897) – letztere als Teil des Schienenweges Kiel–Berlin – vervollständigten das lauenburgische Eisenbahnnetz. Die Kurzverbindung Mölln-Hollenbek (1899) und die Ratzeburger Kleinbahn vom Staatsbahnhof bis zur Stadt (1903) und bis Thurow (1907) erwiesen sich als Fehlplanungen. Sie waren nicht rentabel. Die Bergedorf-Geesthachter Eisenbahn (1906) erfreute sich dagegen einige Dezennien großen Zuspruchs. Doch 1953 mußte sie den Personenverkehr einstellen. Ihr

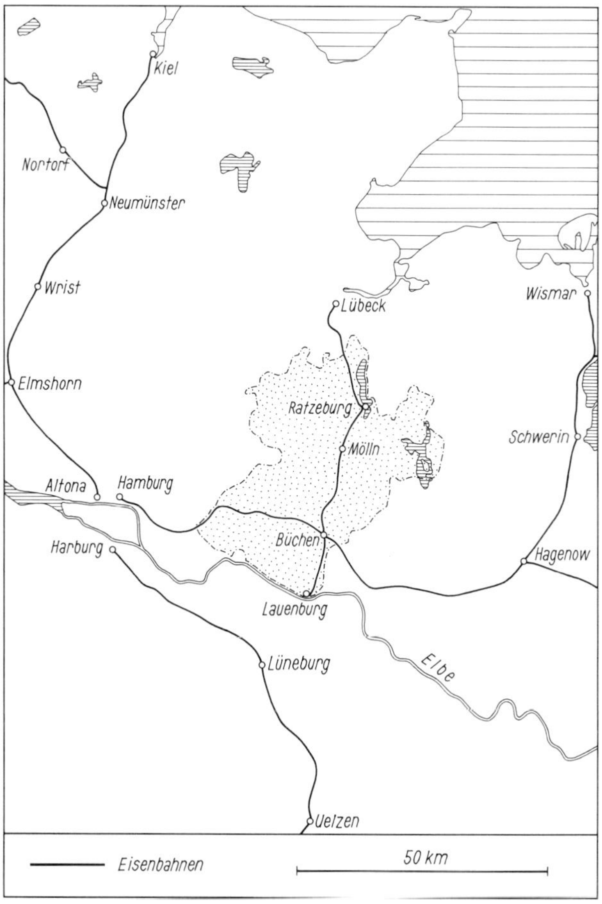

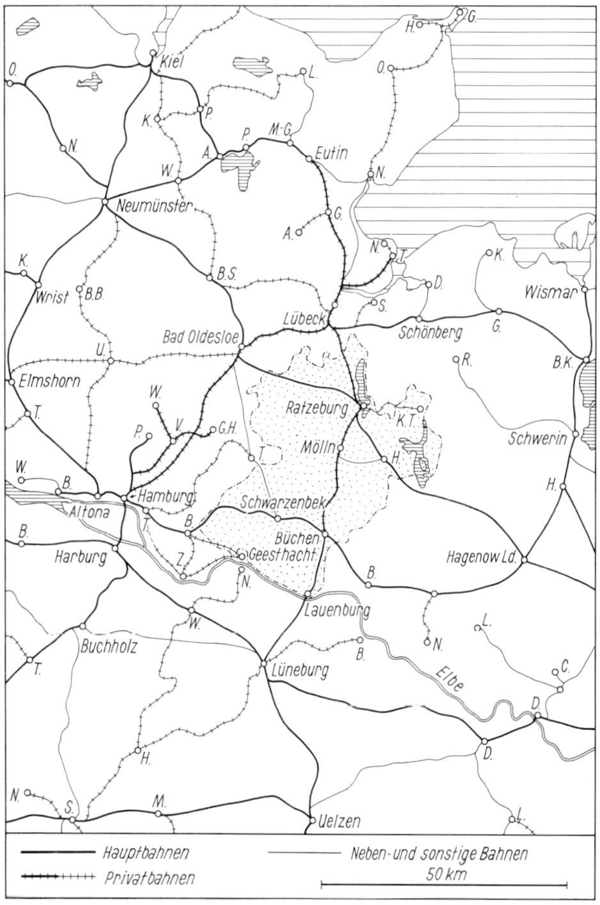

Eisenbahnnetz um 1860 und um 1930

Halbfertige, vor dem Kriege erbaute Brücke der Autobahn Hamburg–Berlin bei Gudow (um 1980)

war durch die Motorisierung im „Jahrhundert des Autos" eine überlegene Konkurrenz entstanden. Das Auto zog den Verkehr von der Schiene auf die Straße. Schließlich mußte auch auf den Bahnstrekken Bad Oldesloe–Ratzeburg und Bad Oldesloe–Schwarzenbek die Personenbeförderung 1971/72 bzw. 1976 aufgegeben werden, so daß heute nur noch zwei durch den Kreis führende Eisenbahnlinien (Lübeck–Lüneburg und Hamburg–Büchen–Berlin), die uns mit dem Fernstreckennetz verbinden, bestehen.

Das Tempo der Motorisierung – besonders nach dem Zweiten Weltkrieg – zwang den Kreis bei seinen Bemühungen um autogerechte Straßen zu großen finanziellen Leistungen, die von den modernen „Strauchrittern der Landstraße" mit überhöhter Geschwindigkeit und aggressivem Fahren vergolten werden. Motorisierung und Um- und Ausbau des Straßennetzes standen in einem ursächlichen Zusammenhang. Der Kraftfahrzeugbestand im Kreis schwoll lawinenartig an. 1903 rollte der erste „Patentmotorwagen", die Luxuslimousine eines Arztes, über das holperige Pflaster Ratzeburgs. 1953 – 50 Jahre später – waren 8706, 1973 über 46 000 und 1985 rd. 87 000 zugelassene Kraftfahrzeuge aller Art registriert. Die 1982 dem Verkehr übergebene Bundesautobahn Hamburg–Berlin ist das jüngste Bindeglied in der überregionalen Verkehrsstruktur des Kreises. Ihre Trassierung stieß auf heftigen Widerstand, denn sie zerschneidet eine in langen Zeiträumen natürlich gewachsene Landschaft. Doch ökonomische und politische Überlegungen waren stärker als ökologische Bedenken.

Der Nord-Süd-Verkehr erhielt durch den Ausbau des veralteten, pensionsreifen Stecknitzkanals zum leistungsfähigeren Elbe-Trave-Kanal (1896–1900) wieder kräftige Impulse. In der Blütezeit der deutschen Wirtschaft vor dem Ersten Weltkrieg wurde die neue Wasserstraße so häufig benutzt, daß der Güterverkehr der Lübeck-Büchener Eisenbahn unter dem Wettbewerb empfindlich litt. Nach dem

Der Elbe-Trave-Kanal

letzten Kriege hat die Schranke der nahen deutsch-deutschen Grenze der Nordsüdachse des Verkehrs ein Übergewicht verliehen. Dem West-Ost-Verkehr sind im Bereich des Kreises nur die kontrollierten Verbindungen über Büchen, Gudow und Lauenburg erhalten geblieben. Von dem einst stark befahrenen wilhelminischen Schienenweg Kiel–Berlin fristet die rostende Reststrecke Ratzeburg–Hollenbek als selten genutzte „Rübenstrekke" ein verkehrsfernes Dasein.

Obwohl große Transitwege unser kleines Land durchkreuzten, haben die heimischen Städte – abgesehen von der Stadt Lauenburg – im Mittelalter nicht am Fernhandel teilgenommen. Sie hatten als Marktorte im allgemeinen nur für die benachbarten Dörfer Bedeutung. Die Bauern verkauften ihre landwirtschaftlichen Überschüsse in der nächstgelegenen Stadt, wo sie handwerkliche Erzeugnisse eintauschten. Waren für fremde Märkte wurden vom lauenburgischen Gewerbe kaum hergestellt. Allein das in unseren Städten gebraute Bier fand teilweise über den lokalen Bereich hinaus Abnehmer. Finanziellen Gewinn aus dem Fernhandel zog allerdings der Landesherr durch Fähr- und Zollgelder und durch die Holzausfuhr. Denn in den nahen Hansestädten war die Nachfrage nach Holz nicht nur wegen des Schiffsbaus groß. Das im Sachsenwald geschlagene Holz wurde die Bille abwärts geflößt und über Bergedorf nach Hamburg befördert.

Die kleinstaatlichen Verhältnisse mit ihren Grenz- und Wegezöllen hemmten bis weit in das 19. Jahrhundert hinein Handel und Wandel. Nach einer lauenburgischen Statistik über Fabrikanlagen aus dem Jahre 1842 zählten die Orte Hohnstorf, Geesthacht, Bergedorf, Oldesloe und Lübeck „schon zum Ausland"[43]. Die harte Zollpolitik zwischen Hannover und Dänemark nach 1816 traf die Stadt Lauenburg besonders schwer: Sie verlor durch die neue Landesgrenze an der Elbe die Käufer aus den Dörfern der südelbischen Marschvogtei. Da das Herzogtum Lauenburg als „dänisches Land" nicht

dem Deutschen Zollverein angehörte, fehlten ihm die freien Grenzübergänge zu den Nachbargebieten. Die trennenden Handelsschranken fielen erst mit der deutschen Einigung. In dem land- und forstwirtschaftlich strukturierten Kreis konnte sich nun der Handel mit Holz, Getreide, Sämereien und Futter- und Düngemitteln frei entwickeln.
Zwei altansässige Großhandlungen in Mölln und Ratzeburg, deren bescheidene Anfänge in der Kaiserzeit liegen, sorgen heute in diesen Geschäftszweigen „für eine Verflechtung der Wirtschaft mit den europäischen Ländern sowie mit Übersee"[44]. Auch die neuen, bereits genannten Branchen des industriellen Sektors haben nach der Währungsreform im Umsatz und Außenhandel eine starke Stellung errungen, obgleich der Kreis in Schleswig-Holstein zu den strukturschwachen Räumen gehört. Das Sparkassenwesen, das im Kreis auf eine lange Tradition zurückblicken kann, trug mit seinem Kapital zur Festigung dieser Entwicklung bei. Den Anstoß zur Gründung von Sparkassen gaben menschenfreundliche Überlegungen gebildeter, wohlhabender Bürger: Sie wollten der Verarmung, die sich infolge von Wirtschaftskrisen ausgebreitet hatte, durch die Tugend des Sparens entgegenwirken. Die Kredite der Sparkassen erleichterten in der zweiten Hälfte des 19. Jahrhunderts insbesondere den kleinen Handwerkern den Einkauf auf Vorrat und die Anpassung an die sich wandelnde Wirtschaft. Die älteste „Ursprungssparkasse unserer Kreissparkasse" wurde schon 1820 in der Stadt Lauenburg errichtet.
Das Wirtschafts- und Sozialgefüge hat sich in 100 Jahren stark verändert. Der Aufbruch in das industrielle Zeitalter löste weitgehend die Großfamilie auf und trennte Wohn- und Arbeitsort. Die Motorisierung begünstigte diesen Trend. 1970 hatten 24 018 Berufstätige (41 %) ihren Arbeitsplatz außerhalb der Wohngemeinde. Von ihnen pendelten 10 958 nach Hamburg und 2908 nach Lübeck. Manche Berufe machten ihren Neben- zum Haupterwerb: Schmieden verwandelten sich in Tankstellen und Mühlen in Gaststätten. Die Schutzfunktion der Großfamilie übernahmen zunächst die öffentlichen Armenverbände auf Gemeinde-, Gutsbezirks- und Kreisebene, zuletzt die Einrichtungen der Sozialhilfe und gesetzlichen Sozialversicherung. In den Dörfern verlor die Bauernschaft nach dem Zweiten Weltkrieg durch das Einströmen städtischer Bevölkerung aus den deutschen Ostgebieten und die Ansiedlung anderer Berufsgruppen vielfach ihren bestimmenden Einfluß.
Aus einem „vorwiegend land- und forstwirtschaftlich orientierten Kreis" (1870) ist ein „gemischtwirtschaftlicher Kreis mit gewerblicher Orientierung" geworden. Der Anteil der Land- und Forstwirtschaft an der Gesamtzahl der Erwerbstätigen verringerte sich von 38,1 % im Jahre 1939 auf rd. 10 % im Jahre 1984. Im gleichen Zeitraum stieg der Anteil des warenproduzierenden Gewerbes von 32,3 % auf 43 %. Für den Sektor „Handel und Verkehr" erhöhte sich die Beteiligungszahl von 14,4 % auf 20 %. Aufschlußreich ist die Quote des Wirtschaftsbereichs „Dienstleistungen und öffentlicher Dienst": Sie hat sich nahezu verdoppelt. Sie stieg von 15,2 % auf 27,2 %. Obwohl in diesen Zahlen die Dienstleistungen der oben genannten Bereiche nicht enthalten sind, lassen sie die Deutung zu, daß immer mehr Menschen unseres Gebietes verwaltende, pflegerische, ausbildende, anleitende und kaufmännische Aufgaben übernommen haben.

Mit der Ostkolonisation begann im eigentlichen Sinne die deutsche Geschichte unseres Raumes. Die Errichtung der sächsischen Grafschaft Ratzeburg in der Zeit Heinrichs des Löwen sicherte die Durchdringung des wendischen Polabenlandes durch deutsche Siedler. Ein christlich-abendländischer Kulturraum wurde das Gebiet des Kreises erst durch die Christianisierung. Der christliche Glaube versöhnte Deutsche und Wenden. Als steinerne Zeugen jener frühen Aufbruchszeit grüßen noch heute viele alte Gotteshäuser. Wenn auch neuerdings Hochhäuser und Silos das Ortsbild der ausufernden Städte bzw. Dörfer verfremden und den Blick auf sich ziehen, sind doch die Kirchen unübersehbare und beherrschende Baukörper geblieben. Eine Darstellung lauenburgischer Geschichte ohne Berücksichtigung der Kirche ließe eine wesentliche Kraft in Vergangenheit und Gegenwart beiseite.

Mission und Bistum Ratzeburg

Die Mission im Slawenlande litt lange unter dem Widerspruch von religiöser Verkündigung und weltlichem Herrschaftsanspruch sächsischer Fürsten. Christliche Bekehrung bedeutete zinspflichtige Unterwerfung. Daher scheiterten im 10. und 11. Jahrhundert alle Versuche, die heidnischen Polaben und Obodriten auf Dauer für den christlichen Glauben zu gewinnen. Der Weg zu einer eigenständigen slawischen Kirche, der sich in dem guten Einvernehmen zwischen Adalbert, dem Erzbischof von Hamburg-Bremen, und dem christlichen Obodritenfürsten Gottschalk abzeichnete, endete im großen Slawenaufstand von 1066. Gottschalk wurde erschlagen, viele Geistliche und Laien starben, unter ihnen der Abt der Kirchen- und Klosteranlage St. Georgsberg und Märtyrer unseres Landes: Ansverus. Das von Adalbert gegründete Bistum Ratzeburg hinterließ keine Spuren.

Wie bereits bei der Darstellung der politischen Geschichte ausgeführt, wurde der wendische Widerstand unter Heinrich dem Löwen endgültig gebrochen und das Bistum Ratzeburg 1154 neu begründet. Vermutlich wohnte der erste Bischof (Evermod) zunächst an historischer Stätte auf dem St. Georgsberg (b. Ratzeburg). Schon in seiner Amtszeit begann an der Nordseite der Insel im See, wo sich vorher wahrscheinlich ein Heiligtum der slawischen Fruchtbarkeitsgöttin Siwa befand, der Bau des Ratzeburger Doms. Das Gebiet, das der geistlichen und kirchlichen Leitung des Bischofs unterstand, reichte von der Elbe bis an die Ostsee und von der Bille im Westen bis an den Unterlauf der Elde im Osten. Zu den gemeinsam mit der weltlichen Obrigkeit zu lösenden Aufgaben der ersten Bischöfe gehörten der Bau der Kirchen und Kapellen, die Einteilung der Kirchspiele, die materielle Sicherung der Pfarren und kirchlichen Gebäude sowie die Regelung der Zehntabgaben. Für die Unterhaltsversorgung der Kirchen wurden Patronate eingerichtet. Die Schirmherrschaft konnte vom Bischof, Landesherrn oder von Rittern ausgeübt werden. Im lauenburgischen Bereich standen die meisten Kirchspiele unter dem Patronat des Landesherrn[45].

Der geistliche Oberhirte war ein Vasall des Welfenherzogs, der das königliche Recht, Bischöfe einzusetzen, für das nordelbische Wendenland vom Kaiser erhalten hatte. Erste landesherrliche Rechte – Vogteirechte – übte der Bischof seit dem 13. Jahrhundert nur im Stiftsland Boitin aus. Dieses war als Ausstattung des Bistums von der Grafschaft Ratzeburg abgetrennt worden. Nach dem Sturz des Löwen verfolgten die Bischöfe das Ziel der Reichsunmittelbarkeit: die Belehnung durch den Kaiser und die uneingeschränkte Landesherrschaft im Stifts-

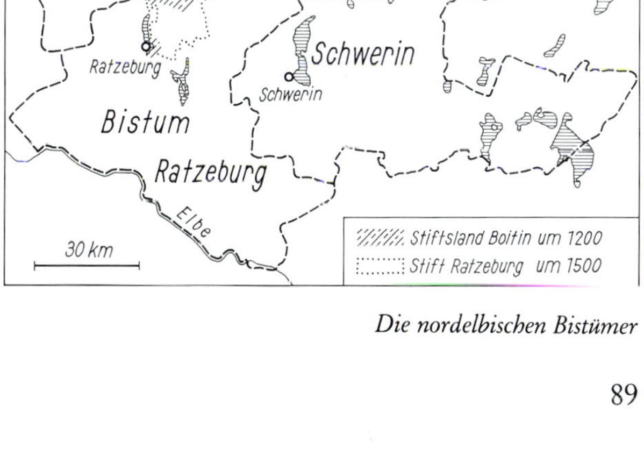

Die nordelbischen Bistümer

Georg von Blumenthal, Bischof von Ratzeburg 1524–1549

land Boitin. Diese Bestrebungen brachten sie in einen unheilvollen Gegensatz zu den askanischen Herzögen, die sich weiterhin als Lehns- und Schutzherren des Stiftslandes betrachteten. Aus Furcht vor Anschlägen wurde 1270 der Sitz der Bischöfe nach Schönberg verlegt. Die Herzöge konnten nicht verhindern, daß die Bischöfe eine reichsfürstliche Stellung in dem durch Neuerwerbungen vergrößerten Kernland Boitin erreichten, aber sie waren nicht bereit, sie hinzunehmen.

Der Streit um die Landeshoheit zog sich mit Unterbrechungen bis in die Reformationszeit hin und beschäftigte Papst, Kaiser und Reichskammergericht. Bei einem der Gewaltakte, die die lauenburgischen Herzöge inszenierten, wurde der Ratzeburger Dom völlig ausgeplündert und seiner wertvollen Apostel- und Heiligenfiguren, Kelche und Gefäße beraubt. Die Übergriffe zeigten, daß das Ansehen der Kirche in jener Umbruchszeit stark gelitten hatte. Selbst die Gefahr des Kirchenbanns schreckte die weltlichen Herren nicht von feindlichen Handlungen ab.

Die Reformation kam nicht wie ein Blitz aus heiterem Himmel. Die Verweltlichung der Kirche hatte sie längst vorbereitet. Für unseren Bereich wird die Lockerung der inneren Zucht am Beispiel des Ratzeburger Domkapitels sichtbar. Schon im 15. Jahrhundert gaben die Domherren, des Klosterlebens müde, das Gemeinschaftsleben im Domkloster auf und zogen in geräumige Kurien auf dem Domhofe um. 1504 legten sie die Mönchstracht des Prämonstratenser-Ordens ab, und das Kloster wurde „in ein weltliches Domherrenstift umgewandelt". Wie sehr ihre Achtung in der Bevölkerung gesunken war, beleuchtet ein Vorfall während der Fastnachtszeit des gleichen Jahres: Ein wie ein Schornsteinfeger geschwärzter Domherr wurde unter Hieben durch die Straßen getrieben und in derber Weise verspottet.

Die Spannungen mit den lauenburgischen Herzögen engten die Kirchengewalt und Bewegungsfreiheit des Bischofs in seiner Diözese ein. Die Bezeichnung „Bistum" traf faktisch nur noch in ihrer Anwendung auf das alte Stiftsland der Ratzeburger Bischöfe zu. 1554 endete die „bischöfliche Herrlichkeit", und der Weg für die Lehre Luthers wurde freigegeben. 1566 verzichtete das Domkapitel auf die „papistischen Zeremonien" und berief Georg Usler als protestantischen Prediger. 1648 fiel das säkularisierte Stiftsland (Bistum) an das Haus Mecklenburg und hieß bis 1918 „Fürstentum Ratzeburg". Danach führte es den Namen „Land Ratzeburg".

Nach der Vereinigung von Mecklenburg-Schwerin und Mecklenburg-Strelitz (1. 1. 1934) bildete es den westlichen Teil des Kreises Schönberg, bis es 1953 – halbiert – den DDR-Kreisen Grevesmühlen und Gadebusch zugeteilt wurde. Diese Aufteilung bedeutete das Ende der territorialen Unversehrtheit des einstigen bischöflichen Landes.

Die Hinwendung Lauenburgs zur evangelisch-lutherischen Lehre

Wie es den lauenburgischen Herzögen mißlang, mit List und Gewalt das alte Stiftsland zu gewinnen oder sich die Bischöfe gefügig zu machen, so verlor das bischöfliche Regiment seinen Einfluß auf die Kirche im niedersächsischen Herzogtum. Die Reformation ermöglichte die Loslösung der lauenburgischen Gemeinden von der Kirchengewalt der katholischen Bischöfe. In seinem Herrschaftsbereich konnte der Herzog ohnehin als Patronatsherr nach Belieben die Pfarrstellen besetzen. Hier war er stärker als der Bischof. Der Übergang zum evangelischen Bekenntnis erfolgte friedlich und ohne Bildersturm, da der erste Herzog der

Die Kirche „St. Georg auf dem Berge" (Ratzeburg), das älteste Gotteshaus des Kreises

SAGEN SOLT
Exod: 4.
BEN · NICHT
BLEIBET · EWIGLICH
ND. FLVCH. FVRGE
ER · LEBN. V. NICH · STER
VON · ALLN . SINDEN

Reformationszeit, Magnus I. (1507–1543), aus Rücksicht auf die „Römische Kayserliche Mayestät" vorsichtig taktierte. Er förderte einerseits die Reformation: Er bemühte sich um lutherische Theologen und ließ die Pfarrstellen mit evangelischen Predigern besetzen – am Ende seiner Regierungszeit wurde in allen Kirchen des Landes das Evangelium gepredigt. Er erlaubte 1531, daß das Volk während des Glüsinger Johannismarktes die Einführung der neuen Lehre feierte, und verlangte hernach von den Beamten den lutherischen Eid. Andererseits hütete er sich, die evangelische Bewegung durch amtliche Kirchenvisitationen, die Einsetzung eines Superintendenten oder eine Kirchenordnung öffentlich-rechtlich anzuerkennen. Nur im Lande Hadeln, wo die Glaubensbewegung viel stärker als im Stammland eine Volksbewegung war, ließ er im Jahre 1526 eine Kirchenvisitation halten und eine Kirchenordnung durch seinen Kanzler Gekus verfassen.

Sein Nachfolger Franz I., ein labiler Charakter, schwankte in der Reichspolitik – aus Berechnung – zwischen evangelischer und katholischer Seite, ohne daß sich die Hoffnungen auf den Erwerb der Kurwürde und des Landes Boitin erfüllten. Als durch den Augsburger Religionsfrieden (1555) die lutherischen und katholischen Reichsstände Glaubensfreiheit und das Recht, für ihre Untertanen das Bekenntnis zu bestimmen, erhielten, raffte er sich schließlich auf, eine amtliche Visitation zu verfügen (1564) und einen Superintendenten zu berufen (1565). Franz II. vollendete, was der Vater begonnen hatte, und gab dem „Fürstenthumb Nieder-Sachsen" (Lauenburg) – in reichsrechtlicher Übereinstimmung – eine Kirchenordnung (1585). So kam das Herzogtum, in dem der Abfall der Geistlichen vom Bischof und römischen Glauben verhältnismäßig früh vor sich ging, sehr spät zu einer rechtlichen Regelung der kirchlichen Verhältnisse. Die Kirchenordnung wurde von dem Lübecker Superintendenten Pouchenius offenbar in hochdeutscher Sprache abgefaßt, während die Schleswig-Holsteinische Kirchenordnung von 1542 noch in niederdeutscher Fassung geschrieben wurde. Dieses kirchliche „Grundgesetz" schloß die Einführung der Reformation im niederelbischen Herzogtum ab. Seine Bedeutung für Lauenburg kommt darin zum Ausdruck, daß es bis 1980 von den Pastoren bei der Ordination und Übernahme von Pfarrstellen unterschrieben werden mußte.

Taufengel in der Gudower Kirche

Breitenfelder Kirche: Glasbild „Christi Geburt" (13. Jh.)

Die lauenburgische Kirche seit der Reformation

Die Kirchenordnung von 1585 bildete den gesetzlichen Rahmen, in dem sich das kirchliche Leben im evangelisch-lutherischen Geist nach der „Richtschnur der heiligen Schrift“ entwickeln sollte. Als Vertreter des Landesherrn sorgte ein befähigter Geistlicher mit der Amtsbezeichnung eines Generalsuperintendenten dafür, daß die Glaubensgrundsätze und Richtlinien der neuen Ordnung innere Annahme und praktische Anwendung fanden. Die Kontrolle von oben war wesentlich strenger als in der katholischen Zeit. Der Überprüfung der Gemeinden und Geistlichen dienten Visitationen (Besuche), denen man an der Basis nicht immer und überall mit freudiger Erregung entgegensah. Der Kirchenaufsicht blieben die Enklaven, die das Herzogtum durch Verpfändung verloren hatte, entzogen, z. B. Mölln, Nusse und Behlendorf. In dem Kirchdorf Breitenfelde, das in eine sächsische und lübische Hälfte gespalten war, gab es wegen des Patronats- und Kirchenaufsichtsrechts mehrfach Streit zwischen dem Rat von Lübeck und dem Herzog. 1658 konnte ein neuer Pastor nur unter dem Schutz von 100 Stadtsoldaten durch den Lübecker Superintendenten eingeführt werden. Die Visitationsprotokolle gewähren uns interessante Einblicke in die kirchlichen und gesellschaftlichen Verhältnisse. So ist dem Visitationsbericht von 1581 zu entnehmen, daß damals in der Büchener Kirche, einer alten Wallfahrtskirche, immer noch das wundertätige Marienbild trotz Verdammung heimlich angebetet wurde.

Der Aufschwung der evangelischen Kirchengemeinden wurde durch die Wirren des 30jährigen Krieges jäh gebremst: „Verwilderung und Rohheit der Sitten, Ungehorsam gegen weltliche und geistliche Obrigkeit“ rissen ein, und der Aberglaube machte sich breit. Bezeichnenderweise fanden zwischen 1618 und 1683 keine Visitationen durch Superintendenten statt. Danach verstärkte sich wieder – unabhängig von dem Wechsel der weltlichen Obrigkeiten – der kirchliche Einfluß auf das Gemeindeleben. Die wichtigsten Pflanzstätten des rechten Glaubens waren die Schulen, die unter der Aufsicht der örtlichen Pastoren standen. Bibel, Katechismus und Gesangbuch beherrschten die religiöse Unterweisung. Der Weimarer Bibliotheksdiener Johann Christoph Sachse, den das Schicksal in seiner Kindheit 1774 an den Schaalsee verschlug, berichtet in den von Goethe unter dem Titel „Der deutsche Gil Blas“ herausgegebenen Lebenserinnerungen, er habe den ganzen Katechismus auswendig lernen müssen, bevor er „ohne alles Bedenken unter die Zahl der Konfirmanden“ aufgenommen worden sei. Seit 1789, dem Jahr der Großen Französischen Revolution, empfingen die Konfirmanden – entgegen dem vorherigen Brauch – „noch am Konfirmationstage“ das Heilige Abendmahl. In der Zeit des bedeutenden Superintendenten Catenhusen beging man 1852 das erste Lauenburgische Landesmissionsfest. In einigen Gemeinden ist es Tradition, am 1. Mai einen Erntebittgottesdienst (Lauenburgische Hagelfeier) zu halten.

Die politischen Veränderungen, die nach dem Aussterben des askanischen Hauses 1689 das Herzogtum zum Anhängsel fremder Fürstenhäuser machten, haben sich auf die kirchenrechtliche Selbständigkeit bis 1876 nicht ausgewirkt. Die Verlegung der Superintendentur von Lauenburg (Stadt) nach Ratzeburg (1705) hatte administrative Gründe. Als jedoch das Herzogtum Lauenburg 1876 als Kreis der preußischen Provinz Schleswig-Holstein angegliedert wurde, war es zwangsläufig, auch die lauenburgische Kirche der schleswig-holsteinischen Landeskirche anzuschließen. In dasselbe Jahr fällt die Einführung einer „Kirchengemeinde- und Synodalordnung“. Der lauenburgischen Kirche blieb eine weitgehende Eigenständigkeit erhalten, aber moderne unkirchliche Strömungen sind nicht spurlos an ihr vorbeigezogen. Die kirchliche Schulaufsicht, die 1887 auf den Religionsunterricht eingeengt wurde, hat sie inzwischen ganz verloren. Während des Dritten Reiches gab es in unserem Kreis – im Unterschied zu Mecklenburg – keinen Kirchenkampf. Als 1937 neun Lübecker Pastoren der Bekennenden Kirche durch Hausarrest an der Ausübung ihres Dienstes gehindert wurden, fuhren „mehr als 1000 Lübecker Gemeindeglieder in

Siegel des Kirchenkreises Herzogtum Lauenburg

Büchen, figürlicher und ornamentaler Schmuck in der Kirche (1. Drittel 14. Jh.)

einem Extrazug nach Mölln, um dort 163 Konfirmanden einsegnen zu lassen"[46].
Nach der Gründung der „Nordelbischen Ev. Luth. Kirche" (1970–1976) war die Einbeziehung der lauenburgischen Kirche in diesen Verband unvermeidlich. Die Sonderrechte mußten aufgegeben werden. Die „Landessuperintendentur Lauenburg" verwandelte sich in den „Kirchenkreis Herzogtum Lauenburg". An seiner Spitze steht ein Propst. Die Grenzen des Kirchenkreises weichen in mehreren Fällen von den Verwaltungsgrenzen des Kreises ab: Die Kirchengemeinde Lassahn (Schaalsee) liegt z. B. in der DDR und wird von der mecklenburgischen Landeskirche „mitverwaltet". Die Ratzeburger Domgemeinde gehört politisch zu Ratzeburg, kirchlich zu Mecklenburg und ist der nordelbischen Kirche nur „zugeordnet". Der Domprobst – man achte auf die Schreibweise – und der Propst des Kirchenkreises sind in Ratzeburg keine identischen Personen. Die Kirchengemeinden Geesthachts gehören weiterhin zum Kirchenkreis Alt-Hamburg, und schließlich hat sich die Kirchengemeinde Nusse-Behlendorf jüngst wegen der „jahrhundertelangen, traditionellen Bindungen" für den Verbleib im Kirchenkreis Lübeck entschieden.

Die Rückkehr der katholischen Kirche

Bis zum Anfang des 20. Jahrhunderts blieb der Kreis ein konfessionell geschlossener Raum. Seit der Reformation gab es hier keine katholischen Gemeinden mehr. Größere Freizügigkeit und Mobilität im Deutschen Kaiserreich änderten allmählich dieses Bild. Durch Dienstverpflichtungen ka-

men katholische Offiziere, Soldaten und Beamte nach Ratzeburg. Darüber hinaus lockten die saisonalen Verdienstmöglichkeiten auf den Domänen und die Aussicht auf Arbeitsplätze in den Pulverfabriken Düneberg und Krümmel polnische, d. h. katholische Arbeiter in unser Land. Sie hatten alle Anspruch auf kirchliche Seelsorge. Aus diesem Grund wurde 1907 die „Missionspfarrei" Ratzeburg gegründet und 1911 eine Kirche erbaut; sie war dem Schutzpatron des in Ratzeburg stationierten Jägerbataillons (St. Hubertus) geweiht. Das Ratzeburger Pfarramt betreute die im Norden und in der Mitte des Kreises lebenden Katholiken.

In der Zeit des Dritten Reiches entstand der Plan, für eine Tochtergemeinde in Mölln eine kleine Kirche zu errichten, wozu auch eine ministerielle Genehmigung erteilt wurde. Die Einweihung dieser Kapelle fand 1940 statt. Zur Gemeinde gehörten etwa 150 Gläubige, die sich auf Mölln und rd. 50 Ortschaften verteilten. Während des Krieges erweiterte sich der Aufgabenkreis der katholischen Seelsorge. Kriegsgefangene und Zivilarbeiter, die aus den besetzten Gebieten nach Deutschland verschleppt wurden, mußten betreut werden. Nach Kriegsende bemühten sich evangelische und katholische Geistliche seelsorglich um die deutschen Kriegsgefangenen, die in großer Zahl in Massenlagern bei Marienwohlde und Hammer eingepfercht wurden. Vor allem wuchs jedoch 1945 der Anteil der katholischen Bevölkerung durch Flüchtlinge und Vertriebene aus den deutschen Ostgebieten.
Katholische Gottesdienste fanden häufig in evangelischen Kirchen statt. Unter diesen Umständen reiften Pläne für neue Kirchenbauten. In Mölln ersetzte 1958 die „Heilig-Kreuz-Kirche" den Kapellenbau. Ihr Name und Kirchensiegel erinnern an das Anverus-Ringkreuz bei Einhaus. In Ratzeburg wich die 1911 erbaute Kirche 1973 einem „modernen Vieleckbau", dessen Name „St. Answer" ebenfalls an den Märtyrer des Landes mahnt. Heute befinden sich in allen lauenburgischen Städten katholische Kirchen bzw. Pfarreien. In Büchen steht eine Marienkapelle. Die katholischen Gemeinden gehören zum Dekanat Lübeck oder Dekanat Hamburg-Wandsbek im Diaspora-Bistum Osnabrück. Einmal in jedem Jahr – am zweiten Septembersonntag – vereinigen sich die lauenburgischen Gemeindeglieder mit den Katholiken aus Hamburg und Schleswig-Holstein als Wallfahrer vor dem Ansveruskreuz bei Einhaus und geben Zeugnis vom gelebten Glauben in der nordelbischen Diaspora.

Oben: Katholische Wallfahrer am Ansveruskreuz
Unten: Kath. Kirche „St. Answer" in Ratzeburg

Die Kirchenbauten

Der ereignisreichen Geschichte des Glaubens entspricht der Reichtum unseres Landes an Kirchen. Ihre Ausstattung ist freilich sehr unterschiedlich. Mißbrauch der Innenräume in kriegerischen Zeiten, Plünderungen und wechselnder Zeitgeschmack beraubten sie vielfach ihrer sakralen Schmuckstücke. Durch mangelhafte Pflege und Witterungseinflüsse sind manche Kirchengebäude aus den ersten Jahrhunderten der deutschen Besiedlung verfallen und haben durch Neubauten späterer Stilepochen ihr ursprüngliches Aussehen verloren.
Die älteste Kirche auf Kreisgebiet ist die Kirche St. Georg auf dem Berge (Ratzeburg). Die bis zu einer Höhe von etwa drei Metern erhaltenen Feldsteinmauern stammen aus dem 11. Jahrhundert. Beim Neubau im 12. Jahrhundert – er war nach der Zerstörung des Missionszentrums durch die Wenden (1066) notwendig geworden – wurde das Gebäude im romanischen Stil wiederhergestellt. Hierbei fand schon der damals neue Baustoff des Backsteins Verwendung. Die Kirche erfuhr aber nach einem Brand (1561) eine Umgestaltung, die den Innenraum und die Außenansicht von dem Erscheinungsbild der Romanik entfernte. Zu den ältesten Kirchen Lauenburgs zählt auch die Marienkirche in Gudow. Sie wurde aus unbehauenen Findlingen im 12. Jahrhundert erbaut. Nach dem verwendeten Material und den rundbogigen Fenstern und Portalen gilt sie als Typus der reinen Romanik. Der Chor schloß anfangs – bis etwa 1300 – mit einer Apsis ab. Der Grundriß aus dieser Frühzeit hat Ähnlichkeit mit dem der Kirchen in Bosau, Süsel und Ratekau.
Als monumentales Bauwerk der sakralen Backsteinarchitektur überragt der Ratzeburger Dom alle anderen lauenburgischen Kirchen. Er ist „der einzige in seiner ursprünglichen spätromanischen Gestalt erhaltene deutsche Backsteindom", und der ihm angeschlossene Gebäudekomplex des mittelalterlichen Prämonstratenserklosters beeindruckt noch heute, soweit er zugänglich und nicht verbaut ist, durch seine unversehrten Raumteile und Ausdrucksformen. Der Dom hat mit seinem Mittelraum und den beiden ihn flankierenden niedrigen Seitenräumen „die Form einer dreischiffigen Pfeilerbasilika". Sie erweitert sich nach Osten durch ein Querhaus, hinter dem ein quadratischer Chor und eine halbrunde Apsis den Raum abschließen. Das „Mittelschiff steigt nicht nur über die Abseiten hinaus, sondern wird durch eigene

Fenster in den Oberwänden beleuchtet" (Kamphausen). Als architektonisches Glanzstück präsentiert sich die um 1220 vollendete Südvorhalle. Die kunstvoll gestaltete Giebelfront verrät in Schmuckformen und farbigen Glasuren oberitalienische Einflüsse. Der Innenraum wird beherrscht von einer Mittelstütze, auf der die Gurte der viergeteilten Wölbung ruhen. Die Ausgewogenheit und Ausformung des Ganzen vollenden – so Kamphausen – „das Bild eines in sich gestillten staufischen Raumes".

Als Sakralbauten aus der „heroischen Zeit" der deutschen Besiedlung verdienen die Kirchen von Mustin und Sterley Beachtung. Sie entstanden um 1200 und vereinigen romanische und frühgotische Elemente. Die starke Verwendung heimischer Feldsteine im Mauerwerk, die mächtigen Stützmauern und die wuchtigen Glockentürme aus Holz verleihen ihnen den Charakter eigenwilliger Bodenständigkeit.

Ratzeburger Dom. Giebelfront der Südvorhalle

Beide gehören zu einer Gruppe von Kirchen, die als Leistungen des Übergangsstils klassifiziert werden. Unverkennbare und typische Beispiele dieses Stils, also des Übergangs von der Romanik zur Gotik (13. Jahrhundert), sind im Lauenburgischen die Kirchen von Breitenfelde, Büchen, Seedorf, Behlendorf, Berkenthin, Krummesse und Groß Grönau. Sie werden nach ihrer Herkunftslandschaft der westfälischen Bauart zugeordnet. Kennzeichnend für diese Form sind ein Westturm mit quadratischem Grundriß, ein gewölbtes Schiff, ein gewölbter Kastenchor und eine Dreifenstergruppe in der Ostwand des Chors. In Mustin und Gr. Grönau blieben freilich die Gewölbe nur im Altarraum erhalten. Die Kirchenschiffe liegen unter Holzdekken des 19. Jahrhunderts. Auch die Büchener Marienkirche erfuhr eine wesentliche Veränderung: Der alte Altarraum wurde um 1500 abgebrochen und das Schiff durch einen gotischen Ostteil aus gebrannten Ziegeln verlängert. Die Ostwand des Sterleyer Chors schließlich ist nur durch ein Fensterpaar geöffnet. Die Idee des geschlossenen, dreigliedrigen Baukörpers wurde nicht immer oder von Anfang an verwirklicht. So stand in Breitenfelde der hölzerne Glockenturm – vom Kirchenschiff getrennt – bis 1867/68 vor der Südseite der Dorfkirche, und das Krummesser Gotteshaus erhielt erst im 14. Jahrhundert einen Turm.

Die genannten gemeinsamen Merkmale erlaubten Varianten, Besonderheiten und Eigenheiten. Die Mustiner Kirche ist beispielsweise ein einschiffiger Bau, während jene von Krummesse als zweischiffige Hallenkirche den Ruf des Einzigartigen in Schleswig-Holstein genießt. Die Kirchen in Berkenthin und Büchen überraschen den Besucher mit bunter figürlicher Ausmalung und schmückenden Ornamenten, in Breitenfelde fehlen dagegen farbige Deckenmalereien ganz. Nur die Gewölbeglieder zeigen hier bescheidene frühgotische ornamentale Verzierungen. Die sparsame Verwendung des Backsteins beim Bau der Dorfkirchen – oft auf die Rahmung der Fenster und Portale und die Einwölbung beschränkt – läßt ahnen, wie kostbar die gebrannten Ziegelsteine in jener Gründungszeit noch waren.

Eine Sonderstellung unter den Kirchengebäuden unserer Heimat nehmen die historischen Altstadtkirchen von Mölln und Lauenburg ein. Beide entstanden als kleinstädtische Kirchen, die Möllner

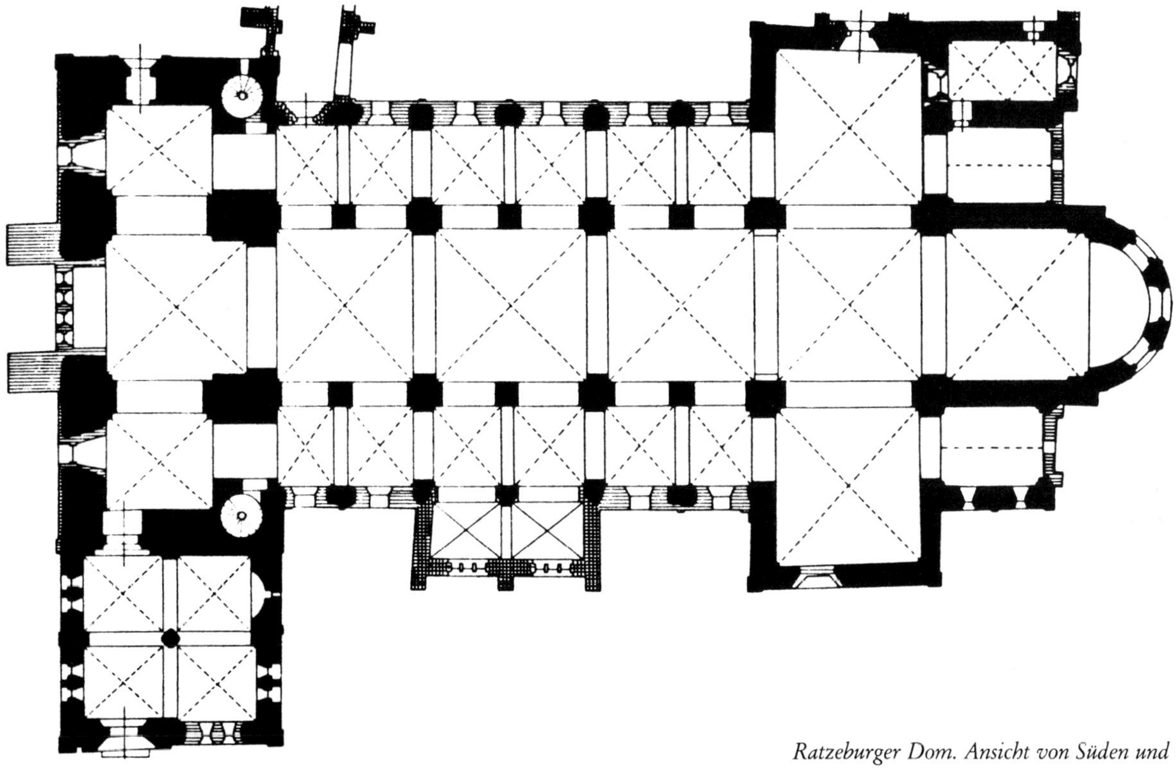

Ratzeburger Dom. Ansicht von Süden und Grundriß

zwischen 1200 und 1250, die Lauenburger um 1300. Beide wurden durch landesherrliche Präsenz gefördert. Die Maria-Magdalenen-Kirche in Lauenburg stieg unter dem Herzog Franz II. (1581–1619) zur Fürstenkirche auf, der „Landesherr“ Möllns war hingegen für 324 Jahre der Lübecker Rat, durch den vermögende und kunstliebende Hauptleute in die Stadt an der Salzstraße kamen. Daher ist in beiden Fällen die Ausstattung des Innenraumes verhältnismäßig reich. Die Möllner St.-Nicolai-Kirche dürfte der am reichsten ausgestattete gottesdienstliche Raum des Kirchenkreises sein. Es ist kein Zufall, daß sich in Mölln ein spätgotisches Triumphkreuz aus der Werkstatt Bernt Notkes befindet.

Die Zugehörigkeit zu Lübeck ließ überdies die reformatorische Bewegung in Mölln einen anderen Verlauf als im Herzogtum nehmen. Eine Volksbewegung gegen den katholischen Stadthauptmann erreichte 1531 die Einführung der von Bugenhagen verfaßten evangelischen Kirchenordnung. In Lauenburg führte andererseits der Pietismus am Anfang des 19. Jahrhunderts zu bilderstürmerischen Eingriffen. Sowohl die Möllner als auch die Lauenburger Kirche sind im Laufe der Zeit baulich verändert worden. Während die Nicolaikirche aber ihre mittelalterliche Prägung bewahrte, ist der Innenraum der Maria-Magdalenen-Kirche mit der dreiseitig umlaufenden Empore und der barocken flachbogigen Wölbung neuzeitlich gestaltet.

Nach den ersten Jahrhunderten der Besiedlung trat im Kirchenbau eine Pause ein. Die vorhandenen Gebäude – sie können hier nur in exemplarischer Auswahl vorgestellt werden – reichten aus. Das Bevölkerungswachstum glich noch keiner „menschlichen Sturmflut“. Auch die Reformation hat selten Neubauten geschaffen. Selbst im Innenraum der Kirche änderte sie wenig. Aber der neue überlange Predigtgottesdienst machte die Aufstellung von Kirchenbänken für die Laien erforderlich. Erst in der rationalistischen Ära des 17. und 18. Jahrhunderts wurden vielfach die mittelalterlichen Altäre

Kirche Niendorf/Stecknitz: Spätbarocke Epitaphien – Patronatsdenkmäler der Familie von Albedyll (18. Jh.)

Fuhlenhagener Kapelle – Beispiel einer Fachwerkkirche

durch hohe Barockaltäre von der Schaufront verdrängt. Die Anregung ging häufig von Patronatsfamilien aus, die die Kirchenräume zu „Gedenkräumen für ihre Geschlechter" umgestalteten. Epitaphien, Wappen und heraldische Glasmalereien dienten ihrer Selbstdarstellung. Die Adligen sonderten sich in dieser Epoche gern durch geschlossenes Gestühl zu ebener Erde oder hochgebaute Patronatslogen vom einfachen Volke ab. Zweigeschossige Gutslogen befinden sich in den Kirchen von Gudow und Siebeneichen.

Der 30jährige Krieg und die ärmlichen Nachkriegsverhältnisse haben der Substanz der kirchlichen Gebäude schweren Schaden zugefügt. Vor allem die Kapellen verfielen. Die Kirchen von Siebeneichen und Lütau wurden so baufällig, daß sie später abgerissen und – 1753 bzw. 1845/46 – durch Neubauten ersetzt werden mußten. Daher stehen in diesen Urkirchspielen, die schon im Zehntregister erwähnt sind, ein spätbarocker Feldsteinbau (Siebeneichen) und ein spätklassizistisches Langhaus (Lütau). Die Kirchenbaukunst bediente sich mehrfach aus Ersparnisgründen auch der Fachwerkbauweise.

Der Gedanke der lutherischen Predigtkirche, der schon in dem schlichten Siebeneichener Barockbau mit seinem Kanzelaltar Ausdruck findet, wurde am vollkommensten in der St. Petri-Kirche zu Ratzeburg verwirklicht (1791). Die emporsteigende Anordnung von Altar, Kanzel und Orgel in der Mitte des Kirchenraums symbolisiert die Einheit von Sakrament, Wort und Lob Gottes. Als Querschiffkirche erinnert St. Petri an die Potsdamer Garnisonkirche. Das Lütauer Kirchenschiff gehört in die Reihe klassizistischer Bauten, die in der ersten Hälfte des 19. Jahrhunderts – fast alle in der dänischen Zeit – entstanden. Es sind die Kirchen in Sahms, Gülzow, Hohenhorn, Hamwarde und Brunstorf. Letztere ist allerdings eine „Stilmischung aus romanischen und klassizistischen Formen". In der zweiten Hälfte des 19. Jahrhunderts

Martinskirche in Escheburg (1980/81)

änderte sich der Zeitgeschmack. Gotische Stilformen fanden wieder Gefallen, so in den neuerbauten Kirchen von Basthorst, Siebenbäumen, Pötrau und Schwarzenbek.

Das sprunghafte Ansteigen der Bevölkerung am Ende des Zweiten Weltkrieges durch die Menschenflut aus dem Osten und die neue Frömmigkeit nach dem deutschen Zusammenbruch gaben dem Kirchenbau einen Auftrieb, wie er seit der Kolonistenzeit nicht mehr zu verzeichnen war. Die steigenden Geldmittel, über die die Kirche verfügte, erlaubten zahlreiche Neubauten und die gründliche Renovierung oder Restaurierung vieler sakraler Gebäude. Rund 20 Kirchen oder Kapellen wurden im Kreis neu errichtet. Ihre Außen- und Innengestaltung weicht von den überlieferten Vorbildern ab und ist durch die Experimentierfreude der modernen weltlichen Architektur und bildenden Kunst geprägt.

Wenn auch die Kirchen keine Museen sind oder sein sollten, so dürfen wir uns doch der in ihnen vorhandenen Kunstwerke freuen. Die geschnitzten und gemalten Bildwerke und gewebten farbigen Paramente (Altardecken) stimmen auf das liturgische Geschehen ein und dienen der Andacht. In den Triumphkreuzen und Bilderzyklen der Glasfenster erlebte der mittelalterliche Mensch „die Erlösung von Sünde und Tod". Triumphkreuze aus der katholischen Zeit sind im Ratzeburger Dom und in den Kirchen von Mölln, Mustin und Krummesse erhalten geblieben, und die farbigen Glasfenster der Breitenfelder Kirche – der älteste Christuszyklus der nordelbischen Kirche – lassen heute wie schon im 13. Jahrhundert gleichsam „durch einen Spiegel das Jenseits rätselhaft widerstrahlen".

Die lauenburgischen Städte

Die Bevölkerung des Kreises verteilt sich etwa zu gleichen Hälften auf Stadt- und Landgemeinden, wenn man Wentorf (b. Hamburg), das im Raumordnungsplan als „Stadtrandkern 2. Ordnung" ausgewiesen wird, zu den Landgemeinden rechnet. Offiziell ist dieser Ort ja auch eine „hauptamtlich verwaltete Landgemeinde". Mit der Zahl von über 10 000 Einwohnern hätte Wentorf wohl eine Chance, vom Lande Schleswig-Holstein als Stadt anerkannt zu werden. Aber der Sonderstatus scheint ihm lieber zu sein, denn die Erhebung zur Stadt wäre mit zusätzlichen Lasten und Pflichten verbunden. So bleibt es aus guten Gründen außerhalb der lauenburgischen Städtefamilie.
Fünf Städte – Ratzeburg, Mölln, Lauenburg, Geesthacht und Schwarzenbek – gehören zu dieser Familie, aber Familienähnlichkeit läßt sich nur bei Mölln, Ratzeburg und Lauenburg erkennen. Ihre Geburtsurkunden sind nicht überliefert, wir wissen aber, daß diese drei Orte im 13. Jahrhundert Stadtrecht erhielten. Geesthacht und Schwarzenbek sind dagegen Kinder unseres Säkulums, d. h. sie wurden erst im 20. Jahrhundert zur Stadt erhoben. Einen Altstadtkern haben allein die drei historischen Städte aufzuweisen. Aber nur Mölln besaß im Mittelalter einen die ganze Altstadt umschließenden Mauerring mit wehrhaften Türmen.
Zwei gemeinsame Merkmale kennzeichnen unsere fünf Stadtgemeinden, die lauenburgische „Pentapolis": Sie haben durch ausgedehnte Neubaugebiete ihr geschlossenes Ortsbild verloren und nach dem Kriege zwei ungleiche Ziele – Ansiedlung von industriell-gewerblichen Betrieben und Entwicklung des Fremdenverkehrs – in einer „Sowohl-als-auch-Planung" miteinander verbunden. Beim Schönheitswettbewerb um die Gunst der Gäste entfalten die drei historischen Städte, die eitlen Schönen, besonderen Ehrgeiz. Um Streit zu vermeiden, wiedersteht der Chronist der Versuchung, einer von ihnen mit dem Superlativ „die Schönste" den Vorzug zu geben. Das überläßt er den Besuchern. Weiser ist es, die genannten Bewerberinnen mit dem Elativ „sehr schön" zu empfehlen. Nur in der Statistik kann man ohne Kränkung den Superlativ verwenden.
Die größte unter den Städten des Kreises ist mit über 25 000 Einwohnern Geesthacht. Die anderen liegen mit ihrer Einwohnerzahl von rd. 10 000 bis 15 000 im Bereich der Kleinstädte. Im System der zentralen Orte Schleswig-Holsteins erhalten die lauenburgischen Städte unterschiedliche landesplanerische Vorgaben, auf die im folgenden noch eingegangen wird.

Ratzeburg

Ratzeburg ist Schwerpunkt und Sitz der Kreisverwaltung, aber nicht geographischer Mittelpunkt des Kreises. Es wird im Rahmen der Landesplanung nicht als Mittelzentrum, sondern nur als Unterzentrum mit Teilfunktionen eines Mittelzentrums ausgewiesen. Diesen Rang in der „Hierarchie der zentralen Orte", der bei einer Kreisstadt im Hinblick auf das nahe Mittelzentrum Mölln verwundert, verdankt es den geschichtlichen und politischen Bedingungen, die einer schematischen Raumordnung entgegenwirken.
Ratzeburg war zu Beginn seiner deutschen Geschichte der Stützpunkt einer Grenzmark im Polabengau und fand bereits 1062 urkundliche Erwähnung. Seine stetige Entwicklung wurde erst unter Heinrich dem Löwen eingeleitet, der nach der Niederwerfung der Wenden die Verhältnisse in Nordelbien neu ordnete. Ratzeburg erhielt im Spiel der Mächte seinen lokalen Part als Grafen- und Bischofssitz zugewiesen. Die Vereinigung der stark verkleinerten Grafschaft Ratzeburg mit der Sadelbande, dem südlichen Teil des heutigen Kreisgebiets, und Meinungsverschiedenheiten über das Stiftsland Boitin zwischen dem Bischof und den askanischen Herzögen zerstörten in der Folgezeit jedoch die Verbundenheit von weltlicher und geistlicher Macht. Burg bzw. Schloß und Stadt wurden zeitweilige Residenz am Rande eines Herzogslandes, Dom und Domhof gefährdeter Grenzbesitz eines Bischofslandes, das der Bischof als Landesherr von Schönberg aus regierte. Auf diese Weise verlor Ratzeburg seine zentrale Lage.
Als Zweisektorenstadt im insularen Berührungspunkt landesherrlicher Gewalten wurde der Ort ein Modellfall deutscher Kleinstaaterei. Nach der Auflösung des Bistums Ratzeburg in der Zeit der Reformation und aufgrund der weltlichen Bestimmungen des Westfälischen Friedens (1648) fiel das bischöfliche Stiftsland an das Haus Mecklenburg. Das jetzt in „Fürstentum Ratzeburg" umbenannte Territorium, seit 1701 Teil des Herzogtums Meck-

lenburg-Strelitz, wurde vom Domhof aus durch eine Zentralverwaltung regiert. Die Behörden zogen 1814 nach Schönberg um. Dieser Verlust war für den Domhof schmerzlich; er führte von nun an ein Mauerblümchendasein, bis er 1937 politisch von Mecklenburg getrennt und „in die Gemeinde Ratzeburg eingegliedert" wurde.
Das Schicksal der Stadtgemeinde Ratzeburg war eng verknüpft mit den dynastischen Veränderungen im Lande Sachsen-Lauenburg, die mit dem Aussterben des askanischen Herzogshauses einsetzten. Die Dynastien wechselten, doch die Stadt blieb Sitz der Verwaltung und Behörden. Daran hat sich bis heute nichts geändert. Alle Dynastien hinterließen Spuren in der Architektur der Stadt – außer den Askaniern, obwohl sie rd. 500 Jahre das Land regierten. Das Fehlen askanischer Bauwerke im historischen Siedlungskern geht auf die schon berichteten tragischen Ereignisse, die dem Erlöschen des alten Herzogshauses 1689 folgten, zurück. Aus den Ruinen der 1693 zerstörten Inselstadt erhob sich eine neue, nach dem Vorbild absolutistischer Planstädte entworfene Stadt. Der mittelalterliche Grundriß wich einem rechtwinkligen Straßenraster, in dessen Mitte der Marktplatz fast alle Linien aufnimmt. Spätere Generationen haben mit ihren Zutaten nicht immer Raum- und Schönheitsempfinden beachtet. Wenn sich dennoch in der Ratzeburger Stadtlandschaft Anmut der Natur und Menschenwerk zu einladender Geste vereinen, ist dieser optische Eindruck vor allem dem romanischen Backsteindom zu danken, von dem ein Hauch erhabener Feierlichkeit über Eiland und Seeufer streicht. Er verleiht dem Ortsbild den unverwechselbaren Charakter und läßt als Blickfang in seiner zeitlosen Schönheit das städtebaulich Häßliche, das hier und da erscheint, verblassen.
Der Dombezirk war zu allen Zeiten – trotz politischer Trennung – kultureller Mittelpunkt und strahlte aus auf die Umgebung. Die Domschule wurde die Wiege der Lauenburgischen Gelehrtenschule, und der Wechselgesang zwischen Klerus und Schola begründete die Anfänge einer aufkeimenden Musikkultur in Ratzeburg. Sie ist heute lebendiger denn je, und sakrale Musik in kirchlichen Räumen vereinigt Gläubige und Kunstfreunde zum hehren Genuß der ARS MUSICA.
Ratzeburg ist eine Reise wert. Durch Restaurierung und neue Zweckbestimmung historischer Gebäude entstanden Stätten der Traditions- und Kulturpflege: Das Kreismuseum im Herrenhaus, das A. Paul Weber-Haus, das Barlach-Museum und jüngst das „Haus Mecklenburg" in der ehemaligen Domkaserne. Die idyllische, waldumrauschte Inselstadt zog schon in der Kaiserzeit als Luftkurort und Sommerfrische Touristen, erholungsbedürftige Gäste und Pensionäre an. Den Namen Pensionopolis ertrug sie lange vor dem Bau des modernen Seniorenwohnsitzes mit Gelassenheit.
Aus der Seenlandschaft erwuchsen sportliche Leistungen, die sogar olympische Ehren einbrachten. Denn der Rudersport gehört nach den Worten Karl Adams zu dieser Landschaft wie das Skifahren zu den Alpen.
Seit dem Ausbau des Eisenbahnnetzes war der Fremdenverkehr ein bedeutender Faktor des Wirtschaftslebens. Aber die Stadt ernährte sich auch immer „vom Regierungspersonale und dem Militär". Das bekannte Lauenburgische Jäger-Bataillon Nr. 9 lag hier in Garnison. An Lokalen hatte die Garnison früher keinen Mangel. Viele von ihnen sind inzwischen ein Opfer der gastronomischen Auszehrung Ratzeburgs geworden. Dafür belebte sich die gewerbliche Wirtschaft – vor allem in dem weitflächigen Stadtgebiet außerhalb der Insel. Der Landhandel, der durch die Zonengrenze ein Drittel des Kundenkreises verlor, suchte durch eine geschäftliche Westorientierung den Verlust auszugleichen.
Die Insellage, die die Fremden begeistert, bescherte den Einheimischen zu allen Zeiten besondere Raum- und Verkehrsprobleme, die sie häufig mit Anschüttungen lösten. Unterschiedliche Meinungen über Parkplätze und Lenkung des Autoverkehrsstromes spalten heute die Bürgerschaft. Einmal im Jahr vergessen jedoch die Insulaner bei Rommeldeus und Feuerwerk ihren Ärger: am Ende der Fremdenverkehrssaison – am Tag des Bürgerfestes.

Mölln

Von der Kreisstadt Ratzeburg liegt 10 km entfernt das Mittelzentrum Mölln. Das Zusammentreffen von drei günstigen Umständen beeinflußte im Mittelalter maßgeblich das Schicksal dieses Ortes. Ein zwischen zwei Seen gelegener und zu einer Hügelkuppe ansteigender Werder bot Schutz und lockte zur Anlage einer Stadt. Die Brückenlage an der Seeverengung machte den Platz zum Knotenpunkt des Verkehrs, und die zentrale Lage am Land- und Wasserweg des Salztransports von Lüneburg nach Lübeck erhöhte seine verkehrsstrategische Bedeutung. Der älteste Name Möllns – Mulne – ist slawischen Ursprungs und 1188 in dem gefälschten Barbarossa-Privileg für Lübeck zum ersten Male dokumentiert. Ob die Siedlung auf dem Werder als

Oben: Ratzeburg. Dom und Ruderakademie
Unten: Senioren-Wohnsitz Ratzeburg

Mölln. Altstadtkern

das Ergebnis einer Siedlungsverlagerung oder als eine Gründung der Stecknitzfahrer anzusehen ist, darüber gehen die Meinungen zur Zeit auseinander. Fest steht aufgrund eines Hinweises, der in der Gründungsurkunde für Gadebusch (1225) überliefert ist, daß Mölln unter dem dänischen König Waldemar II. das lübische Stadtrecht erhalten hat. Dieses Recht wurde der Stadt 1272 von den Herzögen Johann I. und Albrecht II. bestätigt. Sie besaß im Mittelalter Freiheiten, die Ratzeburg und Lauenburg nie genossen haben. Im Unterschied zu den Schwesterstädten mit ihren gesonderten Burgbezirken hatte der Landesherr in Mölln nur einen herzoglichen Hof: Die Stadt brauchte seit 1329 keine fürstliche Burg in ihren Mauern zu dulden.

Die den Werder beherrschende Hügelkuppe, auf der die Kirche erbaut wurde, und der als Hauptachse über die Halbinsel verlaufende Handelsweg, also Kreis und Linie, bestimmen den für die Möllner Altstadt typischen Grundriß, der sich dem Blick von den Anhöhen rings um die Stadt noch heute erschließt. Im 13. Jahrhundert wurde die Anlage nach Südwesten erweitert. Das Gebiet der Stadt vergrößerte sich 1254 durch eine Schenkung Albrechts I. um die Höfe Gültzow und Pinnau erheblich. Die Bedeutung Möllns wuchs, je mehr es seine Aufgabe als Rastort des Fernverkehrs, als zentraler Ort für den Nahverkehr und als Markt für das bäuerliche Umland erfüllte. Ohne sich selbst am Fernhandel zu beteiligen, profitierten die Möllner Handwerker, z. B. Schmiede, Rademacher und Sattler, vom Durchgangsverkehr des Handelsweges. Denn Mölln war die einzige Stadt im Herzogtum, die an der Salzstraße lag. Das Mühlrad im Stadtsiegel symbolisiert schließlich die hohe Selbsteinschätzung als Mühlenort und unterstreicht die Bedeutung dieses Wirtschaftszweiges für das bäuerliche Umland.

Das Interesse Lübecks an Mölln, dem wichtigsten Glied seiner Verbindungen nach Süden, führte dazu, daß Mölln unter die Pfandherrschaft der Hansestadt fiel. 324 Jahre (1359–1683) war der Lübecker Rat Landesherr. Er ließ Mölln zur „Festung an der Salzstraße" ausbauen. Seine Rechte nahm er durch einen Stadthauptmann (Vogt) wahr. Der Hauptmann residierte in dem Gebäude, das vorher den Herzögen bei ihren Besuchen als Aufenthalt gedient hatte. Der Hofkomplex fiel der herzoglichen Brandschatzung Möllns (1409) zum Opfer. Das später wiederaufgebaute und bis heute erhaltene Haus gehört neben der St. Nicolai-Kirche, dem gotischen Rathaus und einigen Fachwerkgiebelhäusern zu den ältesten Gebäuden Möllns.

Mölln. Stadthauptmannshof

Im Zuge der Altstadtsanierung werden alte Gebäude renoviert oder restauriert und als wiederentdeckte Juwelen für neue Funktionen präpariert. Die Rückbesinnung auf Raum und Geist der Regionalgeschichte wird als Gesinnung in das kulturelle Leben der Gegenwart einbezogen. Der Stadthauptmannshof ist seit 1987 der Sitz der „Lauenburgischen Akademie", und im historischen Rathaus sollen nach dessen Sanierung Heimatstuben der Vertriebenenverbände eingerichtet werden. Konzerte in der schönen St. Nicolai-Kirche und im Rathaussaal, Kunstausstellungen, wissenschaftliche Seminare, alljährlich im Wohnstift Collegium Augustinum stattfindende Kulturpreisverleihungen der „Stiftung Herzogtum Lauenburg" und die neu gegründete „Kulturfördergesellschaft Mölln" unterstreichen den Anspruch der Stadt, mehr als eine Sommerfrische und mehr als ein agiler Ort des Handels und Gewerbes zu sein.

Seit die Bebauung außerhalb der Stadttore am Ende des 18. Jahrhunderts freigegeben wurde, hat sich Mölln zunächst linear an den Ausfallstraßen, mit Beginn der Industrialisierung verstärkt nach Süden ausgedehnt. Nach und nach verschwanden die Stadtmauern und Befestigungsanlagen des Mittelalters. Wallgräben wurden zugeschüttet. Der Bau der Eisenbahn und des Elbe-Trave-Kanals (19. Jh.), die Errichtung einer Heeresmunitionsanstalt auf dem Steinfeld (ab 1933) und der Flüchtlingsstrom (1945) beeinflußten die ausufernde Süd-Expansion mit wachsenden Schüben und ungleichförmigen Wachstumsringen. Nach dem Zweiten Weltkrieg wurden die Gebäude der aufgelösten Munitionsanstalt für Industrie- und Wohnanlagen umgebaut. Es bedurfte einer Anlaufzeit, um Stadterweiterung und Planung in Einklang zu bringen. Zwischen dem altstädtischen Geschäftszentrum und den neuen gesichtslosen Wohn- und Gewerbegebieten bietet die ehemalige abwechslungsreiche Stadtrandzone mit Kuranlagen und Grünflächen Möglichkeiten der Erholung. Die Stadt ist seit 1894 Luftkurort, seit 1970 staatlich anerkannter Luft- und Kneippkurort und hat trotz der wirt-

Mölln. Rathaus

schaftlichen Konzentration ihre Fremdenverkehrsfunktion erhalten können. Das Altstadtbild und die Wald- und Seenflächen in der nahen Umgebung ziehen die Touristen an.
Die Werbung für die Stadt ist freilich viel älter als die Erhebung zum Luftkurort. Sie begann mit der Aufstellung eines Grabsteins für Till Eulenspiegel. Die posthume Ehrung des in Mölln Verblichenen spricht dafür, daß hier die Streiche dieses Volksnarren verziehen, aber nicht vergessen wurden. Die Möllner entdeckten im Laufe der Jahre ihre Wesensverwandtschaft mit dem Schalk und haben ihn bei dem Bemühen, ihre eigene Identität zu finden, veredelt und als Therapeuten gegen den tierischen Ernst vergeistigt. Dem Bildhauer Karlheinz Goedtke ist es gelungen, dieser Inspiration in gegossenem Erz zeitlosen Ausdruck zu geben. Seit 1950 sitzt am Möllner Markt „der Volksnarr in Bronze".

Lauenburg

Die südlichste Stadt Schleswig-Holsteins ist Lauenburg an der Elbe. Mit Ratzeburg teilt sie das Schicksal einer Grenzstadt am Eisernen Vorhang. Bis 1982 befand sich bei Lauenburg der nördlichste Straßenübergang der Bundesrepublik nach Berlin. Wie im Falle Ratzeburgs gehen die Anfänge der Stadt auf eine Burganlage zurück. Der Askanier Bernhard I., der Nachfolger Heinrichs des Löwen im verkleinerten Herzogtum Sachsen, ließ hier 1182 im Winkel der Stromtäler der Elbe und Delvenau auf einem Hügel des Geestplateaus eine Feste bauen. Sie gab der Siedlung und dem Lande den Namen. Ob zwischen Steilhang und Elbe schon vor der Burganlage eine Siedlung von Fischern und Schiffern bestand, ist weder archäologisch noch urkundlich beweisbar.

Die Palmschleuse des Stecknitzkanals in Lauenburg, älteste Kastenschleuse Europas

Der Ortsname Lauenburg hat viele Deutungen erfahren. Das Bestimmungswort tritt in verschiedenen altertümlichen Formen – Lawen, Louen, Lowen und Leben – auf; sie können als Löwe, Höhe und Wald gedeutet oder auf das wendische „Lawa" bzw. „Labe" als Bezeichnung für „Elbe" bezogen werden. Die Silbe „en" ist nur als „überleitende Fugensilbe" zwischen Bestimmungs- und Grundwort anzusehen. Der Name „Löwenburg" dürfte unwahrscheinlich sein. Warum sollte der Askanier Bernhard, dessen Name „bärenkühn" bedeutet, die neue Burg nach dem Wappentier seines welfischen Erzfeindes nennen? Damit steht Lauenburg in Gegensatz zu den neun Orten der Bundesrepublik, die mit dem Bestimmungswort „Lauen" beginnen. Ihre Namen werden in der Lokalforschung fast alle von „Löwe" hergeleitet.
Wann der Siedlung, die zu Füßen der Burg entstand, das Stadtrecht verliehen wurde, wissen wir nicht. Als Stadt ist sie zweifelsfrei zuerst 1260 erwähnt. Die Zukunft der Stadt lag auf dem Wasser, der Elbstrom war ihre Lebensader. Die Bewohner fanden ihren Lebensunterhalt als Fischer, Schiffer und Händler; denn unten am Ufersaum fehlten die Voraussetzungen für Ackerbau und Viehzucht. Obwohl die Lauenburger von der Schiffahrt auf dem mittelalterlichen Stecknitzkanal, der „nassen Salzstraße", ausgeschlossen waren, profitierten sie doch von ihm durch den Umladezwang. Der Weitertransport der Waren nach Hamburg lag fest in der Hand der Lauenburger Schiffseigner, die sich im „Ehrbaren Schiffsamt", das bis 1844 bestand, vereinigt hatten.
Lauenburg war bevorzugter Wohnsitz der Herzöge. Ihre Burg wurde allmählich schloßartig ausgebaut. Aber von der herzoglichen Residenz ist nicht viel geblieben. Der runde Schloßturm, der zum Wahrzeichen der Stadt geworden ist, und der in den Jahren 1656/57 umgebaute Schloßflügel sind die einzigen bescheidenen Überreste askanischer Fürstenhäuser im Kreis Herzogtum Lauenburg. Für den Verlust der einstigen Schloßherrlichkeit entschädigen uns die attraktiven alten Bürgerhäuser in der Unterstadt Lauenburgs. Die bürgerlichen Wohnsitze haben die fürstliche Residenz überlebt. Keine Stadt des Kreises kann einen so malerischen alten Straßenzug vorzeigen wie die Elbstraße in der Lauenburger Altstadt. Die Fachwerkhäuser künden vom Schönheitssinn und Können des früheren Lauenburger Handwerks. Die ältesten Häuser stammen aus dem letzten Viertel des 16. Jahrhunderts. Die stockwerkweise gezimmerten Fassaden kragen mit ihren Obergeschossen über das Erdgeschoß vor. Knaggen, die die über-

Der Schloßturm in Lauenburg

stehenden Balkenenden unter den Stielen der Obergeschosse stützen, Ständer und Brüstungen sind durch kunstvolle Schnitzereien verziert und bunt bemalt.
Die heutigen Sanierungen folgen glücklicherweise nicht mehr früheren modischen Strömungen, die die alten Häuser als abbruchreife elende Hütten empfanden. Man versucht im Gegenteil, die Bausubstanz zu erneuern und das Denkmal Altstadt zu bewahren – nicht nur für die Bewohner, sondern auch für die Fremden. Die Entwicklung des Fremdenverkehrs ist nach einigen herben wirtschaftlichen Einbußen – dazu gehört u. a. die Stillegung des bekannten Zündholzwerkes – ein Hoffnungsträger der Stadt geworden. Daher möchte sie auch in den Kreis der offiziellen Erholungsorte aufgenommen werden. Die Anerkennung als Erholungsort durch das Kieler Sozialministerium wäre „ein weiteres Gütesiegel der Stadt für den Fremdenverkehr". Bedingung hierfür ist nach amtlicher Darstellung ein öffentliches stilles Örtchen im altstädtischen Bereich, womit dieses Kurort-Requisit für Lauenburg als so bedeutsam erscheint wie einst für Rom die unter dem Schutz einer Göttin stehende „cloaca maxima".

Lauenburg. Alte Bürgerhäuser in der Elbstraße

Lauenburg ist indes nicht allein ein Ort der Augenweide und Erholung. Wer sich von Norden der Stadt nähert, entdeckt nichts von dem bezaubernden Charakter der Unterstadt. Er begegnet vielmehr dem rastlosen Durchgangsverkehr der Bundesstraße 5 und der trivialen Alltagsfassade der Oberstadt. Hier auf dem Geestrücken hat sich das Gemeinwesen – von Bodenformen unbehindert – ausdehnen können. Hier haben sich Erwerbszweige gebildet, die sich nicht mehr nach dem Hafen orientierten, und hier schufen Fleiß und Regsamkeit von Handel, Handwerk und Gewerbe die Voraussetzung für die Versorgung der nach dem Kriege rapide gewachsenen Stadt und des Umlandes.
In der Elb- und Geestrandstadt sind Tradition und Fortschritt, Vergangenheit und Gegenwart bemerkenswert miteinander verzahnt. Der alte Stecknitzkanal und der neuzeitliche Elbe-Trave-Kanal vereinigen sich am Rande der Stadt in einem gemeinsamen Bett. Die 1724 erbaute Palmschleuse erinnert an den ersten Wasserscheidenkanal Nordeuropas. Die Rolle, die vordem die Schiffahrt im Wirtschaftsleben spielte, übernahm die Schiffswerft von Hitzler. Die Vergangenheit der Elbeschiffahrt fand ein Zuhause im ehemaligen Rathaus, im Erdgeschoß und „Maschinenkeller" des heutigen Heimatmuseums. Der betagte Schaufelraddampfer „Kaiser Wilhelm", der schwimmende Oldtimer Lauenburgs, bietet nostalgisch gestimmten Passagieren historische Fahrten auf der Elbe. Die 1945 zerstörte Eisenbahnbrücke schließlich erstand neu als kombinierte Bahn- und Straßenbrükke. Sie gab den Einwohnern die nötigen Landverbindungen und befreite sie vom Gefühl, in einem entlegenen Winkel Schleswig-Holsteins zu leben.

Geesthacht

Geesthacht, nach der Landesplanung ein „Mittelzentrum im Verdichtungsraum", besitzt die stattliche Fläche von über 3300 Hektar, die sich in einer Länge von zehn Kilometern an der Elbe erstreckt. Die Stadt ist aus mehreren Siedlungszentren (Geesthacht, Hasenthal-Krümmel, Besenhorst-Düneberg und Grünhof-Tesperhude) unorganisch zusammengewachsen. Sie zeigt daher kein geschlossenes Ortsbild. Aber die steil abfallenden Altmoränenhänge, das riesige Urstromtal der Elbe, der gewaltige Strom, die hellen Binnendünen, die der Wind im Laufe der Jahrtausende von den Ablagerungen des Flußtals auf die Anhöhen trieb, und

Geesthacht um 1850

das Grün der Wälder und Marschen bieten ein eindrucksvolles Landschaftsbild.
Geesthacht wird als Kirchdorf bereits 1216 und im Ratzeburger Zehntregister (1230) erwähnt. Die vor- und frühgeschichtliche Vergangenheit des Stadtgebiets reicht bis in die Jungsteinzeit zurück. Die alte Ortsbezeichnung „Hachede" wird unterschiedlich gedeutet als „eingefriedeter Platz", Hagheide (= Buschheide), Hohenheide und Hochede (= Höhe)[47]. Nach dem neuesten Forschungsstand zählt Hachede zu den ersten Siedlungen, „die im 9. Jh. am nördlichen Geestrand der Elbe vom Bardengau aus angelegt wurden"[48]. Im Frieden von Perleberg (1420) wurde Geesthacht von Sachsen-Lauenburg getrennt und stand von 1420 bis 1867 unter der beiderstädtischen Verwaltung von Hamburg und Lübeck, von 1868 bis 1937 unter der alleinigen Hoheit des Hamburger Stadtstaates. Durch das Gebietsbereinigungsgesetz vom 26. 1. 1937 fiel es an Lauenburg zurück. Seit dieser Zeit nimmt es im politischen und wirtschaftlichen Leben des Kreises einen unübersehbaren Platz ein.
Bis zur Mitte des 19. Jh. bot Geesthacht einen ländlich-dörflichen Anblick. Aber mehr als der Landbau prägte die Beschäftigung mit Rutenweißen und Bandreißen das Wirtschafts- und Sozialleben der Bewohner. Die Bearbeitung der auf dem Elbvorland wachsenden Weidenruten sowie der Handel mit Weiden und Faß- und Tonnenbändern hatten allmählich das Bauern- in ein Bandreißerdorf verwandelt. Die Gründung einer Glasfabrik, die den Dünensand zur Glasherstellung nutzte, machte um die Jahrhundertmitte die Korbmacherei im Orte heimisch. Denn die geblasenen Flaschen mußten beim Transport durch ein Korbgeflecht geschützt werden. Da in der Korbmacherei mehr verdient wurde, verlor die Bandreißerei ihre führende Stellung. Die Bandreißer, Glasbläser und Korbmacher verschwanden jedoch nach dem Ersten Weltkrieg aus dem Wirtschaftsleben Geesthachts.
Schon ein halbes Jahrhundert zuvor hatte die Industrialisierung in den Organismus des Ortes eingegriffen. Der industrielle Aufschwung begann, als der Schwede Alfred Nobel 1865 in Krümmel bei Geesthacht eine Pulverfabrik errichtete und hier zwei Jahre später das Dynamit erfand. Eine weitere Pulverfabrik entstand 1877 in Düneberg. Die Sprengstoffabriken nahmen Einfluß auf das wirtschaftliche, soziale und politische Schicksal Geesthachts. Die Niederlagen nach den beiden Weltkriegen trafen daher den Ort besonders schwer. Als am 2. Januar 1924 Geesthacht eine „städtische Verfassung" erhielt, herrschten Arbeitslosigkeit und wirtschaftliche Not. Es gab keine Jubelfeiern. Und das Unglück schlief nicht: 1928 wurde der Ort

abermals binnen 41 Jahren das Opfer einer großen Feuersbrunst. Die Weltwirtschaftskrise verschärfte die Lage. Die Großstadt Hamburg empfand ihren Außenposten Geesthacht immer mehr „als lästiges Anhängsel". Durch das Groß-Hamburg-Gesetz (1937) wurde die junge Stadt einem agrarstrukturierten Kreis eingegliedert.
Die Neuordnung eröffnete hoffnungsvolle Möglichkeiten. Eingemeindungen vergrößerten das Stadtgebiet. Die Aufrüstung des Dritten Reiches engte zwar die Möglichkeiten auf die alte Basis ein, löste aber vorübergehend die Probleme der Stadt. Das Spiel mit dem Teufel – dem Sprengstoff – wiederholte sich, bis nach der Niederlage 1945 englische Sprengkommandos die Pulverfabriken Krümmel und Düneberg von Grund auf zerstörten. Die Wirtschaftsbasis Geesthachts war innerhalb einer Generation zum zweiten Male vernichtet. 10 000 Vertriebene aus dem Osten, 3000 Arbeitslose und zahlreiche Hamburger Ausgebombte stellten die Verantwortlichen vor Aufgaben, die als kaum lösbar erschienen.
Diese schlimmen Elendsjahre gehören heute der Vergangenheit an. Die Fee des deutschen Wirtschaftswunders ging nicht an dem „Armenhaus Schleswig-Holsteins" vorüber. Technische Großbauten setzten neue Akzente: die Staustufe in der Elbe, die große Elbschleuse, das Pumpspeicherwerk, das Kernenergieforschungszentrum im Ortsteil Grünhof-Tesperhude und das Kernkraftwerk Krümmel. Eine leistungsfähige Klein- und Mittelindustrie mit zum Teil weltweiten Geschäftsverbindungen erfüllt Geesthachts Wirtschaft mit Dynamik. Die wirtschaftliche Entfaltung und die Ansiedlung bedeutender Industrieunternehmen hatten allerdings auch eine Kehrseite. Die Bereitstellung von „präpariertem" Industriegelände entstellte die einmalige Geesthachter Dünenlandschaft. Planen am grünen Tisch bedeutete häufig Planieren im Grünen. Trotzdem bietet die Stadt am Strom mit ihrem Grüngürtel für Touristen, Freizeitler und Erholungsbedürftige viele Möglichkeiten. Die Schiffe der Weißen Flotte laden zu Ausflugsfahrten ein, und zahlreiche Wanderwege führen aus dem geschäftigen Treiben in die Stille und Schönheit einer imposanten Landschaft.
Zehn Monate nach der Rückkehr Geesthachts in den Kreis (1937) schrieb ein Chronist aus der Nachbarstadt Lauenburg: „Geesthacht ... ist noch nicht warm geworden in unserem Kreisverband. Das Städtchen kommt sich vor wie ein verstoßenes Mädchen, dem die Mutter Hamburg nach bisheriger liebevoller Betreuung nun plötzlich den Rükken weist. Doch scheint es so, als ob die aus dem Hamburger Staatsgebiet Ausgestoßene die Kraft in sich spürt, ihre neuen Schwesterstädte schnell zu überflügeln. Es wird nicht lange dauern, dann werden die Ortschaften Grünhof-Tesperhude, die Dynamitfabrik Krümmel und Düneberg mit seiner Pulverfabrik von dem Magneten Geesthacht angezogen sein ..."[49] Die Prophezeiung hat sich erfüllt.

Schwarzenbek

Als „still und scheinbar ohne Belang" stellte Alfred Kamphausen in seinem Buch „Schleswig-Holstein. Land der Küste" 1968 die jüngste Stadt unseres Kreises vor. Er sah den Ort mit den Augen des Kunsthistorikers, und als solcher vermochte er nur in einem Nebensatz dem „bescheidenen Amtshaus von 1780" höfliche Reverenz zu erweisen. Da das früher in Reisehandbüchern genannte Haus des Amtmannes inzwischen aus dem Stadtbild verschwand, ist es um Schwarzenbek aus kunstgeschichtlicher Sicht noch stiller geworden. Trotzdem ist es kein unscheinbarer Ort. Seine Vorzüge und Qualitäten liegen auf anderen Gebieten, und seine Geschichte erscheint durchaus nicht als belanglos.
Schwarzenbek dürfte durch eine Siedlungsverlagerung innerhalb der Gemarkung um 1230 entstanden sein. Die Forschung nimmt an, daß „Bölkau wahrscheinlich der ältere, sehr bald, schon vor 1291, von Schwarzenbek abgelöste Name des Dorfes war"[50]. Der Boden Schwarzenbeks ist, wie das ganze Sachsenwaldgebiet, reich an vorgeschichtlichen Funden, die eine Besiedlung lange vor der Zeitwende bezeugen. Bei Erdarbeiten für den Bau der Realschule (1962) stieß man auf einen jungbronzezeitlichen Urnenfriedhof, der in den folgenden beiden Jahren systematisch ausgegraben wurde. Auf die Entwicklung der ursprünglichen Rodungssiedlung am Ostrand des Sachsenwaldes nahm im Mittelalter die Adelsfamilie der Wulfs bestimmenden Einfluß. Sie besaß im Ort eine Wasserburg und spielte im Dienste der Herzöge eine bedeutende Rolle. Der Wolf im Wappen der Stadt soll an dieses Adelsgeschlecht erinnern.
Als die Familie am Ende des 15. Jh. ausstarb, fiel ihr Besitz mit der Burg an den Landesherrn. Im Rahmen der Verwaltungsorganisation des Landes machten die Herzöge Schwarzenbek zum Sitz einer Amtsverwaltung. Sie errichteten an der Stelle der Burg ein Schloß, in dem 1666 der sachsen-lauenburgische Herzog Franz Erdmann starb. In der hannoverschen Zeit wurde das askanische Schloß

„Wölfe" v. Karlheinz Goedtke vor dem Rathaus in Schwarzenbek

abgerissen und durch ein bescheideneres Amtshaus ersetzt.
Dieses Gebäude war unter dem Amtmann Friedrich Wilhelm Compe nicht nur der Sitz der Verwaltung, sondern auch ein Mittelpunkt der Gastlichkeit und Geselligkeit. Obwohl Compe sein Lebensideal in der Arbeit sah, suchte er sich doch am Abend gern im Kreise Gleichgesinnter zu entspannen. Der Freundes- und Bekanntenkreis war groß, man schätzte seinen Scharfsinn und seine Offenheit. Der Jurist aus Göttingen übernahm 1793 die Verwaltung des Amtes Schwarzenbek und hat diese Aufgabe in der Notzeit der französischen Besetzung und des Übergangs der Landeshoheit an Dänemark mit bewundertem Geschick erfüllt. Die größte Leistung Compes war die Durchführung der Verkoppelung im Amte Schwarzenbek. Die Amtsuntertanen vertrauten seiner Geduld und Gerechtigkeit. Die Bezeichnungen „Väterchen des Lauenbuger Landes" oder „der lauenburgische Herrgott" sprechen für Compes außergewöhnliches Ansehen in jener Zeit.
Die zentrale Lage Schwarzenbeks im südlichen Lauenburg wurde im 19. Jh. noch aufgewertet, als es durch den Bau der Chausseen nach Hamburg (1837) und nach Thurow an der mecklenburgischen Grenze (1840–42) sowie der Eisenbahnstrekke Hamburg–Berlin (1844–46) an das überregionale Verkehrsnetz Anschluß bekam. Obwohl die Einwohnerzahl stieg, zählte es weiterhin zu den „Ortschaften des platten Landes". Als Kirchort wurde das Dorf 1335 zuerst genannt. Aber die heutige Kirche ist ein Neubau aus den Jahren 1894/95. 1927 – vor 60 Jahren – hatte die dörfliche Gemeinde 2092 Einwohner.
Der Wandel von einer ländlichen Gemeinde zum Industrieort erfolgte vor dem Zweiten Weltkrieg durch die „Ansetzung einer großen Schraubenfabrik". Während des Krieges waren hier über 3000 Arbeiter tätig. Der deutsche Zusammenbruch 1945 stürzte den Ort in große Not. Die Fabrik mußte schließen, ihre Hallen standen leer. Arbeitslosigkeit und Flüchtlingselend herrschten. 1952 zeigte sich ein Silberstreif am lokalen Horizont: Es gelang, eine Präzisionswerkzeugfabrik für die vorhandenen Fabrikräume zu gewinnen. Andere Betriebe folgten. Die Menschen erhielten wieder Beschäftigung und ein Zuhause. Bis 1959 wurden fast 1000 neue Wohnungen gebaut. Der Aufstieg aus einer verzweifelten Lage fand 1953 durch die Verleihung der Stadtrechte Anerkennung. Heute wohnen in Schwarzenbek über 10 000 Einwohner. Im zentralörtlichen System hat die Stadtgemeinde neben Lauenburg und Büchen den Rang eines Unterzentrums.
Beim Aufbau genoß der Wohnungsbau Priorität. Es entstanden notgedrungen viele nüchterne Neubauten. Die alte Bausubstanz hinderte als lästiges Erbe die Planung. Von den Gebäuden, die früher die Ortsmitte beherrschten, sind nur die neogotische Kirche mit ihrem schlanken Turm und das Amtsgericht geblieben. Das Compe-Haus und die gewaltigen Scheunen des Vorwerks wurden abgerissen: Sie wichen dem modernen „Center der Europastadt Schwarzenbek".
Schwarzenbek besitzt keine historische Bausubstanz, wird aber substantiell geprägt von der Verbrüderung mit Städten jenseits der Landesgrenzen, durch die sich der europäische Gedanke in der Praxis des Alltags verwirklicht. Seit 1955 ist es partnerschaftlich mit Aubenas (Frankreich), Sierre (Schweiz), Zelzate (Belgien) und seit 1960 mit Cesenatico (Italien) und Delfzijl (Niederlande) verbunden. Für ihre vorbildliche Arbeit in der Städteverbrüderung erhielt die Kleinstadt am Sachsenwald 1961 vom Europarat in Straßburg den Europa-Preis, mit dem vorher in der Bundesrepublik nur die Stadt Offenbach ausgezeichnet worden ist. Die Preisverleihung galt als noble Geste auch der Schwarzenbeker Bevölkerung, die für die Pflege des Freundschaftsbundes persönliche Opfer zu bringen hat.

Der ländliche Raum

Raumordnung nach dem Kriege

Der Kreis Herzogtum Lauenburg ist von einem Netz zentraler Orte überzogen. Im Rahmen der vorgestellten Stadtgemeinden wurde dieses System mehrfach angesprochen. Mit den anderen Hamburg-Randkreisen Pinneberg, Stormarn und Segeberg bildet unser Kreis in der Landesplanung Schleswig-Holsteins den regionalen Planungsraum I. Die unterschiedliche Einstufung der Orte nach einem bestimmten Bewertungssystem dient dem Ziel, die zentralen Orte durch Zuwendung öffentlicher Mittel und Maßnahmen in den Stand zu setzen, übergemeindliche Aufgaben in den ihnen zugeordneten Nahbereichen zu erfüllen und ihre Infrastruktureinrichtungen zu verbessern. Die langfristige Festlegung von Entwicklungsschwerpunkten wird durch eine mittelfristige kommunale Entwicklungsplanung, die stärker auf die Verwirklichung der Vorhaben ausgerichtet ist, ergänzt. Durch diese Koordinierung sollen landesweit „ausgewogene wirtschaftliche, soziale und kulturelle Verhältnisse" geschaffen, die Zersiedlung der Landschaft begrenzt und die zivilisatorischen Unterschiede zwischen Stadt und Land beseitigt werden.
Überlegungen, der Landzerstörung durch überschauende Planung und gesetzliche Regelungen entgegenzuwirken, wurden schon Ende der 50er Jahre angestellt. Man erkannte damals zuerst, wie das ungeregelte Bauen Land und Wald der betroffenen Gebiete vernichtete und den Menschen die „Erholungsmöglichkeit in der Nähe ihres Lebensraumes" nahm. Auf freiem Felde siedelten sich Industriebetriebe an, die Dörfer dehnten sich aus in die Landschaft, und das wahllose Abkippen des Mülls ließ überall „riesige Haufen übelriechender Abfälle" entstehen. Die Zielvorgaben der Landesplanung bestimmten die Kreisentwicklung bei der Planung der Schulen, Kindergärten, sozialen Einrichtungen, Krankenhäuser, Sportstätten, überörtlichen Straßen, der Wasserwirtschaft und bei der Erschließung von Bau- und Industriegelände.
Aus der Zahl der lauenburgischen Landgemeinden sind Berkenthin und Sandesneben als ländliche Zentralorte herausgehoben. Büchen, das noch vor wenigen Jahren dieser Gruppe angehörte, ist inzwischen zu einem Unterzentrum aufgestuft worden, weil seine Einwohnerzahl die „Einwohnermindestwerte für die Einstufung von Unterzentren in strukturschwachen Räumen" überschreitet. Als strukturschwache ländliche Räume gelten die Ämter Büchen, Gudow-Sterley, Lütau und Ratzeburg-Land.

Bauernhöfe und Herrenhäuser

Die modernen Grundsätze der Landesplanung sehen einerseits die Neuausrichtung des Siedlungsnetzes, andererseits die Berücksichtigung der geschichtlich gewordenen Eigenart der Dörfer und Landschaft vor. Die angestrebte Dorferneuerung soll das Defizit zwischen Stadt und Land beseitigen, aber den Charakter des dörflichen Lebenskreises erhalten. Das ist eine widersprüchliche Aufgabe, zumal die Landwirtschaft, die stärkste landschaftsprägende Kraft seit der deutschen Besiedlung, durch ihre totale Mechanisierung und agrarindustrielle Betriebsweise zunehmend ihre Traditionsverbundenheit verliert. Sichtbar wird die neue Gesinnung der Fortschrittsbauern im Orts- und Landschaftsbild. Aber Siloanlagen und von Kunststoff geschützte Vorratshalden an der Straßenseite, Maschinenschuppen und mehrgeschossige unschöne Nutzbauten kennzeichnen auch einen baulichen und kulturellen Notstand: Das herkömmliche Bauernhaus ist den agrartechnischen Ansprüchen nicht mehr gewachsen, und eine neue Form, die Zweckmäßigkeit und Schönheit verbindet, wurde bisher nicht gefunden.
Die Hausform des „selbstgenügsamen Bauernhofes" war im Lauenburgischen das niedersächsische Bauernhaus, das neuerdings auch niederdeutsches Hallenhaus genannt wird. Ein typisch lauenburgisches Bauernhaus, das im nordelbischen Kolonistengebiet aus einer gegenseitigen Beeinflussung des sächsischen und wendischen Bauwesens entstanden sein könnte, hat es nicht gegeben. Die Wenden haben den Hausbau der deutschen Siedler übernommen. Selbst der Giebelpfahl, der sog. Wendenknüppel, läßt sich nicht ausschließlich als wendischer Giebelschmuck erklären. Er findet sich auch im Wesergebiet, weit entfernt von wendischen Siedlungskammern.
Das Niedersachsenhaus, das mit den deutschen Kolonisten nach Lauenburg und Nordelbien kam, bestand aus einer großen Halle, die Wohnung,

Dorf-Idylle in Sandesneben um 1904

Ställe und Vorratsräume unter einem gemeinsamen Dach vereinigte. Im Laufe der Zeit entwickelten sich zwei Formen, die beide im Herzogtum vorkamen: das Durchfahrts- und das Flettdielenhaus. Im Durchfahrtsdielenhaus lagen nicht nur die Ställe für das Vieh, sondern auch die Wohnräume der Familie an der Seite. Es hatte an der Vorder- und Rückfront große Tore für die Durchfahrt der Wagen. Im Flettdielenhaus befand sich der Wohnteil an der Rückseite des Hauses – dem großen Einfahrtstor, der „Grotdör", gegenüber. Das Flett, der alte Wohnteil mit dem Herdplatz, reichte wie ein Querschiff von einer Außenwand zur anderen und war mit Feld- oder Backsteinen gepflastert. Durch Seitentüren (Blangdören) gelangten die Bewohner vom Flett ins Freie. Der Herd war offen und frei. Über der Herdstelle diente eine Decke aus Eichendielen, ein „Rähm" genanntes Rahmenwerk, als Funkenfang. Dieser „Feuerrahmen" wurde durch einen Pfeiler (Kreuzbaum) gestützt. Als sich das Flett durch den Anbau von Wohnstuben und Schlafkammern erweiterte, verlegte man die Feuerstätte an die Stubenwand, wo jetzt ein Schwibbogen, eine bogenförmige Wölbung, das Haus vor Funkenflug bewahrte.

Einen Schornstein kannte das Niedersachsenhaus ursprünglich nicht. Der Rauch zog durch das ganze Haus und schwärzte das Holz. Aber er hatte auch eine nützliche, konservierende Funktion: Er räucherte Schinken, Speck und Würste und schützte zugleich das Balkenwerk vor Schädlingen. Erst seit dem 18. Jahrhundert ging man allmählich dazu über, den Rauch über einen Schornstein abzulenken.

Mitten durch das Haus erstreckte sich die Diele (Grotdäl). Festgestampfter Lehm bildete ihre Bodenfläche. Die Diele war ein Platz der Arbeit und – bei besonderen Anlässen – die festliche Mitte des Hauses. Von hier aus erfolgte die Fütterung der Tiere, hier wurde im Winter gedroschen und bei Hochzeiten gefeiert und getanzt. Zu beiden Seiten lagen die Ställe für Pferde und Kühe und die Kam-

ldeutsche Bierstube

mern für Knechte und Mägde, wobei die Rangordnung im Gesinde genaue Beachtung fand.
Die Felder im Balkengefüge bestanden aus Flechtwerk, das mit Lehm verschmiert und abgedichtet wurde. Erst im 19. Jahrhundert wich der „Lehmschlag“ im Holzwerk der Außenwände nach und nach dem roten Backstein. Durch runenartige Balkenstellungen gestalteten die Zimmerer die Giebelfront zu einer Schauseite des Hauses. Beliebt als Zierfigur des Fachwerks war im Lauenburgischen der sog. „Bauerntanz“, ein kreuz- und karoförmiger Balkenschmuck, der meist über der „Grotdör“ eingefügt wurde. Als höchste Zierde der Giebelseiten behaupteten sich bis heute die Pferdeköpfe. Warum sie bei uns nach innen blicken, konnte die Forschung noch nicht überzeugend erklären. Symbolisierende Deutungen scheinen abwegig zu sein.
Von den alten strohgedeckten Bauernhäusern sind nur wenige unverfälscht erhalten geblieben. Viele wurden durch Feuersbrünste, die nicht gerade selten waren, vernichtet und die vorhandenen durch An- und Umbauten oder durch moderne Bedachungen entstellt. Doch die Urform läßt sich in den Dörfern des Kreises überall noch erkennen.
Diesen „Charakterbau“ sollte man freilich nicht romantisch verklären. Das Wohnen in dem alten Bauernhaus, dem „Hort der bäuerlichen Gemeinsamkeit und Idealität“, bot nicht rundum Behagen und Wohlbefinden. Auch aus diesem Grunde hat sich die in Lauenburg herrschende Hausart zeitgemäß verändert. Schon vor über 150 Jahren stellte ein Herr Walcke, ein weitgereister Mann, der allerdings zu Übertreibungen neigte, der Wohnqualität des lauenburgischen Bauernhauses ein schlechtes Zeugnis aus:
„Schmutz und Unreinlichkeit ... sind im Niedersächsischen Bauernhause mehr als zuviel in der Regel. Die Hausfrau ..., um die Ohren fliegendes Haar, schwarzberußt wie ein Waldteufel, die höchste Schmiererei in allen ihren Koch- und Milchtöpfen, Unsauberkeit und Unordnung in ihren Stuben und Kammern, vermehrt durch den furchtbaren Rauch, der das ganze Haus erfüllt und Tränen aus den Augen preßt, da kein einzig Haus hier Schornsteine hat. Dies ist Landessitte, bei einigen mehr bei anderen minder. Jeder schmeißt seine Sachen abends beim Zubettgehen wild umher, und wenn man dazu die stinkerichte Atmosphäre solcher Grobbrot und schwere Speisen essender und darin nicht delicater Menschen, die schmutzigen Strümpfe und Stiefel, den Oel- und Lampenqualm und Ausdünstungen aller der magazinartig in solchen Stuben angehäuften Eß- und Spinnmaterialien rechnet ..., so kann man sich erklären, wie wenig diese Bauern ihren Strelitzer, Vierländer, Altländer, Bremer, Marsch und Holsteinischen Mitbrüdern darin ähneln, die größtenteils der holländischen Reinlichkeit beipflichten und mit ihren ... Spiegelscheiben, Klinkern und ausgemalten, oft mit schönen Sprüchen verzierten Stuben eine Art Eleganz und Luxus treiben, der ihnen nicht übel ansteht ...“[51].
Wenn der Gewährsmann auch in grober Verzerrung und Verallgemeinerung die hiesigen früheren Wohnverhältnisse schildert, läßt sich aus den sarkastischen Bemerkungen doch folgern, daß das Schöne und Zweckmäßige jederzeit verbesserungswürdig und nicht für alle Zeiten vollkommen ist. Schon damals muß es, wie der Heimatforscher Kroll zutreffend kommentiert, schwer gewesen sein, „in so kleinen, niedrigen Stuben und bei so großen Familien und bei den primitiven Koch- und Heizungsverhältnissen Ordnung und Sauberkeit zu halten“[52].
Einst sah man im Bauernhaus ein Denkmal schollenverbundener Kraft. Generationen kamen und gingen, aber der Hof blieb. Die Erhaltung des Ho-

Alter Ziehbrunnen in Albsfelde. Dahinter Gebäude mit hohem Kniestock und Flachdach

Oben: Niedersächsisches Bauernhaus mit dem sog. „Bauerntanz“ über dem großen Einfahrtstor (Gr. Grönau)
Unten: Bauernhaus mit Fachwerk und Füllziegelmustern in Behlendorf. Ein Beispiel für den hohen Stand des alten Bauhandwerks

Büchen-Dorf

fes gab dem Leben des Besitzers den eigentlichen Sinn und der Hof dem Landmann die Möglichkeit, traditionsverbunden nach bäuerlicher Art zu leben. Vielfältige alternative Spezialisierungen (Getreide- und Rapsbau, Rinder- und Schweinemast, Milch- und Eierproduktion oder Saatzucht) haben heute der überlieferten Hausform ihre volle Funktionsfähigkeit genommen. Sie ist nicht mehr das Sinnbild bäuerlichen Selbstverständnisses. Dafür fand das Haus mit dem riesigen Dielen- und Dachbodenraum das Interesse landbaufremder Bürger, die aus den Städten in die Dörfer zogen. Sie haben nicht selten Bauernhäuser erworben, sich in ihnen komfortabel und geschmackvoll eingerichtet und die außenarchitektonische Pflege eines alten Kulturgutes übernommen. Berücksichtigt man ferner, daß durch neuzeitliche Siedlungen der Akkord zwischen Einzel-Bauwerk, Ortskörper und Landschaft gestört wird, dann gilt auch für Lauenburg, daß manches Bauerndorf sich hierzulande in eine Siedlungsgemeinde verwandelt hat.

Wie die lauenburgischen Bauernhöfe sind auch unsere Herrenhäuser steinerne Zeugen einer Gesellschaft, die mit dem Grund und Boden fest verbunden war. Sie erinnern an die große Rolle, die die hiesigen Adelsgeschlechter einst gespielt haben. Als Grund-, Gerichts- oder Gutsherren beeinflußten sie maßgeblich viele Jahrhunderte von ihren Wohnsitzen aus die Sozial-, Wirtschafts- und Baugeschichte auf dem Lande. Als Patronatsherren waren bzw. sind sie für die Kirchspiele von Bedeutung. Verhältnismäßig spät und in Raten verloren sie ihre führende Stellung: 1869 die Gerichtsbarkeit in den adligen Ämtern und Gütern, 1872 die Grundherrschaft und 1928 die letzten obrigkeitlichen Befugnisse bei der Auflösung der Gutsbezirke.

Von den adligen Wohnsitzen des Mittelalters, die zugleich als Wehranlagen dienten, sind nur noch Wassergräben, Wälle, Burghügel, verkohlte Holzreste und verziegelte Lehmstücke erhalten. Eine Ausnahme bildet die Burg von Linau, wo noch ein beachtliches Turmfundament besichtigt werden kann: Das Mauerwerk des Bergfrieds ist drei Meter dick und besteht aus aufgeschichteten, durch Gipsmörtel verbundenen Findlingen. Lauenburg war ein Burgenland. Seine Rittersitze konnten sich allerdings nicht mit den stolzen Burgen im Süden des Reiches messen. Sie standen nicht auf Bergeshöhen, sondern auf runden Hügelaufschüttungen inmitten von Feucht- und Sumpfgebieten. Oft bestand die Befestigung wohl nur aus einem Turm – daher der Name Turmhügelburg für solche Wehrbauten.

Die mittelalterlichen Adelssitze waren bei uns Wasserburgen. Dieser Burgentyp kam in der Form der Turmburg aus dem Mittelmeerraum über Westeuropa und Westdeutschland in das nordelbische Kolonisationsgebiet. Eine Dreiteilung scheint für die ritterlichen Höfe typisch gewesen zu sein: die Vorburg bzw. der befestigte Wirtschaftshof (curia), der Bergfried auf einem Turmhügel (fortalicium) und das Bauerndorf (villa) bzw. die Dorfnähe[53]. Eine umfängliche Untersuchung dieses Zusammenhangs ist ein Desiderat der Wissenschaft. Für die Anlagen Müggenburg bei Ratzeburg, Pezeke nahe der Schwarzen Kuhle bei Marienwohlde, Rebbenbruch bei Borstorf und Linau ist die Dreiheit nach Langenheim offensichtlich. Diese wehrhaften Adelssitze waren keine Kunstwerke, sondern Zweck- und Nutzbauten: Sie dienten dem „Schutz von Menschen, Vieh, Sach- und Grundwerten", aber auch der „Beherrschung eines Raumes". Ihr Ende nahte mit der Erfindung des Pulvers und dem Aufkommen der Geschütze.

Im Unterschied zu diesen Wehrbauten sind unsere Herrenhäuser unbewehrte Wohnsitze, Ausdruck der verfeinerten Lebens- und Wohnkultur einer Adelsschicht, die die Gesellschaft und Politik des Herzogtums entscheidend mitprägte und sich als Teil der europäischen Adelswelt empfand. Die Herrenhäuser sind bewußte Architektur und dienten der Repräsentation, der bescheidenen Prachtentfaltung und festlichen Lebensfreude. Sie entstanden fast alle im 18. und 19. Jahrhundert und spiegeln die wechselnde Baugesinnung vom Spätbarock bis zur Wilhelminischen Epoche.

Alle lauenburgischen Herrenhäuser werden privat bewohnt und sind daher nicht, wie Museen, für Besucherströme geöffnet. Diskreten aristokratischen Charme lernt man nur als geladener Gast oder als Exkursionsteilnehmer im Rahmen abgesprochener Besuchsprogramme kennen. Partielle Ausnahmen gelten in Friedrichsruh und Wotersen. Nach dem Kriege wurde in Friedrichsruh gegenüber dem Schloßgelände im „Alten Landhaus" zum Andenken an den Reichskanzler Otto von Bismarck ein Museum eingerichtet, das mit seinen Sehenswürdigkeiten das Zeitalter des Reichsgründers lebendig werden läßt. Das Arbeitszimmer des Fürsten fand hier mit der originalen Einrichtung einen für die Öffentlichkeit zugänglichen Raum.

Das von Bismarck bewohnte Schloß, von dessen Terrasse er an seinem 80. Geburtstag (1895) zu den Hamburgern, die den Jubilar mit einem Fackelzug ehrten, sprach, steht nicht mehr. Es wurde durch die „Kriegsfackeln" britischer Jagdbomber 1945 völlig zerstört. Das heutige Gebäude ist ein Neubau der Nachkriegszeit. Die Backsteinmauer, die das Schloßgelände abschirmt, stammt hingegen aus der Zeit des Altreichskanzlers. Sie war keine Klagemauer. Manche Besuchergruppe hat hier einst gewartet, um den alten Herrn, wenn er „in langem Mantel, großem schwarzen Schlapphut, begleitet von zwei großen Hunden" nahte, zu begrüßen. Als die Ratzeburger Gymnasiasten 1886 einen Ausflug nach Friedrichsruh unternahmen, wandte sich Bismarck an sie mit den Worten: „Ich wünsche Ihnen leichte Aufgaben und milde Richter. Reichskanzler kann ja nicht jeder von Ihnen werden, aber es könnte der eine oder der andere von Ihnen Reichstagsabgeordneter werden; dann machen Sie es Ihrem späteren Reichskanzler nicht so schwer, wie sie es mir teilweise gemacht haben. Kritisieren ist leichter als regieren!"

In anderer Weise als Friedrichsruh öffnet sich Schloß Wotersen dem Publikum. Alljährlich lokken im Sommer volkstümliche Konzerte der Feuerwehr-Musiker mit abschließendem Feuerwerk Tausende von Besuchern in den Schloßpark des Grafen. Nicht nur die Musik, auch die aristokratisches Lebensgefühl atmende Umgebung stimmt die Massen festlich. Traditionell sind ebenfalls die „Jagden hinter der Meute", die vom Hamburger Schleppjagd-Verein in der Gemarkung des Gutes Wotersen veranstaltet werden. Rund 60 Reiter beteiligen sich mit ihren Pferden und einer vielköpfigen Beagle-Meute von Foxhounds an diesem sportlichen Vergnügen. Wenn nach dem Zeremoniell, das mit Hornsignalen und Grußworten bestritten wird, der Ausritt beginnt, gleicht der Schauplatz vor der schönen Schloßkulisse einer englischen Szenerie. Gutsgebäude – Reitstall und Scheune – stehen zur Zeit des Weihnachtsmarktes im Mittelpunkt. An diesen Tagen quillt aus Bussen und Autos eine wahre Menschenflut.

Eine „Fan-Welle" hat neuerdings die „Guldenburg"-Fernsehserie ausgelöst. Über das Medium Fernsehen wurde erst jetzt von vielen Wotersen entdeckt. Kenner bedurften dieser Tele-Werbung

Schloß Wotersen

nicht. Das Gut war zudem schon einmal auserwählt: Nach dem zehnten Wettbewerb „Schönheit der Dörfer und Güter" (1961) führte es für ein Jahr den Titel „Schönstes Gut des Kreises Herzogtum Lauenburg". Und schließlich änderte sich – auch nach der Fernsehproduktion – nichts an den Besitzverhältnissen: Die Herren in Wotersen sind die Bernstorffs, nicht die fingierten Guldenburgs. Sie sind es seit 1717.

Das weitverzweigte Adelsgeschlecht der Bernstorffs hat bedeutende, staatsmännisch begabte Persönlichkeiten hervorgebracht. Sie standen als Minister und Diplomaten im Dienste deutscher und europäischer Staaten. Ihr Schloß Wotersen öffnet sich in seiner spätbarocken, dreiflügeligen Anlage mit einladender Bau-Gebärde dem Auge des Beschauers. Es wurde von dem hannoverschen Oberbaumeister Heumann erbaut und 1736 vollendet. Die zweigeschossigen Seitenflügel flankieren einen Ehrenhof und sind durch Zwischentrakte mit dem dreigeschossigen Mittelbau gelenkartig verbunden. Die breite Schauseite beherrscht ein dreigeschossiger Mittelrisalit mit einem schönen Sandsteinportal und Wappendekor unter dem flachen Giebel. Mit seinem weiträumigen Park fügt sich das Schloß harmonisch in die reizvolle Landschaft ein.

Die Häuser des traditionsbewußten Adels sind Bauten mit eigenem Gepräge, aber doch auch durch gemeinsame Gestaltungselemente und Formen miteinander verbunden. Die Verbindungen beschränken sich dabei nicht auf die Gemeinsamkeiten einer bestimmten Kunstepoche. Der Mittelrisalit, der Vorsprung eines Gebäudes in der Mitte, schmückt die Hauptfassaden in Wotersen, Steinhorst, Kastorf und Gr. Zecher. Freitreppen an den Außenseiten geben den Häusern in Niendorf a/St., Gr. Zecher, Kastorf, Rondeshagen und Steinhorst eine herrschaftliche Note. Walmdächer, das heißt Satteldächer mit abgeschrägten Giebelspitzen, krönen die Herrenhäuser in Gudow, Wotersen, Niendorf a/St. und Niendorf a/Schaalsee.

Herrenhaus Gudow. Saal mit geflügelten Löwen in den Wandfeldern über der Tür

Andererseits muß die Entstehung in derselben Stilepoche nicht größte Ähnlichkeit bedeuten. Die Baugesinnung des Spätbarock verbindet Wotersen und Steinhorst, und doch sind sie ganz verschieden. Steinhorst ist ein Backsteinbau. Der Baumeister, Johann Nikolaus Kuhn aus Hamburg, suchte das Mauerwerk „durch Stufung und Schichtung" lebhafter zu gestalten. Diese künstlerische Absicht wiederholt sich nach Kamphausen in der Architektur der schleswig-holsteinischen Herrenhäuser. Dem hannoverschen Baumeister von Schloß Wotersen, Johann Paul Heumann, lag die Absicht fern, das Material hervorzuheben. Wotersen ist ein glattwandiger Putzbau und als Dreiflügelanlage hannoverschen Vorbildern verpflichtet[54]. Ganz aus dem Rahmen kunstgeschichtlicher Vergleiche fällt dagegen das Herrenhaus in Basthorst – eine hübsche Rarität.

Als ein architektonisches Kleinod präsentiert sich in unserem Landkreis das Herrenhaus Gudow. Juwelen pflegen nicht an der Straße zu liegen. Der edle klassizistische Bau verbirgt sich – abseits des Verkehrs – hinter hohen alten Bäumen. Ein verstecktes Tuskulum, ein Ort der Muße, fern dem politischen Treiben, so könnte ein Landfremder meinen. Die eingesessenen Lauenburger wissen es besser. Die Bülows, die Besitzer des Herrenhauses, waren nicht nur Ökonomen und Grundherren von Gudow, sondern jahrhundertelang Landmarschälle des Herzogtums, die politischen Sprecher der Ritter- und Landschaft gegenüber dem Landesherrn. In dieser Funktion führten sie ein offenes Haus, und wichtige politische Vorentscheidungen fielen an ihrem Wohnsitz. Das Amt des Landmarschalls war erblich und stand merkwürdigerweise nur dem Besitzer des Rittergutes Gudow zu. Als mit der Einführung der preußischen Kreisordnung 1882 Kreistag und Kreisausschuß die Aufgaben der Ritter- und Landschaft übernahmen, verlor der Erblandmarschall seine Befugnisse und Pflichten. Doch der Titel überlebte das Ende des Amtes und vererbt sich weiter auf den Besitzer von Gudow.

Herrenhaus Steinhorst

Die versteckte Lage des Herrenhauses erklärt sich aus der Veränderung der Zuwegung zum Gutshof und der Verlegung der herrschaftlichen Wohnung vor den Wirtschaftshof im ersten Drittel des 19. Jahrhunderts. Das jetzige, 1826 entstandene Herrenhaus ist das Werk des berühmten Baumeisters Joseph Christian Lillie, nach dessen Plänen auch das Behnhaus in Lübeck errichtet wurde. Es soll das letzte im klassizistischen Stil erbaute Herrenhaus Schleswig-Holsteins sein. Den Besucher überrascht vor allem die dezente Schönheit der Innenräume: die auf zwei dorischen Säulen ruhende Kassettendecke des Vestibüls, der mit Sternen eingelegte Parkettboden und die geflügelten Löwen in den Wandfeldern über den Türen des Saales sowie die galante Atmosphäre des runden Kabinetts.

In den Räumen spiegelt sich die glanzvolle Stellung der Bülows, die übrigens, wie die Bernstorffs in Wotersen, einem weitverzweigten Familienverband angehören.

Adel war nicht immer mit Tüchtigkeit gepaart – zum Segen tüchtiger Bürgerlicher. Wie hätten diese sonst die Standesschranken einer agrarstrukturierten Gesellschaft überwinden können? Wegen ihres Könnens wurden sie angenommen und z. T. geadelt. Bürgerlichen mit und ohne Adelsprädikat verdanken wir die Erhaltung der Herrenhäuser in Rondeshagen, Kogel, Gülzow, Niendorf a./St. und Steinhorst. Sie übernahmen den adligen Traditionalismus, den die Engländer „natural conservatism" – natürlichen Konservatimus – nennen und der nicht mit politischem Konservatismus ver-

wechselt werden darf, als Sinnerfüllung ihres Lebens. Diese traditionsbewußte Einstellung zu den Kulturwerten kommt auch der Landschaftspflege zugute. Nicht von ungefähr begleiten herrliche Baumreihen die Straßen und Wege zu den Herrenhäusern in Gudow, Wotersen, Gr. Zecher und Steinhorst.
Herrenhäuser zu erhalten ist für die Besitzer keine reine Lust, häufig eine Last. Die Summen, die die Pflege der Häuser und Anlagen verschlingt, lassen sich aus Land- und Forstwirtschaft allein kaum erwirtschaften. Die mit einem Herrenhaus „belasteten" Besitzer sind teilweise gezwungen, nach anderen Einnahmequellen Ausschau zu halten. Eine glückliche Lösung fand sich für das Herrenhaus Steinhorst im einstigen holsteinisch-lauenburgischen Grenzgebiet. Hier fließt aus der Finanzierungsquelle einer Firma neue Lebenskraft in die Barockanlage.
Das Herrenhaus Steinhorst wurde 1721/22 für Gottfried von Wedderkop erbaut. Steinhorst war damals ein reichsfreies adliges Gut. Das neue Haus sollte nach dem Willen des Bauherrn eine seinem Stande entsprechende Residenz werden. Aber diese „Perle der barocken Baukunst im Herzogtum Lauenburg" brachte dem Besitzer kein Glück. Er hatte sich übernommen und versuchte, durch unsolide Pfandverschreibungen und Verkaufsverträge seine Gläubiger abzufinden. Dieses trickreiche Spiel führte schließlich zu dem schon erwähnten bewaffneten Zusammenstoß zwischen dänischen und hannoverschen Truppen in Steinhorst. Die Auseinandersetzungen zwischen beiden Mächten setzten sich danach in einem Papierkrieg fort, bis 1739 das Amt Steinhorst mit allen Dörfern an Hannover fiel. 1865 kam es unter preußische Herrschaft. Nach dem Zweiten Weltkrieg drohte das Herrenhaus als überbelegtes Mietshaus zu verkommen. Die Rettung des Kulturdenkmals erfolgte durch die Hamburger Firma Schwarzkopf, die nach einer umfassenden Restaurierung (1976–78) das Gebäude zur „Präsentation der reichen, kulturgeschichtlichen Sammlung und als Tagungsstätte für Schulungszwecke nutzt".
Seit 1977 domiziliert hier auch die „Stiftung Herzogtum Lauenburg". An ihrer Spitze steht der derzeitige Ministerpräsident Dr. Dr. Uwe Barschel. Sie verfolgt allgemein die „Förderung der Kultur im Kreise Herzogtum Lauenburg", im einzelnen die Erforschung der hiesigen Geschichte, die Förderung von einheimischen Kulturschaffenden, die Erhaltung wertvoller Bausubstanz und die Pflege der lauenburgischen Landschaft und Tierwelt.

Natur- und Landschaftsschutz

Die lauenburgische Landschaft wird gelegentlich als „Bilderbuchlandschaft" vorgestellt. Mit dieser wohlmeinenden Charakterisierung rückt sie in die Rangnähe zu den Landschaftsräumen der „Holsteinischen Schweiz". Die Einstufung, die ja schön und abwechslungsreich wie ein Bilderbuch bedeuten soll, verdankt sie ihrer naturräumlichen Gliederung, den klimatischen Bedingungen und der Kultivierung durch den Menschen. Für die Oberflächengestalt ist der häufige Wechsel von Jung- und Altmoränen und jungdiluvialen Sandergebieten bezeichnend. Kleinere, schmale Naturräume wie das Stecknitz-Delvenau-Tal, das Hellbachtal zwischen Mölln und Gudow, das Steinautal bei Büchen, die Bille und die zahlreichen Seen verstärken den Eindruck bunter Vielfalt. Diese naturräumliche Gliederung ist ein Geschenk der Eiszeit.
Das Stecknitz-Delvenau-Tal war in der Nacheiszeit ein Wanderweg der Lebewesen nach Norden. Begünstigt vom Klima gediehen in der Übergangszone zwischen Festlands- und Meeresklima besondere Lebensformen der Pflanzen- und Tierwelt, die nördlich des Kreises kaum angetroffen werden: der Sumpfporst, die „Charakterpflanze der lauenburgischen Hochmoore", die Händelwurz, eine Orchideenart, die seerosenähnliche Seekanne, der Eisenhut im Hornbeker Mühlenbachtal, die Sandstrohblume und etliche wärmeliebende Schmetterlingsarten auf den trockenwarmen Sandheiden im

Alter Kranich im Brutgebiet (Sumpflandschaft)

Raume Gudow–Besenthal–Langenlehsten. Hinsichtlich der Verbreitung von Pflanzen und Tieren, die in der Auswahl nur zu einem geringen Teil erfaßt sind, nimmt Lauenburg in Schleswig-Holstein abermals eine Sonderstellung ein: Die größere Zahl sonniger Tage begünstigt das Gedeihen bestimmter Flora- und Fauna-Arten[55].

Einen wichtigen Teil der lauenburgischen Landschaft bildet der Wald. Das größte zusammenhängende Waldgebiet Schleswig-Holsteins ist der Sachsenwald. Er reichte einst bis an die Delvenau. Aus der ursprünglichen Waldlandschaft entwickelte sich durch Rodung und Verkoppelung die lauenburgische Kulturlandschaft, die mit der Mischung von Flur- und Waldstücken, von Ödland und Heide, von Wiesen und Feuchtgebieten sich noch bis in unser Jahrhundert hinein im natürlichen Gleichgewicht befand. Totale Flurbereinigungen, Fluß- und Bachregulierungen und Entwässerungen haben in der Nachkriegszeit das ökologische System gestört. Die Bereitschaft dazu scheint bereits am Ende der Weimarer Zeit vorhanden gewesen zu sein. Die Worte eines Mahners aus Labenz gegen die „unsachliche Sachlichkeit" lesen sich wie eine Prophezeiung: „Die moderne Sachlichkeit hat auch den Landbewohner ergriffen. Der Kampf um die Existenz läßt nur sehr geringen Raum für alles das, was nicht mit wirtschaftlichen Dingen zusammenhängt ... Das geht so weit, daß, wäre unsere Umwelt von der kühlen Atmosphäre der Innenwelt abhängig, bald nur noch Nutzpflanzen, Nutzbäume, Nutztiere da wären"[56].

Die Alarmzeichen ökologischer Veränderungen mobilisierten rechtzeitig Menschen, die „ohne große Illusionen, aber ganz sicherlich nicht ohne Ideale" mit dem Mut zur Unpopularität dem naturblinden Zeitgeist zu Leibe rückten. Eine Fernsehsendung über den gefährdeten Ratzeburger See und die Absicht der Stadt Ratzeburg, einen Uferstreifen nördlich des Klärwerks für die Errichtung eines Campingplatzes mit Bootshafen aus dem Landschaftsschutzgebiet herauszulösen, führten im Frühjahr 1971 zu der ersten großen Umweltschutzveranstaltung im Kreis Herzogtum Lauenburg. Sie trug nach den Worten des damaligen Landrats „in wertvoller Weise zur Bewußtseinsbildung" bei. Die Kreisverwaltung fühlte sich im „Kampf an der Umweltschutzfront" durch die Bürgerinitiativen unterstützt. Die Kundgebung trug Früchte: Sie wurde die Wende im Umweltbewußtsein der lauenburgischen Öffentlichkeit. Zu der Wasserhygiene gesellten sich andere Aufgaben: Einschränkung des Einsatzes von Kunstdünger und Herbiziden, Wiederverwendung von Abfallstoffen, Maßnahmen gegen das Waldsterben, Erhaltung der Knicks, Artenschutz und Schaffung von Biotopen. Die beschwörenden Bildzeichen von A. Paul Weber dienten bei der Kampagne als Feldzeichen gegen die Gleichgültigkeit.

Die Entwässerung im Bereich des Bannauer Moors und die Begradigungen von Bille, Linau, Grinau und Steinau erscheinen aus heutiger Sicht als verfehlte und kurzsichtige Maßnahmen. Die inzwischen erreichte Zusammenarbeit zwischen dem Landesamt für Naturschutz und Landschaftspflege, den Kreisnaturschutzbeauftragten, Landeignern, Jägern und Landwirten zeitigte viele beachtliche Ergebnisse. Als ein Glücksfall für den Kreis erwies sich die Personalunion zwischen dem Ehrenamt des Kreisnaturschutzbeauftragten und der Leitung der Naturschutzstelle Nord der WWF-Umweltstiftung. Daß die Kraniche in der lauenburgischen Kuturlandschaft wieder Chancen zum Überleben erhalten haben, ist vor allem die Leistung des Vertreters der Stiftung „World Wildlife Fund (WWF)". Er veranlaßte die Renaturierung von Feuchtgebieten und die Abschirmung der Brutplätze dieser Vögel, deren Flügelspannweite über zwei Meter mißt.

Durch Natur- und Landschaftsschutzverordnungen, besonders durch das sog. Landschaftspflegegesetz von 1973, erhielten die Behörden rechtliche Handhaben gegen landschaftszerstörende Vergehen. Bei Flurbereinigungen, Bauleitplanungen, Straßenbau und allen Projekten, die in die Natur und Landschaft eingreifen, sprechen die Landschaftsschutzbehörden ein gewichtiges Wort mit. Seine Verantwortung für den Schutz der lauenburgischen Landschaft betonte der Kreis, indem er 1971 den „Naturpark Lauenburgische Seen", die „Stecknitzniederung", das „Hohe Elbufer" und das Gebiet „Sachsenwald-Billetal" unter Landschaftsschutz stellte. Bei der Gründung des „Naturparks Lauenburgische Seen" (1960) hatte noch die Erschließung des Gebiets für den Fremdenverkehr und die Ausstattung mit entsprechenden Einrichtungen im Vordergrund gestanden. Jetzt sollte im Zeichen des Umweltschutzbewußtseins die Landschaftspflege stärker berücksichtigt werden.

Natur- und Landschaftsschutz sind freilich keine austauschbaren Begriffe. Nur in Naturschutzgebieten ist eine konsequente Naturerhaltung gesetzlich garantiert. Dieser strengere Schutz gilt innerhalb des Naturparks für das Salemer Moor, das Garrensee-Gebiet und die Umgebung des Oldenburger Sees. In den Landschaftsschutzgebieten sind zwar Veränderungen genehmigungspflichtig, aber „die Nutzung und Maßnahmen im Rahmen einer ord-

Oben: Salemer Moor, ein wertvolles Torfmoor im Osten des Kreises
Unten: Die amphibische Welt eines Erlenbruchs

Allee bei Alt-Horst im Naturpark Lauenburgische Seen

nungsmäßigen Bewirtschaftung land- und forstwirtschaftlicher Grundstücke, Jagdausübung und Fischerei bleiben unberührt". Dieser Passus schließt Flurbereinigungen, also Begradigung und Verrohrung von Bachläufen, nicht aus. Daher bemüht sich die Oberste Landschaftspflegebehörde, mehr Flächen als Naturschutzgebiete (Reservate) auszuweisen. Sie scheut sich auch nicht, neue Wege zu gehen. Das Landesprogramm zum Schutz der Natur und zur Verbesserung der Struktur an der schleswig-holsteinisch-mecklenburgischen Landesgrenze sieht „Extensivierungsverträge" vor, die die Entschädigung für die Aufgabe bisher landwirtschaftlich genutzter Flächen regeln: Im steppenartigen Wärmegebiet von Göttin, Lehmrade und Langenlehsten sollen die Sandheiden renaturiert werden. Im Sinne dieser Planung hat die Stiftung Herzogtum Lauenburg mit finanzieller Hilfe des Landes bei Lehmrade und Göttin Land für die Biotopentwicklung aufgekauft. Die Stiftung Naturschutz Schleswig-Holstein tat Gleiches im Raume Witzeeze.

Im Landschaftsrahmenplan ist das „Hohe Elbufer" für eine Aufstufung zum Naturschutzgebiet vorgesehen. Weitere geplante strengere Unterschutzstellungen betreffen das Hellbachtal, die Talhänge bei Göttin und das Schaalseegebiet. Einige Gemeinden und Landwirte wehren sich gegen die Aufstufung landschaftsgeschützter Gebiete zu Naturreservaten. Sie fürchten, daß die dort lebenden Menschen von der Nutzung ihrer heimischen Umwelt ausgeschlossen werden. Die genannten Planungen und Maßnahmen bedeuten den Abschied von der rationalistischen Gewißheit, es reguliere sich alles von selbst. Die Strukturpolitik ist nicht gegen die erholungssuchenden Fremden gerichtet. Sie hält Erholung, Fremdenverkehr und Naturschutz nicht für Gegensätze, möchte aber durch die Pflege ökologischer Zellen die Gesundheit und den Freizeitwert der lauenburgischen Landschaft erhalten.

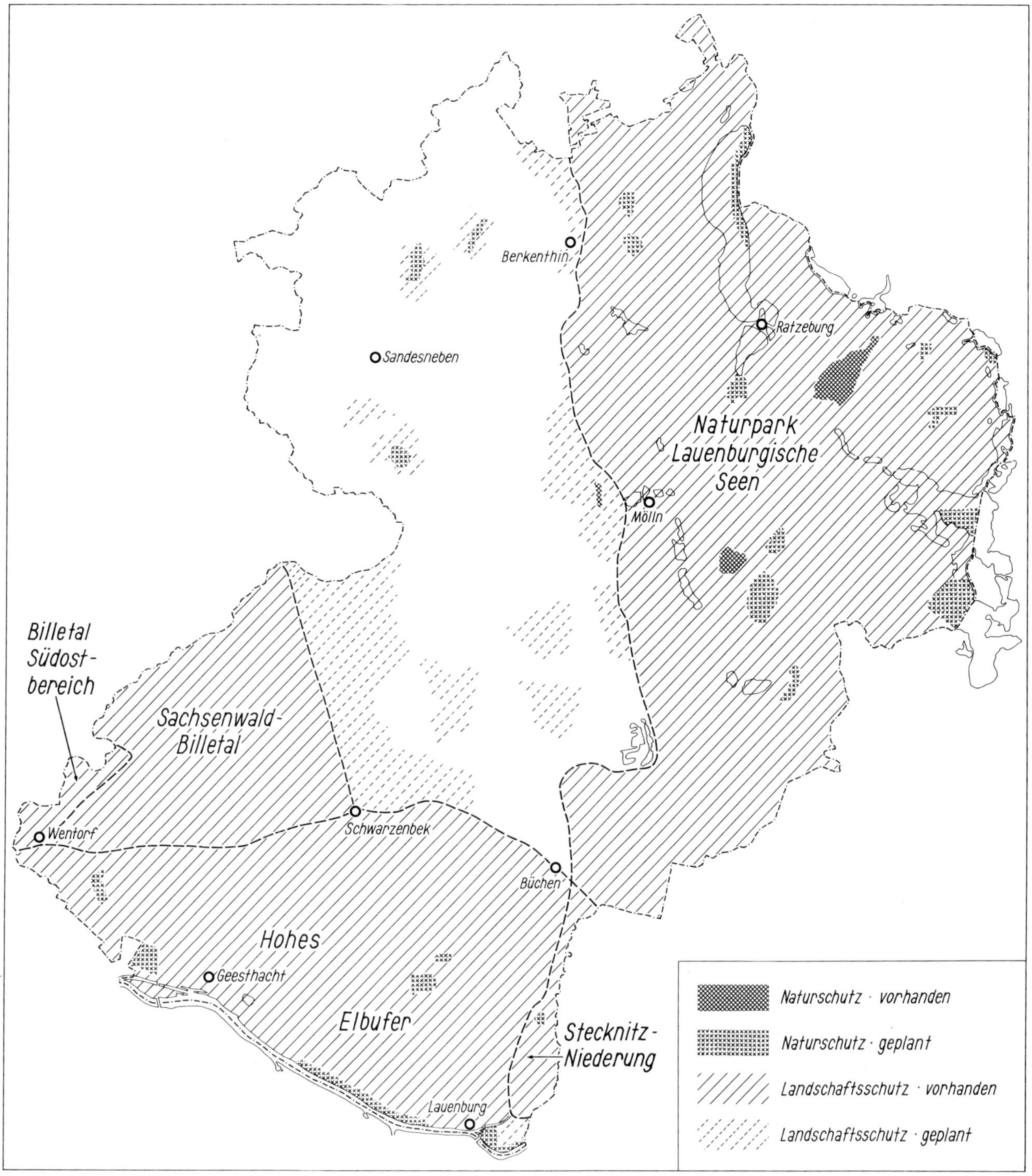

Landschafts- und Naturschutzgebiete im Kreis Herzogtum Lauenburg

Der Kreis als Freizeit- und Erholungslandschaft

Die Entstehung riesiger industrieller Ballungsräume in Westdeutschland war die Folge unserer wirtschaftlichen, technischen und gesellschaftlichen Entwicklung. In den Sog dieser Bewegung gerieten auch die Gebiete, deren relativ unberührte Landschaft einen hohen Wert für die Industriegesellschaft darstellt. Zu diesen Gebieten gehört als Nachbarraum der Großstädte Hamburg und Lübeck der Kreis Herzogtum Lauenburg. Der Freizeitwert einer Landschaft wird häufiger von den Großstädtern als von den eigenen Bewohnern bemerkt. Politik und Verwaltung unseres Landkreises haben jedoch nach dem Kriege die Zeichen des touristischen Trends frühzeitig erkannt und dafür gesorgt, daß durch die Verbesserung der Infrastruktur der Kreis für den Fremdenverkehr attraktiver wurde. „Infrastruktur" war in den ersten Jahren ein seltsam hypnotisierendes Wort, das die meisten anfangs gar nicht so recht verstanden. Wer die Rechenschaftsberichte des Wirtschaftsförderungsamtes liest, erfährt, was damals vorrangig damit gemeint war: Vermehrung der Bettenzahl, der Lokale, Park- und Campingplätze und der Wanderwege.

Die Arbeitsgemeinschaft, die 1955 den Gebietsausschuß „Die Alte Salzstraße" gründete und der die Fremdenverkehrsorte des Kreises unter Einbeziehung Lüneburgs und Lübecks angehören, wählte für die Werbung einen historischen Namen, der romantische Erinnerungen an den mittelalterlichen Salzhandel zwischen Lüneburg und Lübeck wachruft. Die werbende Kraft, die seither von dem Namen ausging, spricht dafür, daß die Entscheidung für diesen 1927 von einem Lübecker Pädagogen erfundenen Begriff psychologisch richtig war. Untersuchungen haben diesbezüglich eine kuriose Seelen- und Geisteslage unserer Zeitgenossen festgestellt. Der durch das Berufsleben in ein bestimmtes Schema gezwängte, allem Historischen kaum zugeneigte Mensch beschäftigt sich plötzlich als Urlauber in fremder Umgebung mit geschichtlichen Einzelheiten, mit Figuren der Lokalgeschichte und dem historischen Gesicht einer Landschaft. Die heutigen Erdbewohner, die im allgemeinen nur durch dramatische und sensationelle Fernsehsendungen gefesselt werden, zeigen sich im Urlaub episch und lyrisch gestimmt. Dieser kompensatorischen Neigung trägt der Kreis, der Natur und Geschichte zugleich zu bieten hat, Rechnung. Denn die Touristen kommen oft nicht nur zu uns, um eine schöne Landschaft zu genießen. Viele Kurzurlauber bleiben in den städtischen Zentren lauenburgischer Geschichte und Kultur hängen. Dieses Beispiel zeigt, daß historische und kommerzielle Gesichtspunkte sich durchaus vereinbaren lassen. Je mehr an historischem Kulturgut und ursprünglicher Natur in den abseits vom großen Verkehrsstrom gelegenen Erholungszonen geboten wird, desto größer wird auch der Kreis der Dauergäste.

Die „Alte Salzstraße" übernimmt so im Fremdenverkehr die gleiche Funktion einer Mittelachse, die sie einst als Frachtweg im Handelsverkehr ausübte, und verbindet mittelbar oder unmittelbar nahezu alle Schwerpunkte des lauenburgischen Ferienparadieses: den „Naturpark Lauenburgische Seen", das „Hohe Elbufer", den „Sachsenwald", das „Billetal" und die „Stecknitzniederung". Die moderne Ferienstraße weicht freilich teilweise von der Trasse des historischen Frachtweges ab. Der Tourismus hat sich im Lauenburgischen mittlerweile so entwickelt, daß er nach der Meinung der Fachleute „an der Schallmauer für die Natur" angelangt ist. „Weitere Fremdenverkehrsangebote, die die Landschaft belasten, darf es im Raum nicht geben", hieß es kürzlich auf einer Fachtagung in Ratzeburg. Nicht Zuwachs, sondern eine einengende Fremdenverkehrslenkung wünschten sich die kompetenten Leute als das neue Konzept der Werbung.

Wie sehr sich die Zeiten innerhalb von 140 Jahren geändert haben, verdeutlicht eine Verkehrswerbung für das Lauenburger Land aus dem Jahre 1847. Der Werbetext wurde drei Jahre nach der Freigabe der Hamburg-Berliner Eisenbahn und vier Jahre vor der Eröffnung der Lübeck-Büchener Bahn – 33 Jahre vor dem Erscheinen des Dudens – verfaßt. Der Volkskalender für Schleswig-Holstein und Lauenburg von 1847 veröffentlichte ihn im folgenden Wortlaut:

„Wie sieht es in Lauenburg aus? Nichts Unbekannteres wird es für die Meisten unserer Leser geben, als das eigentliche Innere des Herzogthums Lauenburg. Nur die so herrlich gelegenen drei Städte des Ländchens hat bisher Litteratur und Kunst an's Tageslicht gezogen, aber von der Landstraße ab in den bunten Irrgarten seiner lachenden Höfe und Dörfer hat sich fast noch Niemand verloren. Gewiß mit Unrecht! Denn so wie in manchen Gegenden dieses geringgeschätzten Landes eine schöne und kräftig entwickelte Individualität des Volkes, noch besonders interessant durch ihren unverkennbaren slavischen Typus, sich zeigt: so findet sich auch recht im Herzen des Landes, in der ganzen Strecke die gerade nördlich von Mölln liegt, eine so prächtige und charakteristische Natur, daß sie unverzagt jeder norddeutschen Gegend, in der Gott ein schönes Bild geschaffen, an die Seite treten kann. Deshalb fordern wir unsere Landsleute auf, es der Mühe werth zu halten, den Schlüssel zu benutzen, mit dem uns die Gegenwart das Innere dieses Ländchens eröffnet hat ..."[57]

Mit dem „Schlüssel" war die Eisenbahn gemeint. Mit der Bahn begann die Erschließung Lauenburgs für den Ausflugsverkehr – von Westen her. Es waren die Hamburger, die das Billetal, den Sachsenwald und überhaupt den ländlichen Raum zum Ziel ihrer Ausflüge machten. Hatten zunächst noch die jungen Leute – wie 1849 der Theologe Eduard Ohnesorge – die ganze Strecke bis Friedrichsruh aus Naturbegeisterung zu Fuß zurückgelegt[58], so ließen sich nun immer mehr Ausflügler an den Wochenenden mit „reichlich besetzten Eisenbahnzügen", mit Proviant versorgt, bis Reinbek oder Friedrichsruh bringen, um von dort aus unter den hohen Kronen der Buchen, „in dem heiligen Haine", zu wandern. Der Massentourismus bis zum Ersten Weltkrieg rollte auf dem Schienenweg der Bahn ins Grüne oder Blaue. Es gab noch nicht die jungen und alten „beinlosen" Freizeitler, die heute in Blechlawinen die kleinen Städte des Hamburger Umlandes an den Wochenenden verstopfen und denen wir unsere kostbarsten Flächen als Parkplätze opfern zu Lasten der schmückenden Parkanlagen.

Die in den beengten Wohnungen Hamburgs lebenden Menschen entdeckten den Erholungswert der lauenburgischen und holsteinischen Knicklandschaft. Der Freizeitwert des Knicks erhielt dabei eine neue pikante Nuance, die der Volkshumorist Heinrich Köllisch in seinem plattdeutschen Original-Couplet „De Pingsttour" ohne Scham drastisch verewigt hat – zur Freude der Nachgeborenen. Natürlich gibt es auch heutzutage noch naturfreudige Wanderer und Wandergruppen, aber sie sind – touristisch – Außenseiter. Die Mehrheit der Touristen sucht sich, wenn sie nicht in den ausgewiesenen Erholungszentren bleibt, mit dem Auto ein Plätzchen in der unberührten Natur. Mit der „Unberührtheit" ist es dann allerdings häufig vorbei.

Die ältesten Luftkurorte des Kreises sind Mölln und Ratzeburg. Ihre Tradition als Kurort begann bereits in der Kaiserzeit. In dem kaiserzeitlichen

Güster, „Ferienparadies des kleinen Mannes"

Wanderung im Hellbachtal bei Mölln

„Führer durch Schleswig-Holstein-Lauenburgs Bäder und Sommerfrischen" (ca. 1912) wurde auch schon Schwarzenbek aufgeführt, obwohl es, wie es heißt, keine hervorragenden alten Sehenswürdigkeiten, „weder heilbringende Quellen noch den Vorteil ausgedehnter Wasserpartien" aufzuweisen hat; aber „es besitzt infolge seiner hohen Lage – bis über 55 Meter über dem Meeresspiegel – eine köstlich reine Waldluft, die nicht durch sumpfige, wasserreiche Niederungen beeinträchtigt wird, herrlichen Hochwald und interessante Umgebung für Gesunde und Kranke zugleich."
Mölln war vor dem Ersten Weltkrieg wegen seines „milden Waldklimas und der heilkräftigen Hermannsquelle ein stark besuchter Kurort". Ratzeburg hatte nicht, wie Mölln, eine mineralische Quelle. Den Ruf als Sommerfrische begründeten „seine köstliche Lebensluft, wonniger Wald und tiefklares Wasser." Lauenburg, um 1900 die größte Stadt des Kreises, zählte nicht zu den Bädern und Sommerfrischen. Aber in dem 1906 edierten illustrierten Touristenführer vom Kreis Herzogtum Lauenburg rangiert es an erster Stelle. Die Stadt war wegen ihrer malerischen Lage, schönen Umgebung und bemerkenswerten Geschichte „zu einem beliebten Reiseziel, namentlich der Hamburger, geworden." Mölln und Ratzeburg wurden gern von pensionierten Beamten und Rentnern als bleibende Aufenthalte gewählt.
Städtische Vereine und „Fremdenkommissionen" bemühten sich um die Hebung des Fremdenverkehrs, der durch die guten Bahnverbindungen nach Lübeck, Lüneburg und Hamburg stetig anschwoll. Die beliebten Ansichtskarten machten die lauenburgischen Städte und Dörfer über den regionalen Bereich hinaus bekannt. Um die Jahrhundertwende befanden sich die privat und postamtlich gedruckten Kartenausgaben als Werbemittel des Fremdenverkehrs und als Sammelgut der Weitgereisten im stärksten Aufwind populärer Gunst. Ihre Beliebtheit und Verbreitung, die sich in zahllosen Postkartenalben und Sammlervereinen niederschlugen, verdankten die kleinformatigen Papierbilder der raffinierten Kolorierung und dem Aufschwung der Druck- und Phototechnik, wobei die Handkunst allmählich von der maschinellen Fertigung verdrängt wurde. Die älteste „Ansichtspostkarte" Ratzeburgs, eine nichtkolorierte lithographische „Totalansicht", erschien in den 80er Jahren des 19. Jahrhunderts.
Die Inseraten-Anhänge der alten „Touristenführer" sind soziologische Fundgruben. In der Kaiserzeit empfahlen sich unsere Gasthäuser und Hotels gerne – vornehm französisch – als Etablissements, die Gastwirte als Restaurateure. Die Gasthöfe lockten mit Terrassengärten, gedeckten Veranden, guter Verpflegung, mäßigen Preisen und reeller Bedienung. Die Hinweise auf Badeanstalten, Kegelbahnen und Rudersport künden vom nahen Ende der langen Röcke, Miederstäbchen und „Vatermörder". In das ganze Leben sei „eine nervöse Hast" gekommen, schrieb ein Graf um die Jahrhundertwende. Seine Zeitgenossen scheinen es ähnlich empfunden zu haben: Ruhe, Stille und Naturgenuß für die schon damals gestreßten Menschen sind ein Leitmotiv in der Touristenwerbung.
In den Inseraten aus der Zeit zwischen den beiden Weltkriegen spiegelt sich der Vormarsch des Autos und der Technik: Das renommierte Hotel wartet auf mit Autopark, Autogaragen, Zentralheizung, elektrischem Licht und fließendem Wasser. Die Prospekte der Nachkriegszeit reflektieren die gestiegenen Ansprüche einer Wohlstands- und Freizeitgesellschaft. Flottillen von Paddel-, Segel- und Tretbooten warten auf die Invasion der Ferien- und Wochenendgäste. Hallenbäder in Ratzeburg, Mölln und Schwarzenbek stehen zu jeder Jahreszeit für alle möglichen Arten des Schwimmsports zur Verfügung. Das Freizeitangebot der lauenburgischen Urlaubsorte umfaßt Tennis, Reiten, Mini-Golf, Squash, Radfahren, Tageswanderungen und kulturelle Veranstaltungen.
Der Fremdenverkehr als Ferienverkehr wurde in den letzten Jahrzehnten durch die gezielte Ausstattung des Naturparks „Lauenburgische Seen" und der anderen Erholungsgebiete gefördert. Der Naturpark, der erste dieser Art in Schleswig-Holstein, entstand 1960. Er ist 40 000 ha groß. Ein Zehntel dieser Fläche wird von 35 Seen, ein Fünftel von Wäldern eingenommen. Die größten Seen sind der buchtenreiche Schaalsee und der Ratzeburger See. Schöne Waldwiesentäler laden ein zum Wandern. Unter ihnen erfreut sich das Hellbachtal südlich von Mölln besonderer Beliebtheit. Der Naturpark liegt zwischen dem Elbe-Trave-Kanal und der Grenze zur DDR. Seine Zentren sind Mölln, Ratzeburg und der Raum Salem-Seedorf. Die beiden Städte finden auch durch ein reiches kulturelles Angebot starke Beachtung.
In der Stecknitz-Delvenau-Niederung sind Büchen und Güster bevorzugte Ziele. Büchen, der mittelalterliche Marienwallfahrtsort, ist heute als Ausgangsort schöner Fuß- und Radwanderungen beliebt. Das beheizte Freibad mit der langen Wasserrutsche bildet eine Attraktion des Ortes. Das zum Amt Büchen gehörende Güster verwandelte sich aus einem Bauerndorf in eine ländliche Fremdenverkehrsgemeinde, die als „Ferienparadies des klei-

Oben: Bismarck-Museum in Friedrichsruh
Unten: Waldbad Büchen

1887
Bismarck-Museum

Wisentgehege Fredeburg

nen Mannes“ eine gewisse Berühmtheit erlangte. Die Gemeinde verdankt ihre Beliebtheit der Tatsache, daß ein industriell genutztes und durch Kiesabbau entstelltes Gelände renaturiert und in weitsichtiger Planung als Camping-Gebiet hergerichtet wurde. Durch die Verbindung mit dem Kanal entstand hier ein ausgedehntes Seengebiet, das von einem Erholungsgelände mit vielen Wochenendhäusern umsäumt wird.

Das Erholungsgebiet „Hohes Elbufer“ bietet interessante Geestrandwanderungen, Grillplätze am Ufer, von Lauenburg und Geesthacht ausgehende Ausflugsfahrten auf der Elbe und Wassersportmöglichkeiten mit eigenen Booten. Der Blick von den steilen Südhängen der Geest auf das Urstromtal der Elbe vermittelt Eindrücke, die der Besucher nicht so leicht vergißt.

Nur einen Sprung von Geesthacht entfernt erstreckt sich zwischen der Bundesstraße 207 und dem Tal der Bille der Sachsenwald. Diese Oase der Stille mit den zahlreichen Grabhügeln aus vorgeschichtlicher Zeit wirkt wie ein Magnet auf die pflastermüden Städter. Als Tore zu dem ausgedehnten Hochwald gelten Schwarzenbek und Aumühle-Friedrichsruh. Von der Europastadt führt ein schöner Wanderweg durch die Niederung der Au, die quer durch den Sachsenwald fließt, nach Friedrichsruh. Neben den bekannten Bismarck-Gedenkstätten ist der „Garten der Schmetterlinge“ ein neuer Anziehungspunkt für die Besucher des Ortes geworden. In unmittelbarer Nähe – an der Bille – liegt Aumühle. Wohlhabende Hamburger Kaufleute bauten hier um die Jahrhundertwende weit mehr als 100 Jugendstilvillen in einer riesigen Parklandschaft, die bis zum heutigen Tage in ihrer Schönheit erhalten werden konnte. In Aumühle ist ein interessanter Kirchenbau bemerkenswert: die Bismarck-Gedächtniskirche. Die Kirche, ein Rundbau, entstand 1928/30 „als ein typisches Beispiel der spätexpressionistischen Baukunst, in der mit Vorliebe rein geometrische Formen verwendet wurden“. Mit diesem Hinweis steht fast symbolisch eine sakrale Andachts- und Gedächtnisstätte am Ende eines Reports über die Feriengebiete des Herzogkreises.

Doch kehren wir nun zum Ausgangspunkt zurück – zur Alten Salzstraße. Sie dient der Werbung für das Lauenburger Land. Diese Ferienstraße mit dem historischen Namen weckt Erwartungen, die sicher nicht immer erfüllt werden. Aber in den Schwerpunktgebieten des Fremdenverkehrs war man bemüht, die Infrastruktur den Ansprüchen der Freizeitgesellschaft anzupassen. Der Gast findet komfortable Hotels, Gasthöfe, Privatunterkünfte und Campingplätze, malerische Stadtbilder und sehenswerte Museen, erholsame Heide- und Waldgebiete, Seen- und Flußlandschaften, ideale Voraussetzungen für „aktiven Urlaub“ und kulturelle Veranstaltungen – kurz: Natur und Geist in einem geschichtlichen Raum.

ANMERKUNGEN

1 Bemerkung v. A. U. Hansen, zit. b. Alfred Kamphausen: Schleswig-Holstein. Land der Küste. Nürnberg 1968, S. 34.
2 Friedrich Schiller: Wallenstein. In: Sämtliche Werke, Bd. I (Dramen). München 1968, S. 629–874.
Friedrich Schiller: Geschichte des 30jährigen Krieges. In: Sämtliche Werke, Bd. IV (Historische Schriften). 5. Aufl., München 1976, S. 365–745.
Conrad Ferdinand Meyer: Gustav Adolfs Page. In: Sämtliche Werke, Bd. I (Novellen). München 1968, S. 132–172.
Ricarda Huch: Der große Krieg in Deutschland. Leipzig 1931.
3 Peter von Kobbe: Geschichte und Landesbeschreibung des Herzogthums Lauenburg. 3 Bde., Altona 1836/37.
4 John Robert Seeley: Die Ausbreitung Englands. Aus dem Englischen übertragen von Dora Schöll-Regenbogen. Berlin - Darmstadt 1954, S. 26.
5 Dahlmann in einer Rezension des Geschichtswerks von Kobbe, zitiert nach Karl Pagel: Mecklenburg. Biographie eines deutschen Landes. Göttingen 1969, S. 254.
6 Gero Hillmer/Wolfgang Weitschat: Führer durch die Schausammlung Geolog.-Paläontologisches Institut und Museum (Universität Hamburg). Hamburg 1983, S. 103.
7 Zit. nach Lothar Roessler: Erdgeschichte des Herzogtums Lauenburg. Ratzeburg 1957, S. 31 (Sonderheft der Lauenb. Heimat).
8 Karl Gripp: Neues über Lauenburgs Boden. In: Lauenb. Heimat, 14. Jg., H. 2, 1938, S. 41.
9 W. Claudius: Flüchtiger Blick in die Natur des Südrandes des Herzogthums Lauenburg. In: Archiv des Vereins f. d. Gesch. des Herzogthums Lauenburg, Bd. 1, H. 1, 1884, S. 30.
10 Karl Kersten: Vorgeschichte des Kreises Herzogtum Lauenburg. Neumünster 1951, S. 28.
11 Jörg Benz: Angst vor den Germanen. Ursachen und Folgen. In: Zs. Schleswig-Holstein 4/86, S. 12–16.
12 Karl Wilhelm Struve: Der Raum zwischen Elbe und Trave in slawischer Zeit. In: Führer zu archäologischen Denkmälern in Deutschland. Kreis Herzogtum Lauenburg I. Stuttgart 1983, S. 107–121.
13 Christoph Obermüller: Die deutschen Stämme. Stammesgeschichte als Namensgeschichte und Reichsgeschichte. 3. Aufl., Bielefeld - Leipzig 1941, S. 482.
14 Helmold von Bosau: Slawenchronik. Darmstadt 1963, S. 319 (Cap. 92). (Ausgew. Quellen zur deutschen Gesch. des MA Bd. 19).
15 Wolfgang Prange: Geschichte und Siedlungsgeschichte. In: Führer zu archäolog. Denkmälern in Deutschland. Kreis Herzogtum Lauenburg I. Stuttgart 1983, S. 145.
16 Rheinisches Museumsamt (Hrsg.): Die Zisterzienser. Ordensleben zwischen Ideal und Wirklichkeit. Bonn 1980, S. 22 (Schriften des Rheinischen Museumsamtes Nr. 10).
17 Ehrhard Schulze: Das Herzogtum Sachsen-Lauenburg und die lübische Territorialpolitik. Neumünster 1957, S. 40 (Quellen und Forschungen zur Gesch. Schleswig-Holsteins Bd. 33).
18 Barbara Tuchman: Der ferne Spiegel. Das dramatische 14. Jahrhundert. 5. Aufl., München 1985, S. 9.
19 Kurt Langenheim: Das Herzogtum Lauenburg im 7jährigen Krieg 1756–1763. In: Lauenb. Heimat N.F., H. 71, 1971, S. 76.
20 Steffen, –: Mölln im Siebenjährigen Kriege. In: Möllner Heimatblatt, 2. Jg., Nr. 4, 1936.
21 Zit. b. Hans-Georg Kaack: Bauer, Bürger, Edelmann (Katalog). Ratzeburg 1985, S. 220.
22 Zit. b. C. Bohn: Lauenburg im 19. Jh. In: Archiv d. Vereins f. d. Gesch. d. Herzogthums Lauenburg, Bd. 6, H. 2, 1900, S. 91.
23 Zit. b. Kaack: Bauer, Bürger, Edelmann. Ratzeburg 1985, S. 254.
24 Lauenburgischer Haushaltungskalender, 101. Jg., 1921, S. 76.
25 Hansjörg Zimmermann: Wählerverhalten und Sozialstruktur im Kreis Herzogtum Lauenburg 1918–1933. Neumünster 1978, S. 124 (Quellen und Forschungen zur Gesch. Schleswig-Holsteins Bd. 72).
26 Richard Ehrich/Hans-Otto Wulff: Der Austausch von lauenburgischen Grenzgebieten gegen mecklenburgische durch die Besatzungsmächte im November 1945. In: Lauenb. Heimat N.F., H. 87, 1976, S. 19 ff.
27 Dieter Melms-Liepen: Die Notzeit 1943–1950. Ratzeburg 1970, S. 80.
28 Kreisausschuß (Hrsg.): Kreis Herzogtum Lauenburg: Materialien zum 100jährigen Bestehen des Kreises Herzogtum Lauenburg 1876–1976. Ratzeburg 1978, S. 411.
29 Kreis Herzogtum Lauenburg: Materialien, S. 411.
30 Melms-Lippen: Die Notzeit, S. 35.
31 Fr. Jessen: Ein Nordschleswiger erlebt den Krieg in Deutschland. In: Lauenb. Heimat N.F., H. 101, 1981, S. 10.
32 Udo Lumma: Die SPD des Kreises Hzgt. Lauenburg. In: Lauenburgischer Kreiskalender. Ratzeburg 1978, S. 85.
33 Uwe Barschel, Streiflichter. 1982, S. 120.
34 Kreisausschuß: Kreis Herzogtum Lauenburg: Materialien. Ratzeburg 1978. S. 419.
35 Wolfgang Prange: Siedlungsgeschichte des Landes Lauenburg im Mittelalter. Neumünster 1960, S. 218.
36 Peter H. Stoldt: Bauer und Herzog. Die Amtsbauern des Herzogtums Sachsen-Lauenburg bis 1689. Ratzeburg 1966. S. 59 (Schriftenreihe des Heimatbund und Geschichtsvereins Herzogtum Lauenburg Bd. 12).
37 Gerhard Meyer: Die Verkoppelung im Herzogtum Lauenburg unter hannoverscher Herrschaft. Hildesheim 1965, S. 28 (Quellen und Darstellungen zur Geschichte Niedersachsens Bd. 66).
38 Kurt Kroll: Rittersitz und Bauernhöfe. Eine Chronik. Müssen wie es war und wuchs. Ratzeburg 1968, S. 101. (Schriftenreihe des Heimatbund und Geschichtsvereins Herzogtum Lauenburg Bd. 13).
39 Gerhard Meyer: Die Verkoppelung im Herzogtum Lauenburg, S. 35.
40 Ebenda, S. 103–105.
41 Kreis Herzogtum Lauenburg: Materialien, S. 176.
42 Ebenda, S. 150.
43 Th. Götze: Heimische Industrie ums Jahr 1840. In: Das Land an der Elbe, 7. Jg., Nr. 6, 1934, S. 23.
44 Hermann Prasse: Industrie und Handel. In: Kreis Herzogtum Lauenburg. Landschaft, Geschichte, Wirtschaft. Oldenburg 1959, S. 82.
45 Hermann Augustin (Hrsg.): Land, höre des Herren Wort. Lübeck 1984, S. 298/99.
46 Ebenda. S. 221.
47 Werner Budesheim: Die Entwicklung der mittelalterlichen Kulturlandschaft des heutigen Kreises Herzogtum Lauenburg. Wiesbaden 1984, S. 35. (Schriftenreihe der Stiftung Herzogtum Lauenburg Bd. 7).
48 Ebenda, S. 35.
49 Das Land an der Elbe, 10. Jg., Nr. 10, 1937, S. 37.
50 Prange: Siedlungsgeschichte, S. 145.
51 Kurt Kroll: Rittersitz und Bauernhöfe. Eine Chronik. Ratzeburg 1968, S. 127.

52 Ebenda, S. 127/128.
53 Kurt Langenheim: Die Ritterburgen um Ratzeburg. In: Ratzeburg. Beiträge zur Geschichte Ratzeburgs. 2. Tl., 1973, S. 6, 14, 16 ff.
54 Alfred Kamphausen: Herzogtum Lauenburg. o. J., S. 25/26. (Deutsche Lande Deutsche Kunst).
55 Lothar Roeßler: Die Pflanzen- und Tierwelt des Herzogtums Lauenburg. In: Lauenb. Heimat N.F., H. 9, 1955, S. 1 ff.
56 Carl Matthießen: Aus der Vogelwelt unserer Dörfer. In: Lauenburgischer Haushaltungskalender N.F., 24. Jg., 1932, S. 72.
57 Zit. nach Walter Frahm: Eine Verkehrswerbung für das Lauenburger Land aus dem Jahre 1847. In: Lauenburgischer Familienkalender, 5. (126.) Jg., 1954, S. 80.
58 Irmgard Keller: Aus dem Reisetagebuch des Theologen Eduard Ohnesorge, Jahr 1849: Beschreibungen von Wanderungen durch das Billetal, die Vierlande und den Sachsenwald. In: Lauenb. Heimat N.F., H. 115, 1986, S. 68–74.

LITERATUR

Erd- und Landschaftsgeschichte

Bronger, Arnt/Buchhofer, Ekkehard: Lauenburg und das östliche Ostholstein. In: Schlenger, H., Paffen, K. H. und Stewig, R. (Hrsg.): Schleswig-Holstein. Ein geographisch-landeskundlicher Exkursionsführer. Kiel 1969, S. 91–104.

Carol, Hans: Grundsätzliches zum Landschaftsbegriff. In: Petermanns Geograph. Mitteilungen, 101. Jg., 1957, S. 93–97.

Dohrn, Paul: Geologie von Mitteleuropa. Stuttgart 1951.

Engler, Michael/Kruse, Joachim: Landschaften in Schleswig-Holstein. Neumünster 1978.

Gripp, Karl: Geologie von Hamburg und seiner näheren Umgebung. Hamburg 1933.

–: Neues über Lauenburgs Boden. In: Lauenb. Heimat, 14. Jg., H. 2, 1938, S. 41–44.

–: Die Entstehungsgeschichte der Wakenitz. In: Berichte des Vereins „Natur und Heimat" und des Naturhistorischen Museums zu Lübeck, H. 17/18, 1950, S. 7–14.

–: Erdgeschichte von Schleswig-Holstein. Neumünster 1964.

Henningsen: Dierk: Einführung in die Geologie der Bundesrepublik Deutschland. Stuttgart 1976 (dtv Wissenschaftliche Reihe).

Hillmer, Gero/Weitschat, Wolfgang: Führer durch die Schausammlung Geologisch-Paläontologisches Institut und Museum (Universität Hamburg). Hamburg 1983.

Illies, H.: Die Vereisungsgrenzen in der weiteren Umgebung Hamburgs, ihre Kartierung und stratigraphische Bewertung. In: Mitt. d. Geogr. Ges. Hamburg, Bd. 51, 1955, S. 7–54.

Kannenberg, E. G.: Die morphologische Entwicklung der Jungglazial-Landschaft im Kreise Hzgt. Lauenburg. In: Lauenb. Heimat N.F., H. 15, 1957, S. 1–13.

Mende, Richard: Eis, Wasser, Wind. Eine allg. verständliche Eiszeitgeologie der Hamburger Gegend. Hamburg 1956.

Nehl, –: Das lauenburgische Acker- und Wiesenland. In: Archiv d. Vereins f. d. Gesch. d. Hzt. Lauenburg, Bd. 4, H. 1, 1893, S. 91–97.

Paffen, Karlheinz: Das Wesen der Landschaft. Darmstadt 1973. (Wege der Forschung 39).

Peters, Wilhelm: Welcher Möllner kennt Mölln von Grund auf? Eine geologische Plauderei über das Werden und Wachsen unserer Heimaterde. In: Möllner Heimatblatt, 1. Jg., Nr. 5, 1935.

Picard, Karl: Der geologische Unterbau Schleswig-Holsteins. In: Die Heimat, 66. Jg., H. 5, 1959, S. 120–125.

–: Geologische Kartierung in Mittelholstein. In: Die Heimat, 70. Jg., H. 4, 1963, S. 95–100.

Roessler, Lothar: Erdgeschichte des Herzogtums Lauenburg. In: Lauenburgische Heimat, Sonderheft 4, 1957.

Schmithüsen, Joseph: Was ist eine Landschaft? In: Erdkundliches Wissen, H. 9, 1964, S. 7–24.

Simon, Wilhelm Georg: Geschiebezählungen, jungeiszeitliche Eisrandlagen und Schmelzwassersandebenen im Kreis Herzogtum Lauenburg. In: Lauenburgische Heimat, 14. Jg., H. 2, 1938, S. 44–61.

Struck, Rudolf: Die Lübeckische Mulde und ihre Beziehungen zur nördlichen Hauptendmoräne. Ein Beitrag zur Frage der Identität der Grundmoränen- und Endmoränenlandschaft. In: Mitteilungen der Geogr. Ges. und des Naturhist. Museums in Lübeck, 2. Reihe, H. 29, 1924.

Todtmann, Emmy Mercedes: Die würmzeitlichen Eisrandschwankungen im Bereich der Hahnheide bei Trittau östlich Hamburg. In: Mitteilungen aus dem Geolog. Staatsinstitut in Hamburg, H. 23, 1954, S. 18–37.

Witt, W.: Lauenburger Geest, Ostholsteinisches Hügel- und Seenland. In: Handbuch der naturräumlichen Gliederung Deutschlands, 1959–1962, S. 1013 ff.

Woldstedt, Paul: Norddeutschland und angrenzende Gebiete im Eiszeitalter. 3. Aufl., völlig neu bearb. und hrsg. v. Klaus Duphorn. Stuttgart 1974.

Vor- und Frühgeschichte

Ahrens, Claus (Hrsg.): Sachsen und Angelsachsen. Ausstellung im Helms-Museum. Hamburgisches Museum für Vor- und Frühgeschichte. 18. November 1978 bis 28. Februar 1979. Hamburg 1978. (Veröffentlichungen des Helms-Museum Nr. 32).

–: Jahrtausende im Zeitraffer. Neumünster 1981.

Benz, Jörg: Angst vor den Germanen. Ursachen und Folgen. In: Schleswig-Holstein, 1986, H. 4, S. 13–16.

Bokelmann, Klaus: Rentierjäger am Gletscherrand in Schleswig-Holstein? Ein Diskussionsbeitrag zur Erforschung der Hamburger Kultur. In: Offa, Bd. 36, 1979, S. 12–22.

–: Duvensee, Wohnplatz 13. Archäologische Ergebnisse. In: Offa, Bd. 42, 1985, S. 13–23.

Budesheim, Werner: Die Entwicklung der mittelalterlichen Kulturlandschaft des heutigen Kreises Herzogtum Lauenburg unter besonderer Berücksichtigung der slawischen Besiedlung. Wiesbaden 1984 (Schriftenreihe der Stiftung Herzogtum Lauenburg Bd. 7).

Franke, Herbert W.: Die Sprache der Vergangenheit, Stuttgart 1962.

Hammerbacher, Hans W.: Die hohe Zeit der Sueben und Alemannen. Heusendamm 1974.

Hennig, Rolf: Der Sachsenwald. Neumünster 1982.

Hingst, Hans: Drei Urnenfriedhöfe der vorrömischen Eisenzeit und der Kaiserzeit in Alt-Mölln, Kr. Herzogtum Lauenburg. In: Offa, Bd. 28, 1971, S. 113–115.

–: Ein Grab mit römischer Bronzekanne aus Alt-Mölln, Kr. Herzogtum Lauenburg. In: Offa, Bd. 30, 1973, S. 246.

Hoika, Jürgen: Eine neolithische Siedlung in Alt-Mölln, Kr. Herzogtum Lauenburg. In: Offa, Bd. 30, 1973, S. 230.

Jung, Ernst F.: Sie bezwangen Rom. Die Rolle der Germanen von der Frühzeit bis zu Karl dem Großen. Düsseldorf/Wien 1976.

Kersten, Karl: Vorgeschichte des Kreises Herzogtum Lauenburg. Neumünster 1951.

–: Nachträge zur Archäologischen Landesaufnahme. Kreis Herzogtum Lauenburg. Der Urnenfriedhof 10 von Nüssau. In: Offa, Bd. 19, 1962, S. 161–172.

Langenheim, Kurt: Vor- und frühgeschichtliche Importstücke aus dem Gebiet des Kreises Herzogtum Lauenburg. In: Die Heimat, 78. Jg., H. 8, 1971, S. 223–227.

Laur, Wolfgang: Slawen und Wenden – eine wortgeschichtliche Studie. Teil I u. II. In: Die Heimat, 84. Jg., 1977, H. 2, S. 35 ff. und H. 6, S. 195 ff.
Menghin, Wilfried: Die Langobarden. Archäologie und Geschichte, Stuttgart 1985.
Müller-Karpe: Einführung in die Vorgeschichte. München 1975 (Beck'sche Elementarbücher).
Nordwestdeutscher und West- und Süddeutscher Verband für Altertumsforschung (Hrsg.): Kreis Herzogtum Lauenburg. Teil I: Einführende Aufsätze und Exkursion I. Mit Beiträgen von F.-R. Averdieck, H.-P. Blume, K. Bokelmann, K. Duphorn, H. Finnern, M. Gebühr, H. Hingst, J. Hoika, H.-G. Kaack, G. Loewe, W. Prange, J. Reichstein, A. Schmitz, U. Steffen, K. W. Struve, K.-H. Willroth.
Teil II: Exkursion II–IV. Mit Beiträgen von W. Bauch, K. Bokelmann, I. Ericsson, O. Harck, J. Hoika, G. Klippel, G. G. Koening, W. Kramer, J. Kühl, G. Loewe, W. Prange, J. Reichstein, H. von Schmettow, K. W. Struve, K.-H. Willroth. Stuttgart 1983 (Führer zu archäologischen Denkmälern in Deutschland, Bd. 1 und 2).
Obermüller, Christoph: Die deutschen Stämme. Stammesgeschichte als Namensgeschichte und Reichsgeschichte. 3. Aufl., Bielefeld/Leipzig 1941.
Schlette, Friedrich: Germanen zwischen Thorsberg und Ravenna. 4. Aufl., Leipzig/Jena/Berlin 1980.
Trölsch, Otto: Altsteinzeitliche Siedlungsplätze in der Umgebung von Mölln, Kreiz Herzogtum Lauenburg. In: Offa, Bd. 33, 1976, S. 5–42.
Wurms, Hans: Sprachliche Anmerkungen zu den slavischen Ortsnamen des Kreises Herzogtum Lauenburg. In: Lauenb. Heimat N.F., H. 84, 1975, S. 1–71.

Politische Geschichte vom Mittelalter bis zur Gegenwart

Baare-Schmidt, H. G.: Das Groß-Hamburg-Gesetz und seine Folgen für Schleswig-Holstein und Hamburg. In: Lauenb. Heimat N.F., H. 91, 1978, S. 52–56.
Barschel, Uwe: 1876–1976. Hundert Jahre Kreis Herzogtum Lauenburg. Kiel 1976.
–: Die CDU des Kreises Herzogtum Lauenburg. In: Lauenb. Kreiskalender 1978, S. 87.
–: Lauenburgische Streiflichter. Geschriebenes und Gesprochenes über den Kreis Herzogtum Lauenburg, ausgew. u. vorgestellt von Volkram Gebel. Schwarzenbek 1982.
Behrends, Ernst: Geschichte der Ortsgruppe Mölln der NSDAP (Nachlaß Behrends im Stadtarchiv Mölln). Mölln 1982.
–: Die Arbeit der NSDAP im Kreise Herzogtum Lauenburg. Eine Rückschau auf die parteiliche Tätigkeit während des Kriegsjahres 1939/40 (Nachlaß Behrends im Stadtarchiv Mölln). Mölln 1982.
Bertheau, Friedrich: Die Franzosenzeit in Lauenburg (Eine Denkschrift zur hundertjährigen Feier der Befreiung von der französischen Herrschaft). Ratzeburg 1913.
Boehart, William: Schwarzenbek 1945 (Ausstellung). Schwarzenbek 1985.
Bohn, C.: Lauenburg im 19. Jahrhundert. In: Archiv des Vereins f. d. Geschichte des Herzogthums Lauenburg, Bd. 6, H. 2, 1900, S. 73–124.
Brandt, Otto: Geschichte Schleswig-Holsteins. Ein Grundriß. 5. Aufl., Kiel 1957.
Budesheim, Werner: Die Entwicklung der mittelalterlichen Kulturlandschaft des heutigen Kreises Herzogtum Lauenburg unter bes. Berücksichtigung der slawischen Besiedlung. Wiesbaden 1984. (Schriftenreihe der Stiftung Herzogtum Lauenburg Bd. 7).
Düker, Albert: Lübeck und Lauenburg im 14. Jahrhundert (Ein Kapitel aus der städtischen Territorialpolitik im Mittelalter). In: Lauenb. Heimat, 9. Jg., H. 3 u. 4, 1933, S. 64–71.
v. Duve, Adolf Eberhard Ludwig: Mitteilungen zur näheren Kunde des Wichtigsten der Staatsgeschichte und Zustände der Bewohner des Herzogthums Lauenburg von der Vorzeit bis zum Schlusse des Jahres 1851. Ratzeburg 1857.
Ehrich, Richard/Wulff, Hans-Otto: Der Austausch von lauenburgischen Grenzgebieten gegen mecklenburgische durch die Besatzungsmächte im November 1945. In: Lauenb. Heimat N.F., H. 87, 1976, S. 13–52.
Fiege, Hartwig, Wie Ostholstein und Lauenburg deutsch wurden. Hamburg 1979.
Fischer-Hübner, Martin: Anfang und Fortgang der Reformation in Lauenburg unter den Herzögen Magnus I. und Franz I. bis 1564. Ratzeburg 1931.
–: Die älteste Kirchenordnung von Lauenburg und Hadeln. Preetz 1952 (Schriften des Vereins für Schleswig-Holsteinische Kirchengeschichte, Sonderheft 6).
Folkers, Johann Ulrich: Zur Karte der alten Siedlungsformen im Kreise Herzogtum Lauenburg. In: Lauenb. Heimat, 7. Jg., H. 2, 1931, S. 41–53.
Groß, Heinz-Dietrich: Evermod und die Anfänge des Bistums Ratzeburg. In: Lauenb. Heimat N.F., H. 91, 1978, S. 10–28.
Gemeinde Büchen (Hrsg.): Büchen. Mit der Vergangenheit und Gegenwart in die Zukunft. Büchen 1980.
Hadeler, Wilhelm: Das Ende der Franzosenzeit in Lauenburg an der Elbe. In: Das Land an der Elbe, 4. Jg., Nr. 8, 9 u. 11, 1931.
–: Das Kriegsende bei Lauenburg an der Elbe zwischen dem 18. April und dem 8. Mai 1945. In: Lauenb. Heimat N.F., H. 82, 1975, S. 1–28.
Harms, Hermann/Wohlfahrt, Hans-Jürgen: Die Alte Salzstraße im Wandel der Zeit. Neumünster 1983.
Hellwig, L.: Grundriß der Lauenburgischen Geschichte. Ratzeburg 1927.
Helmold von Bosau: Chronica Slavorum. Neu übertragen und erläutert von Heinz Stoob. Darmstadt 1963 (Ausgewählte Quellen zur deutschen Geschichte des Mittelalters Bd. 19).
Hiller, Helmut: Heinrich der Löwe. Frankfurt 1985 (Insel Taschenbuch 922).
Hoffmann, Erich/Kaack, Hans-Georg: Ständische Mitverantwortung und Landesfürstentum in Lauenburg und Schleswig-Holstein. In: Der Landtag. Kiel 1985.
Jessen, Fr.: Ein Nordschleswiger erlebt den Krieg in Deutschland. In: Lauenb. Heimat N.F., H. 101, 1981, S. 1–12.
Jordan, Karl: Die Bistumsgründungen Heinrichs des Löwen. Untersuchungen zur Geschichte der ostdeutschen Kolonisation. Leipzig 1939 (Schriften des Reichsinstituts f. ältere deutsche Geschichtskunde Bd. 3).
–: Heinrich der Löwe. Eine Biographie. München 1979.
Junge, Walter: Leibniz und der Sachsen-Lauenburgische Erbfolgestreit. Hildesheim 1965 (Quellen und Darstellungen zur Geschichte Niedersachsens Bd. 65).
Kaack, Hans-Georg: Sachsen-Lauenburg, Böhmen und Baden. Katalog der Sonderausstellung anläßlich der 300. Wiederkehr des Geburtstages von Sibylla Augusta, Markgräfin von Baden-Baden, geb. Prinzessin von Sachsen-Lauenburg. Lübeck 1975 (Schriftenreihe des Heimatbund und Geschichtsvereins Herzogtum Lauenburg Bd. 18).
–: Bauer, Bürger, Edelmann. Das Herzogtum Lauenburg von der deutschen Besiedlung bis zur Aufhebung der Ständeherrschaft (Ausstellungskatalog). Ratzeburg 1985.
–: Die Anfänge der Stadt Ratzeburg und ihrer Siedlungszentren. In: Lauenb. Heimat N.F., H. 111, 1985, S. 21–74.
–: Markgräfin Sibylla Augusta. Die große badische Fürstin der Barockzeit. Konstanz 1983.
Kaack, Hans-Georg/Wurms, Hans: Slawen und Deutsche im Lande Lauenburg. Ratzeburg 1980.
v. Kobbe, Peter: Geschichte und Landesbeschreibung des Herzogthums Lauenburg. 3 Tle. Altona 1836/37.
König, O.: Herzog Franz Albrecht, die umstrittenste Gestalt des Dreißigjährigen Krieges. In: Das Land an der Elbe. 10. Jg., Nr. 10, 1937 und 11. Jg., Nr. 2, 1938.
Kreisausschuß (Hrsg.): Kreis Herzogtum Lauenburg. Materialien zum 100jährigen Bestehen des Kreises Herzogtum Lauenburg 1876 bis 1976. Ratzeburg 1978.

Lammert, Friedrich: Die älteste Geschichte des Landes Lauenburg. Von den Anfängen bis zum Siege bei Bornhöved. Ratzeburg 1933.
Landeszentrale für Politische Bildung: Bundesland Schleswig-Holstein. Grundgesetz und Landessatzung (Gegenwartsfragen 49). Kiel 1985.
Langenheim, Kurt: Brücken am Elbübergang Artlenburg. In: Lauenb. Kreiskalender 1965, S. 52–54.
-: Das Herzogtum Lauenburg im 7jährigen Krieg 1756–1763. In: Lauenb. Heimat N.F., H. 71, 1971, S. 75–84.
Lauenburgische Geschichtsforscher. In: Archiv des Vereins f. d. Gesch. d. Herzogthums Lauenburg. Bd. 5, H. 3, 1898, S. 51–60.
Laun, Rudolf: Die Lehren des Westfälischen Friedens. Hamburg 1949.
Lembcke, Rudolf (Hrsg.): Kreis Land Hadeln. Geschichte und Gegenwart. Otterndorf 1976.
Lumma, Udo: Die SPD des Kreises Hzgt. Lauenburg. In: Lauenb. Kreiskalender 1978, S. 85.
Manecke, Urban Friedrich Christoph: Topographisch-historische Beschreibung der Städte, Ämter und adelichen Gerichte des Herzogthums Lauenburg, des Fürstenthums Ratzeburg und des Landes Hadeln. Hrsg. v. W. Dührsen. Mölln 1884.
Martin, H. G.: The History of the 15th Scottish Division 1939–1945. Edinburgh and London 1948.
Melms-Liepen, Dieter: Die Notzeit 1943–1950. Nach Augenzeugenberichten und Dokumenten aus dem Kreis Herzogtum Lauenburg. Lauenburg 1970 (Schriftenreihe des Heimatbund und Geschichtsvereins Herzogtum Lauenburg Bd. 15).
Meyer, C.: Fromme Wünsche eines Lauenburgischen Juristen. In: Vaterländisches Archiv f. d. Herzogthum Lauenburg, Bd. 1, 1857, S. 247–270.
Meyer, Gerhard: Der Weg des Herzogtums Lauenburg in den preußisch-deutschen Staat Bismarcks. Ein Rückblick. In: Lauenb. Heimat N.F., H. 47, 1964, S. 1–7.
-: Die Verkoppelung im Herzogtum Lauenburg unter hannöverscher Herrschaft. Hildesheim 1965.
Meyer, Wilhelm: Geschichte der Grafen von Ratzeburg und Dannenberg. Kapitel I: Geschichte der Grafen von Ratzeburg von Heinrich von Badewide bis Bernhard I. Diss. Phil. Berlin 1910.
Mohrmann, Wolf-Dieter: Lauenburg oder Wittenberg? Zum Problem des sächsischen Kurstreites bis zur Mitte des 14. Jahrhunderts. Hildesheim 1975 (Veröffentlichungen des Instituts für Historische Landesforschung der Univ. Göttingen Bd. 8).
Möller, Detlev: Das letzte Kapitel. Geschichte der Hamburger Kapitulation von der Hamburger Katastrophe 1943 bis zur Übergabe der Stadt am 3. Mai 1945. Hamburg 1949.
Neuendorff, Joachim Heinrich: Die Stiftsländer des ehem. Bisthums Ratzeburg topographisch und geschichtl. dargestellt. Rostock - Schwerin 1832.
Oberschelp, Reinhard: Politische Geschichte Niedersachsens 1714–1803. Hildesheim 1983 (Veröffentlichungen der Niedersächsischen Landesbibliothek Hannover).
Pagel, Karl: Mecklenburg. Biographie eines deutschen Landes. Göttingen 1969.
Prange, Wolfgang: Siedlungsgeschichte des Landes Lauenburg im Mittelalter. Neumünster 1960 (Quellen und Forschungen zur Geschichte Schleswig-Holsteins Bd. 41).
-: Geschichte und Siedlungsgeschichte. In: Führer zu archäologischen Denkmälern in Deutschland. Kreis Herzogtum Lauenburg I. Stuttgart 1983, S. 141–148.
Püst, Heinrich: Der Widerhall der deutschen Revolution von 1848 im Lande Hzt. Lauenburg. Lauenburg 1960 (Lauenburgische Heimat, Sonderheft 6).
Rackmann, Otto: Der Möllner Volkssturm 1944/45. In: Lauenb. Heimat N.F., H. 82, 1975, S. 29–37.
Raiser, Elisabeth: Städtische Territorialpolitik im Mittelalter. Eine vergleichende Untersuchung ihrer verschiedenen Formen am Beispiel Lübecks und Zürichs. Lübeck - Hamburg 1969 (Historische Studien H. 406).
v. Reden, Armgard: Landständische Verfassung und fürstliches Regiment in Sachsen-Lauenburg (1543–1689). Göttingen 1974 (Veröffentlichungen des Max-Planck-Instituts für Geschichte Bd. 41).
Saalfeld, Karl: Kriegsende und Besatzungszeit (Aus den Aufzeichnungen des früheren Bürgermeisters u. Bürgervorstehers Karl Saalfeld). In: Ratzeburg. Beiträge zur Geschichte Ratzeburgs. 2. Tl., Lübeck 1973, S. 90–93.
Scharff, Alexander: Schleswig-Holstein und die Auflösung des dänischen Gesamtstaats 1830–1864/67. In: Geschichte Schleswig-Holsteins, hrsg. v. Olaf Klose, 7. Bd., 1. Lieferung. Neumünster 1975.
Scharnweber, Otto: Franz II., Herzog von Sachsen-Lauenburg 1585–1619. Ratzeburg 1960 (Sonderheft der Lauenburgischen Heimat).
Schnath, Georg: Geschichte Hannovers im Zeitalter der neunten Kur und der englischen Sukzession 1674–1714. Hildesheim - Leipzig 1938 (Veröffentlichungen der Hist. Kommission f. Hannover, Oldenburg, Braunschweig, Schaumburg-Lippe und Bremen. 18).
-: Vom Sachsenstamm zum Lande Niedersachsen. In: Land Niedersachsen. Tradition und Gegenwart, hrsg. v. d. Niedersächsischen Landeszentrale f. pol. Bildung. Hannover 1976, S. 11–89.
Schulze, Ehrhard: Das Herzogtum Sachsen-Lauenburg und die lübische Territorialpolitik. Neumünster 1957 (Quellen und Forschungen zur Geschichte Schleswig-Holsteins Bd. 33).
Seeler, -: Lauenburg unter Englands Krone. In: Das Land an der Elbe, 5. Jg., Nr. 5, 1932, S. 17/18.
Stade, Wolfgang: Schwarzenbek 1945 - Eine Ausstellung des Stadtarchivs. In: Lauenb. Heimat N.F., H. 114, 1986, S. 121–125.
Steffen, Uwe: Heinrich der Löwe und Ratzeburg. Büchen 1980.
Steudner, Hermann: Albrecht I., Herzog von Sachsen 1212–1260. Diss. Phil. Halle. 1894.
Tamm, Traugott: Lauenburgische Chronik. In: Lauenburgischer Haushaltungskalender 1925, S. 41–43 u. 1927, S. 41–44.
Weimann, Horst: Der 30jährige Krieg im lübschen Raum zwischen Elbe und Fehmarn. Lübeck o. J.
Whiting, Charles: Norddeutschland. Stunde Null April–September 1945. Düsseldorf 1980.
Wiedemann, Walter: Domland Ratzeburg. Dortmund o. J.
Witte, Hans: Mecklenburgische Geschichte. Bd. I. Von der Urzeit bis zum ausgehenden Mittelalter. Wismar 1909.
Zimmermann, Hansjörg: Wählerverhalten und Sozialstruktur im Kreis Herzogtum Lauenburg 1918–1933. Ein Kreis zwischen Obrigkeitsstaat und Demokratie. Neumünster 1978 (Quellen und Forschungen zur Geschichte Schleswig-Holsteins Bd. 72).

Wandlungen in Wirtschaft und Gesellschaft

Achilles, Walter: Die Lage der hannoverschen Landbevölkerung im späten 18. Jahrhundert. Hildesheim 1982 (Quellen und Untersuchungen zur Wirtschafts- und Sozialgeschichte Niedersachsens in der Neuzeit Bd. 9).
Behrends, Karl: Aus der Siedlungsgeschichte der Gemarkung Segrahn, ihrer Dörfer und Rittersitze. In: Lauenb. Heimat N.F., H. 65, 1969, S. 1–38.
Berling, Dr.: Die Bauernfamilien in den Kirchengemeinden Pötrau und Büchen. In: Das Land an der Elbe, 9. Jg., Nr. 3, 4, 5, 1936.
Bolte, Karl Martin/Aschenbrenner, Katrin: Die gesellschaftliche Situation der Gegenwart. 6. Aufl., Opladen 1970 (Struktur und Wandel der Gesellschaft, Reihe B der Beiträge zur Sozialkunde).
Brunner, Otto: Land und Herrschaft. Darmstadt 1973.
Dost, Paul: Lauenburgische Verkehrsgeographie. In: Lauenb. Familienkalender, 1. (122.) Jg., 1950, S. 80–82.

Ehrich, Richard: Unsere Landschaft im Wandel der Zeit. In: 100 Jahre Geschichtsverein 1883–1983. Schwarzenbek 1983, S. 160–175 (Schriftenreihe d. Heimatbund und Geschichtsvereins Herzogtum Lauenburg Bd. 20).
Landwirtschaftliche Organisationen und Verwaltung im Kreis Herzogtum Lauenburg seit dem Ende des 1. Weltkrieges. 1984 (Schriftenreihe des Heimatbund und Geschichtsvereins Herzogtum Lauenburg Bd. 21).
Die Fortentwicklung unserer Landwirtschaft bis in die Neuzeit. In: Lauenb. Heimat N.F., H. 113, 1985, S. 25–32.
Frahm, Walter: Eine Verkehrswerbung für das Lauenburger Land aus dem Jahre 1847. In: Lauenb. Familienkalender, 5. (126.) Jg., 1954, S. 80.
Funck, Hans: Armenfürsorge im 19. Jahrhundert: Vom Armenkaten zum Gemeindehaus in Klinkrade. In: Die Heimat, 73. Jg. H. 1, 1966, S. 18–19.
Goetze, Th.: Lauenburger Bauernfamilien im 16. Jahrhundert. In: Das Land an der Elbe, 1. Jg., Nr. 5, 1928, S. 17.
Der Glüsinger Markt. In: Das Land an der Elbe, 5. Jg., Nr. 6, 1932.
Das Handwerk der Stadt Lauenburg in alter Zeit. In: Das Land an der Elbe, 6. Jg., Nr. 10, 1933.
Heimische Industrie ums Jahr 1840. In: Das Land an der Elbe, 7. Jg., Nr. 6, 1934, S. 22–23.
Lauenburg erhält eine Gasanstalt. In: Das Land an der Elbe, 7. Jg., Nr. 12, 1934, S. 46.
Hand- und Spanndienstpflichten. Rückblick auf frühere Dienstverhältnisse. In: Das Land an der Elbe, 12. Jg., Nr. 7, 1939.
An der Palmschleuse. In: Lauenb. Familienkalender 1953, S. 40–42.
Haase, Conrad: Zur Geschichte des Sachsenwaldes. In: Das Land an der Elbe, 2. Jg., Nr. 12, 1929.
Hoefer, Gerhard: Das Kupfermühlental eine Lübecker Industriesiedlung des 16. Jahrhunderts. In: Schülerzeitung der Lauenburgischen Landesschule in Ratzeburg, 7. Jg., Nr. 30, 1939, S. 3–5.
Iversen, Hans: Die Chancen erkennen. In: Schleswig-Holst. Heimatkalender 1965, S. 30/31.
Kaack, Hans-Georg: Stadtwerke Ratzeburg. 75 Jahre Wasser- und Elektrizitätsversorgung in Ratzeburg. Hygiene und Fortschritt zum Wohle der Bürger. Ratzeburg 1978.
Kannenberg, E. G.: Bevölkerungsentwicklung und Industrieansiedlung im Kreis Herzogtum Lauenburg bis zum Jahre 1957. Ratzeburg 1961 (Sonderheft der Lauenb. Heimat Nr. 8).
Kellerhoff, Jürgen: Flurbereinigung. Anspruch und Wirklichkeit. Saerbeck (Westf.) 1984 (Natur. Dokumente Bd. 1).
Kreisausschuß: Kreis Herzogtum Lauenburg. Materialien zum 100jährigen Bestehen des Kreises Herzogtum Lauenburg 1876 bis 1976. Ratzeburg 1978.
Kroll, Kurt: Rittersitz und Bauernhöfe. Eine Chronik. Müssen – wie es war und wuchs. Lauenburg 1968. (Schriftenreihe des Heimatbund und Geschichtsvereins Herzogtum Lauenburg Bd. 13).
Le Prince, Katharina: 750 Jahre Hollenbek. Hollenbek 1980.
Lührs, Walter: Alte Wassermühlen im südwestlichen Lauenburg. In: Das Land an der Elbe, 5. Jg., Nr. 12, 1932.
Meyer, Gerhard: Die Verkoppelung im Herzogtum Lauenburg unter hannoverscher Herrschaft. Eine Abhandlung zur Agrar- und Landesgeschichte. Hildesheim 1965 (Quellen und Darstellungen zur Geschichte Niedersachsens Bd. 66).
Mittendorf, W.: Rutenweißen, Bandreißen, Korb- und Kistenmachen in Geesthacht. In: Das Land an der Elbe, 12. Jg., Nr. 8, 9/10, 11/12, 1939 u. 13. Jg., Nr. 3/4, 7/8, 9/10, 1940.
Prange, Wolfgang: Siedlungsgeschichte des Landes Lauenburg im Mittelalter. Neumünster 1960 (Quellen und Forschungen zur Geschichte Schleswig-Holsteins Bd. 41).
Das Bauerndorf Wentorf von seiner Entstehung bis um 1800. In: Heimatbuch Wentorf. Lauenburg 1967, S. 25–60.
Rehder, –: Der Elbe-Trave-Kanal. In: Archiv des Vereins für die Geschichte des Herzogthums Lauenburg, 6. Bd., H. 1, Mölln 1899, S. 1–39.
Ritzdorf, Helmut: Havekost. 700 Jahre Bauerndorf am Sachsenwald. Büchen 1978 (Schriftenreihe des Heimatbund und Geschichtsvereins Herzogtum Lauenburg Bd. 19).
Röhrs, H.: Stecknitz-Kanal – Elbe-Trave-Kanal. In: Möllner Heimatblatt, 1. Jg., Nr. 6, Mölln 1935.
Scheele, Heinrich: Das Kanalprojekt Mölln–Ratzeburg–Lübeck. In: Lauenburgischer Familienkalender, 1. (122.) Jg., 1950, S. 73–80.
Steffen, –: Vom Möllner Handwerk in alter Zeit. In: Möllner Heimatblatt, 3. Jg., Nr. 1 u. 2, 1937.
Stoldt, Peter H.: Bauern und Herzog. Die Amtsbauern des Herzogtums Sachsen-Lauenburg bis 1689. Ein Beitrag zur Rechts- und Sozialgeschichte. Ratzeburg 1966 (Schriftenreihe des Heimatbund und Geschichtsvereins Herzogtum Lauenburg Bd. 12).
Weber, Wolfgang (Hrsg.): Das ehemalige Amt Steinhorst. Aufsätze des Heimatforschers Hans Funck. Neumünster 1985 (Schriftenreihe der Stiftung Herzogtum Lauenburg Bd. 9).
v. Weitershausen, Ottheinrich: Arbeit. Existenzsicherung und Lebenswert. Köln 1980 (Walter-Raymond-Stiftung. Kleine Reihe H. 20).
Windhorst, H.-W.: Spezialisierung und Strukturwandel der Landwirtschaft. Paderborn 1974.
Zimmermann, Hansjörg: Geesthacht. Liebenswerte Stadt an der Elbe. Von Korbflechtern, Pulvermachern und anderen Leuten. Hamburg 1979.

Die Kirche

Augustin, Hermann (Hrsg.): Land, höre des Herren Wort. Ev.-Luth. Kirche und Kirchen im Kreis Herzogtum Lauenburg – ein Bildband mit Fotografien von Hans-Jürgen Wohlfahrt. Lübeck 1984.
Lauenburgische Kirchen-Ordnung 1585, Teil 1 u. 2 mit Nachwort. Lübeck 1985.
Backmund, Norbert: Sankt Evermod. In: Lauenb. Heimat N.F., H. 91, 1978, S. 1–9.
Beseler, Hartwig (Hrsg.): Kunst-Topographie Schleswig-Holstein. Neumünster 1969.
Brückner, –: Der Ratzeburger Dom. In: Mecklenburgische Monatshefte, 6. Jg., H. 6, 1930, S. 265–268.
Burger, Paul: Ansverus 1066–1966. Paderborn 1966.
Castagne, Fritz: Der Mönch Ansverus und die Heidenmission in Holstein und Lauenburg. Hannover 1966.
Die katholische Gemeinde Heilig-Kreuz in Mölln. In: Lauenburgischer Kreiskalender, 150. Jg., 1978, S. 74–76.
Die Reformation in Lauenburg. Beiträge zur Kirchengeschichte Lauenburgs. Tl. I u. II, Ratzeburg 1931 u. 1933.
Ende, Horst: Dorfkirchen in Mecklenburg. Berlin 1975.
Fischer-Hübner, –: Die älteste Kirchenordnung von Lauenburg und Hadeln. Preetz 1952 (Schriften des Vereins für Schleswig-Holsteinische Kirchengeschichte, Sonderheft 6).
Wallfahrtsorte in Lauenburg. In: Die Heimat, 59. Jg., H. 6, 1952, S. 167–169.
Gerhard, Hans Ferdinand: Im Schatten des Domes. Der Ratzeburger Domhof und seine Schicksale. In: Mecklenburgische Monatshefte, 6. Jg., H. 6, 1930, S. 273–279.
Götze, Th.: Lauenburg verliert die Superintendentur. In: Das Land an der Elbe, 7. Jg., Nr. 10, 1934, S. 38.
Groß, Heinz-Dietrich: Dom und Domhof Ratzeburg. 2., veränderte Auflage. Königstein 1978.
Evermod und die Anfänge des Bistums Ratzeburg. In: Lauenb. Heimat N.F., H. 91, 1978, S. 10–28.
Harms, Hermann: Die Breitenfelder Kirche und ihre mittelalterliche Farbverglasung. In: Lauenb. Heimat N.F., H. 66, 1969, S. 18–41.
Harten, Heinz: Ansverus † 1066 – Gedächtnis und Erinnerung. In: Lauenb. Heimat N.F. H. 53, 1966, S. 28–36.

Harten, Heinz: Büchens Geschichte in Ausschnitten. Der Bischof, das Domcapitel und unsere Dörfer. In: Büchen. Hrsg. anläßlich der 750-Jahr-Feier. Büchen 1980, S. 19–35.
Haupt, Richard/Weysser, Friedrich: Die Bau- und Kunstdenkmäler im Kreise Hzt. Lauenburg. Ratzeburg 1890.
Hellwig, –: Zur Landesgeschichte aus Heinrichs des Löwen Zeit. In: Lauenb. Haushaltungskalender N.F., 2. Jg., 1907, S. 56–63.
Hoefer, Gerhard: Die Eingemeindung des Domhofes in den Kreis Herzogtum Lauenburg. In: Schülerzeitung der Lauenburgischen Gelehrtenschule, 5. Jg., Nr. 19, 1937, S. 3.
Dreihundert Jahre mecklenburgische Geschichte auf dem Domhofe bei Ratzeburg. In: Schülerzeitung der Lauenburgischen Gelehrtenschule, 7. Jg., Nr. 29, 1939, S. 3–5.
Kamphausen, Alfred: Der Ratzeburger Dom. Heide 1966.
Kroll, Kurt: Das Herzogtum Lauenburg im Spiegel der Generalkirchenvisitationen von 1581/82, 1590, 1614 und der Kirchenordnung von 1585. In: Lauenb. Heimat N.F., H. 112, 1985, S. 1–12.
–: Kirche und Kirchspiel Siebeneichen im Wandel der Zeiten. Ratzeburg 1953.
Krüger-Haye, Georg: Kirchengeschichte von Mecklenburg-Strelitz 1701–1934. Schwerin 1941.
Masch, G. M. C.: Geschichte des Bistums Ratzeburg. Lübeck 1835.
Moritzen, Johannes: Ansver. Der Märtyrer von Ratzeburg. Flensburg 1966 (Schriften des Vereins f. Schlesw-Holst. Kirchengeschichte, II. Reihe, Bd. 22).
Neuendorff, Joachim Heinrich: Die Stiftsländer des ehem. Bisthums Ratzeburg topographisch und geschichtlich dargestellt. Rostock/Schwerin 1832 (Quellen und Forschungen zur Geschichte Schleswig-Holsteins Bd. 41).
Pfarrgemeinderat Ratzeburg (Hrsg.): Katholische Kirchengemeinde St. Answer Ratzeburg. Ratzeburg 1985.
Prange, Wolfgang: Siedlungsgeschichte des Landes Lauenburg im Mittelalter. Neumünster 1960.
Ringeling, Gerhard: Land Ratzeburg. In: Mecklenburgische Monatshefte, 6. Jg., H. 6, 1930, S. 259–264.
v. Notz, Ferdinand: Der Dom zu Ratzeburg. Ratzeburg 1931.
Schreiber, Hans Henning: Der Dom zu Ratzeburg. Acht Jahrhunderte. Ratzeburg 1954.
Seeler, Siegfried: Der erste Kampf um die lauenburgischen Sonderrechte und der Hexenprozeß zu Gudow. In: Lauenburgischer Haushaltungskalender, 111. Jg., 1932, S. 69–71.
Lütau. Ein Kirchspiel in der Sadelbande. Ratzeburg 1969 (Schriftenreihe des Heimatbund und Geschichtsvereins Herzogtum Lauenburg Bd. 14).
Wiedemann, Walter: Domland Ratzeburg. Dortmund o. J.
Witte, Hans: Mecklenburgische Geschichte, Bd. II: Von der Reformation bis zum Landesgrundgesetzlichen Erbvergleich. Wismar 1913.

Die lauenburgischen Städte

Bader, Else: 10 Jahre Europa-Preis für Schwarzenbek. In: Lauenb. Heimat N. F., H. 74, 1972, S. 91–95.
Gleimann, Ernst: St. Georgsberg - einst und heute. In: Lauenb. Heimat N. F., H. 38, 1962, S. 11–15.
Hadeler, Wilhelm: Die Entwicklung des Bürgerhauses in Lauenburg an der Elbe seit dem Beginn des 18. Jh., II. Tl. In: Lauenb. Heimat, 5. Jg., H. 2, 1929, S. 44–51.
Zur Geschichte des lauenburgischen Bürgerhauses. In: Lauenb. Heimat N. F., H. 79, 1973, S. 29–66.
Hahn, Walter: Mölln. Bilder einer liebenswerten Stadt. Mölln 1983. Mölln und sein Till Eulenspiegel. Wissenswertes, Sehenswertes, Amüsantes. Büchen 1980.
Heimatbund und Geschichtsverein Kreis Herzogtum Lauenburg (Hrsg.): 600 Jahre Rathaus Mölln. Lübeck 1973 (Sonderheft der Lauenb. Heimat Bd. 17).
Heinsius, Elli: Ohlendorp bei Mölln. Die Bestätigung eines alten Flurnamens und ein Problem der Heimatforschung. In: Die Heimat, 59. Jg., H. 6, 1952, S. 176–179.
Hellwig, L.: Chronik der Stadt Ratzeburg. Ratzeburg 1910.
Herchenröder, Jan/ Wohlfahrt, Hans-Jürgen: Kreis Herzogtum Lauenburg. Frankfurt 1973.
Hinsch, Werner/Kron, Jakob: Elbschiffahrtsmuseum Lauenburg. Neumünster 1984 (Führer zu schlesw.-holst. Museen Bd. 3).
Hufeld, A.: Geesthacht. In: Die Heimat, 59. Jg., H. 6, 1952, S. 193/194.
Kaack, Hans-Georg: Vergleichende Betrachtung des Bürgerrechts der Städte Ratzeburg und Rendsburg um 1600. In: Lauenb. Heimat N. F., H. 71, 1971, S. 1–33.
Lebendige Geschichte - bewegtes Leben. 750 Jahre Vorstadt - Dermin. Ratzeburg 1980.
Die Anfänge der Stadt Ratzeburg und ihrer Siedlungszentren. In: Lauenb. Heimat N. F., H. 111, 1985, S. 21–74.
Kammerhoff, Ernst: Ratzeburg. Ein Erinnerungsbild aus vergangenen und gegenwärtigen Tagen. In: Die Heimat, 59. Jg., H. 6, 1952, S. 162–166.
Kämpgen, Susanne: Die Sozialstruktur der Stadt Mölln 1746. In: 100 Jahre Geschichtsverein. Schwarzenbek 1983, S. 97–104 (Schriftenreihe des Heimatb. u. Geschichtsvereins Herzogtum Lauenburg Bd. 20).
Langenheim, Kurt/Prillwitz, Wilhelm: Ratzeburg - 900 Jahre - 1062–1962. Ein Festbuch unter Mithilfe vieler Autoren zus. gestellt. Ratzeburg 1962.
Magistrat der Stadt Lauenburg (Hrsg.): 1260–1985. 725 Jahre Lauenburg/Elbe. Lauenburg 1985.
Nissen, Nis R.: Albrecht I., Lauenburg und die Elbe. In: Die Heimat, 59. Jg., H. 6, 1952, S. 160–162.
Ratzeburg–Mölln–Lauenburg. Werke ihrer Bürger. In: Lauenburg. Heimat N. F., H. 5, 1954, S. 1–43.
Mölln – Festung an der Salzstraße. Ratzeburg 1961 (Sonderheft der Zeitschrift des Heimatbund und Geschichtsvereins Herzogtum Lauenburg).
Obst, Lothar: Das Möllner Stadtwappen. In: Lauenb. Heimat N. F., H. 113, S. 21–24.
Kleine Kulturgeschichte Möllns. In: Lauenb. Kreiskalender 1985, S. 42–44.
Peters, Wilhelm: Die geschichtlichen Denkmäler der Stadt Mölln i. Lbg. In: Möllner Heimatblatt, 1. Jg., Nr. 7, 8, 9. Mölln 1935.
Rackmann, Otto: Die Möllner Stadtverfassung bis 1870. In: Lauenb. Heimat N. F., H. 99, 1980, S. 49–74.
Reckling, Andrea: Mölln, eine stadtgeographische Studie unter Berücksichtigung der Sanierungsprobleme (Wiss. Hausarbeit im Fach Geographie). Kiel 1974.
v. Rundstedt, Udo: Vom Werden und Vergehen der Veste Ratzeburg. In: Lauenb. Heimat N. F., H. 79, 1973, S. 29–34.
Saalfeldt, Karl: Ratzeburg von 1928 bis zum Kriegsbeginn 1939. In: Ratzeburg - 900 Jahre 1062 - 1962. Ratzeburg 1962, S. 178–189.
Scharnweber, Otto: Das Lauenburgische Dorf Schwarzenbek und seine Feldmark 1790 - 1846. Celle 1977.
Schmidt, Max: Die Stadt Lauenburg, nach einem Reisebericht von 1768. In: 100 Jahre Geschichtsverein. Schwarzenbek 1983, S. 62–67 (Schriftenreihe des Heimatbund und Geschichtsvereins Herzogtum Lauenburg Bd. 20).
Seebach, Carl-Heinrich: Burg und Schloß Schwarzenbek. In Lauenb. Heimat N. F., H. 79, 1973, S. 1–28.
Stölting, Wilhelm: Geesthacht. Lebensbild einer Stadt. Bremerhaven 1963.
Urban, W./Kaack, H-G./Müller, W.: Schwarzenbek, die Stadt am Sachsenwald. Schwarzenbek 1979.
Verband Schleswig-Holstein-Lauenburgischer Bäder und Sommerfrischen: Führer durch Schleswig-Holstein-Lauenburgs Bäder und Sommerfrischen. Kiel 1912.
Zimmermann, Hansjörg: Mölln. Ein geschichtlicher Überblick. Büchen 1977.
Geesthacht. Liebenswerte Stadt an der Elbe. Von Korbflechtern, Pulvermachern und anderen Leuten. Hamburg 1979.

Der ländliche Raum

Bruhn, Lieselotte: Vom Bauerndorf Grambek zur Siedlungsgemeinde. In: Lauenburgischer Kreiskalender, 153 Jg., 1981, S. 55–61.

Das Herrenhaus Steinhorst und die Sammlung Schwarzkopf. Neumünster 1979. (Schriftenreihe der Stiftung Herzogtum Lauenburg Bd. 2)

Der Minister f. Ernährung, Landwirtschaft und Forsten des Landes Schleswig-Holstein: Landschaftsrahmenplan Unterelbe/Hohes Elbufer. Kiel 1983.

Derlin, Walter: Lauenburger Land und Leute (Landschaften und Bildnisse). In: Lauenburgischer Familienkalender, 1. (122.) Jg., 1950, S. 43–45.

Gemeinde Wentorf (Hrsg.): Heimatbuch Wentorf. Lauenburg 1967.

H B-Verlags und Vertriebsgesellschaft: Naturmagazin draußen: Naturpark Lauenburgische Seen – mit Beiträgen von Th. Neumann, G. Riehl, E. Merz, R. Berndt, H.-J. Lierl, H.-J. Spitzenberger. Hamburg 1982.

Kamphausen, Alfred: Herzogtum Lauenburg. o. J. (Deutsche Lande Deutsche Kunst).

Kroll, Kurt: Rittersitz und Bauernhöfe. Eine Chronik. Müssen – wie es war und wuchs. Ratzeburg 1968. (Schriftenreihe des Heimatbund und Geschichtsvereins Herzogtum Lauenburg Bd. 13).

Landesplanungsbehörde Kiel: Landesplanung in Schleswig-Holstein, H. 20: Raumordnungsbericht 1985 der Landesregierung Schleswig-Holstein. Kiel 1985.

Matthießen, Carl: Aus der Vogelwelt unserer Dörfer. In: Lauenburgischer Haushaltungskalender N.F., 24. Jg., 1932, S. 72–74.

Prinz, Ernst: Warum bauten unsere Großeltern soviel schöner als wir? In: Lauenb. Heimat, 11. Jg., H. 3, 1935, S. 49–57.

Roeßler, Lothar: Die Pflanzen- und Tierwelt des Herzogtums Lauenburg. In: Lauenb. Heimat N.F., H. 9, 1955, S. 1–30.

Scheele, Heinrich: Rund um den Kreuzbaum. Eine hauskundliche Nachforschung. In: Lauenburgische Heimat, 14. Jg., H. 2, 1938, S. 70–75.

v. Ulmann, Hellmuth / Hahn, Walter: Wanderungen zu den Herrenhäusern und Gütern im Herzogtum Lauenburg. Schwarzenbek 1981.

Uter, Dietrich / Weimann, Horst: Nusser Kirchspielbuch 1958. Lübeck 1958.

Vogtherr, Hans-Jürgen: Bauen im 17. Jahrhundert. Uelzen 1980.

Weber, Wolfgang (Hrsg.): Das ehemalige Amt Steinhorst. Aufsätze des Heimatforschers Hans Funck. Neumünster 1985. (Schriftenreihe der Stiftung Herzogtum Lauenburg Bd. 9).

Der Kreis als Freizeit- und Erholungslandschaft

Frahm, Walter: Eine Verkehrswerbung für das Lauenburger Land aus dem Jahre 1847. In: Lauenb. Familienkalender, 5. (126.) Jg., 1954, S. 80.

Gebietsausschuß „Die Alte Salzstraße“: Jahresbericht 1985. Ratzeburg 1986.

Harms, Hermann: Manuskript für Informations-Prospekt „An der historischen Alten Salzstraße“. Ratzeburg 1985.

Herzogtum Lauenburg, Schleswig-Holstein. Naturpark „Lauenburgische Seen“, „Hohes Elbufer“, „Sachsenwald“, „Billetal“, Stecknitzniederung“, „Die Alte Salzstraße“. Ratzeburg 1986.

Keller, Irmgard: Aus dem Reisetagebuch des Theologen Eduard Ohnesorge, Jahr 1849: Beschreibungen von Wanderungen durch das Billetal, die Vierlande und den Sachsenwald. In: Lauenb. Heimat N.F., H. 115, 1986, S. 68–74.

Lamp, H. (Hrsg.): Ratzeburg, Zarrentin und der Schaalsee. Zarrentin 1927.

Mairs Geographischer Verlag: Naturparks in Deutschland. Stuttgart o. J.

Neumann, Thomas: Naturpark Lauenburgische Seen – Gedanken zu seinem Schutz. In: Schleswig-Holstein, 25. Jg., H. 9, 1973, S. 236–238.

Oeding, Heinrich: Schlendertage im Lauenburger Land. In: Lauenb. Familienkalender, 8. (129.) Jg., 1957, S. 73–75.

Schlüter, E.: Rund um den Schaalsee. Hagenow 1928.

ABBILDUNGSNACHWEIS

Archäologisches Landesmuseum, Schleswig 25
Archiv Karl Wachholtz Verlag, Neumünster 20, 22, 24, 35, 50, 73, 94
Archivfoto E. Klebe, Wentorf 69
Bildarchiv Preußischer Kulturbesitz, Berlin 67
Bismarck-Museum, Friedrichsruh 56
Braun und Hogenberg, Civitates Orbis Terrarum 41
Deutsche Luftbild, Hamburg 82 Freig.-Nr. 909/82 (HEW Hamburg)
Wilhelm Fette, Schwarzenbek 80 Freig.-Nr. LA. HH 465/81
Foto-Hauser, Ratzeburg 54
Hans Gewecke, Mölln 65
A. Hannig, Ratzeburg 63
Hermann Harms, Ratzeburg 36, 47 rechts, 58, 113
Ilse Harms-Lipski, Ratzeburg 84
Heimatbund und Geschichtsverein Herzogtum Lauenburg, Bezirksgruppe Steinhorst/Sandesneben 38, 57, 59, 75, 117
Rolf Hennig, Norderstedt 21
Küstenfahrten an der Nord- und Ostsee, Stuttgart 1880 79
Landesamt für Denkmalpflege Schleswig-Holstein, Kiel 27, 29, 43, 92, 93, 95, 97, 101, 102, 103, 112, 118, 122, 123, 133 oben
Landesarchiv Schleswig-Holstein, Schleswig 42, 45
Lauenburgische Heimat, Heft 3, 1938 64
Thomas Neumann, Breitenfelde 125, 127
Erwin Raeth, Kiel Vorsatz, 13, 14, 28, 30, 31, 37, 48, 68, 77, 85, 89, 129
Schleswig-Holsteinische Landesbibliothek, Kiel 15, 47 links, 49, 55, 90
Hans Schwarzkopf, Hamburg 124
SPD-Ortsverein Lauenburg 61
Erika Verg, Hamburg 1945, Hamburger Abendblatt 1985 66
Otto Vollert, Kiel 87, 109 unten, 110, 111
A. Wilken, Ratzeburg 44
Hans-Jürgen Wohlfahrt, Ratzeburg 16, 19, 31, 40, 46, 51, 52, 70, 71, 72 Freig.-Nr. SH 520–405, 76, 81, 83, 86, 91, 96, 98, 100, 104, 106 Freig.-Nr. SH 520–312/318, 108 Freig.-Nr. SH 520–86, 109 oben, 115, 119, 120, 128, 131, 133 unten, 134

ZEITTAFEL

Vor Chr.

um 11000	Rentierjäger der jüngeren Altsteinzeit auf Kreisgebiet
7000–6000	Mittelsteinzeitliche Jäger und Sammler von Duvensee
3500–1600	Jungsteinzeit
1600–500	Bronzezeit
500 vor bis 500 nach Chr.	Eisenzeit

Nach Chr.

bis 5. Jh.	Abwanderung der Germanen
5. Jh.	Letzte germanische Bodenfunde in unserem Raum
seit 6./7. Jh.	Einrücken der Slawen in den von den Germanen verlassenen Raum
798	Die slawischen Obodriten als Verbündete Karls d. Gr. gegen die nordelbischen Sachsen
11. Jh.	Ratzeburg Stammesvorort der Polaben
1043–1072	Erzbischof Adalbert von Hamburg–Bremen
um 1060	Gründung der Bistümer Ratzeburg und Mecklenburg
1062	Erste urkundliche Erwähnung Ratzeburgs zur Zeit des Wendenfürsten Gottschalk
1066	Scheitern der christlichen Mission im Slawenland: Ermordung Gottschalks, Märtyrertod des Ansverus
1093–1127	Der christliche Slawenkönig Heinrich (Residenz Alt-Lübeck)
1093	Entscheidungsschlacht gegen die heidnischen Obodriten bei Schmilau
1142	Heinrich der Löwe – Herzog von Sachsen. Beginn der Rivalität zwischen Askaniern und Welfen
1143	Errichtung der Grafschaft Ratzeburg
1147	Wenden-Kreuzzug der norddeutschen Fürsten
seit 1150	Besiedlung des Landes durch Deutsche
1154	Neugründung des Bistums Ratzeburg
um 1165	Beginn des Dombaus in Ratzeburg (Vollendung 1220)
1180	Sturz Heinrichs des Löwen – der Askanier Bernhard Herzog des verkleinerten Sachsen
1182	Errichtung der Lauenburg durch Herzog Bernhard I.
1194	Teilung der Einkünfte des Bistums zwischen Bischof Isfried und dem Domkapitel
1201–1227	Zeit der dänischen Vorherrschaft in Nordelbien
zw. 1202/1225	Entwicklung Möllns zur Stadt
1203	Vereinigung der Sadelbande mit der Grafschaft Ratzeburg
1211	Herzog Bernhard erwirbt Land Hadeln
1212–1260	Albrecht I. Herzog von Sachsen
1223	Gefangennahme des dänischen Königs Waldemars II. durch den Grafen Heinrich von Schwerin
1225	Schlacht bei Mölln – Vorentscheidung von Bornhöved
1227	Schlacht bei Bornhöved – Zusammenbruch der dänischen Vorherrschaft
1230	Aufzeichnung des Ratzeburger Zehntlehnregisters unter Bischof Gottschalk
1295/1296	Sächsische Landesteilung in Sachsen-Lauenburg und Sachsen-Wittenberg
1305–1401	Spaltung des sachsen-lauenburgischen Herzogshauses in die Bergedorf-Möllner und die Ratzeburg-Lauenburger Linie
1349	Landfriedensbündnis gegen den Adel. Zerstörung der Ritterburg Linau und zahlreicher anderer Burgen
1350	Bau der Landwehr zwischen Farchau b. Ratzeburg und dem Hegesee b. Mölln. Der Schwarze Tod
1356	Goldene Bulle: Kurwürde und Erzmarschallamt endgültig b. Herzogtum Sachsen-Wittenberg
1359	Verpfändung der Stadt und Vogtei Mölln an Lübeck
1375	Kaiser Karl IV. als Gast des Bischofs im Schönberger Schloß
1391–1398	Bau des Stecknitz-Kanals
1420	Friede von Perleberg: Verzicht Sachsen-Lauenburgs auf Bergedorf, die Vierlande, Geesthacht und den halben Sachsenwald
14./15. Jh.	Entwicklung von der reinen Grundherrschaft zur Gutsherrschaft
1531	Fest zur Einführung der Reformation während des Glüsinger Johannismarktes
1554	Übertritt des Ratzeburger Bischofs zum Protestantismus
1581–1619	Franz II.
1585	Union der Ritter- und Landschaft – Grundgesetz für ständische Mitverantwortung im Herzogtum
–	Lauenburgische Kirchenordnung – Abschluß der Reformation
1616	Brand des Lauenburger Schlosses
1619	Verlegung der Residenz nach Ratzeburg durch Herzog August
1618–1648	30jähriger Krieg
1623/1625	Erwerb der Herrschaft Schlackenwerth in Böhmen
1648	Westfälischer Friede: Bistum Ratzeburg fällt als Fürstentum Ratzeburg an Mecklenburg
1683	Wiedereinlösung Möllns aus lübischer Pfandherrschaft
1689	Aussterben der sachsen-lauenburgischen Dynastie – Auslösung des sachsen-lauenburgischen Erbfolgestreits
1689–1705	Lauenburg unter dem Herzog Georg Wilhelm von Lüneburg-Celle
1690/1691	Abbruch des Askanierschlosses in Ratzeburg
1693	Zerstörung Ratzeburgs durch dänische Truppen
1702	Landesrezeß: Verfassungsrechtliche Sicherung der eigenständigen Entwicklung des Herzogtums
1705–1803	Die hannoversche Periode
1705	Verlegung der Superintendentur von Lauenburg nach Ratzeburg
1713	Russische Truppen während des Nordischen Krieges im Raum Pötrau – Siebeneichen, Zar Peter I. in Mölln
1747	Rückgewinnung eines großen Teils der lübischen Dörfer der Vogtei Mölln
1764	Beginn der Verkoppelung
1803	Besetzung durch französische Truppen
1810–1813	Lauenburg ein Teil des französischen Kaiserreiches
1813/15	Befreiungskriege gegen Napoleon. Gefechte und Scharmützel im Lauenburgischen (1813)
1814/15	Wiener Kongreß
1816–1864	In Personalunion mit der dänischen Krone
1848–50	Schleswig-Holsteinische Erhebung gegen Dänemark
1849	Liberales Grundgesetz für Lauenburg

1853	Aufhebung des Staatsgrundgesetzes. Wiederherstellung der alten Verfassungszustände, doch Einschränkung der adligen Machtstellung
1851	Eröffnung der Lübeck-Büchener Eisenbahn
1864	Deutsch-dänischer Krieg
1865	Vertrag von Gastein: Österreich verkauft seine anteiligen lauenburgischen Rechte an Preußen
1865–1876	Lauenburg in Personalunion mit der preußischen Krone
1865	Erbhuldigung der Ritter- und Landschaft vor Wilhelm I., König von Preußen - Bismarck Minister für Lauenburg
1868	Eingliederung Lauenburgs in den Zollverein
1869	Aufhebung der adligen Gerichtsbarkeit in den adligen Ämtern und Gütern
1870/1871	Deutsch-französischer Krieg
1871	Reichsgründung in Versailles
1871	Regelung des Domanialvermögens - Bismarck erhält den Sachsenwald „als eine Dotation zum Eigentum"
1872	Aufhebung der Grundherrschaft, bäuerlicher Besitz wird freies Eigentum
–	Gründung des lauenburgischen Landeskommunalverbandes
1875	Wahlerfolge der Sozialisten in Mölln und Lauenburg bei den Reichstagswahlen
1876	Vereinigung Lauenburgs mit Preußen. Auflösung des Ministeriums f. Lauenburg. Eingliederung Lauenburgs als „Kreis Herzogtum Lauenburg" in die preußische Provinz Schleswig-Holstein
1882	Einführung der preußischen Kreisordnung: Ende der Ritter- und Landschaft, Übernahme ihrer Aufgaben durch Kreistag und Kreisausschuß
1892–1898	Bismarck Mitglied des lauenburgischen Kreistags
1896–1900	Bau des Elbe-Trave-Kanals
1903	Erstes Auto in Ratzeburg
1914–1918	Erster Weltkrieg
1918/1919	Bildung von Arbeiter- und Soldatenräten
1919–1933	Weimarer Republik
1919/1920	Einwohnerwehren (Selbstschutzverbände)
1923	Inflation
1924	Erhebung Geesthachts zur Stadt
1924/25	Bau des Schaalseekraftwerks
1928	Auflösung der Gutsbezirke
1933–1945	Drittes Reich
1937	Groß-Hamburg-Gesetz: 13 lübische und 5 mecklenburgische Gebietsinseln (einschließl. Domhof Ratzeburg) kehren zurück. Eingliederung der Stadt Geesthacht in den Kreis
1939–1945	Zweiter Weltkrieg
Juli 1943	Schwere Luftangriffe auf Hamburg - Lauenburg Auffanggebiet für Zehntausende von Ausgebombten
26. 01. 1945	Verabschiedung des Volkssturmbataillons „Schleswig-Holstein" auf dem Ratzeburger Marktplatz
Frühjahr 1945	Aufnahme zahlloser Flüchtlingstrecks aus dem Osten
26. 04. 1945	Schwerer Bombenangriff auf Büchen
29. 04. 1945	Übergang britischer Streitkräfte über die Elbe bei Lauenburg
9. 05. 1945	Gesamtkapitulation der Wehrmacht
13. 11. 1945	Grenzregulierung im Schaalseegebiet (Barber-Lyaschenko-Abkommen)
1945/46	Bildung politischer Parteien
1946	Erste freie Gemeinderats- und Kreistagswahlen
1947	Wahl f. den 1. Schleswig-Holsteinischen Landtag
1953	Stadtrecht für Schwarzenbek
1955	Gründung der Arbeitsgemeinschaft „Gebietsausschuß Die Alte Salzstraße"
1958	Pumpspeicherwerk Geesthacht
1960	Gründung des Naturparks „Lauenburgische Seen"
29. 10. 1977	Gründung der „Stiftung Herzogtum Lauenburg"
1980	Eingliederung der lauenburgischen Kirche als „Kirchenkreis Herzogtum Lauenburg" in die „Nordelbische Ev. Luth. Kirche"
1982	Übergabe der Bundesautobahn Hamburg–Berlin

Askanische Fürstentafel
Quelle: nach E. Schulze

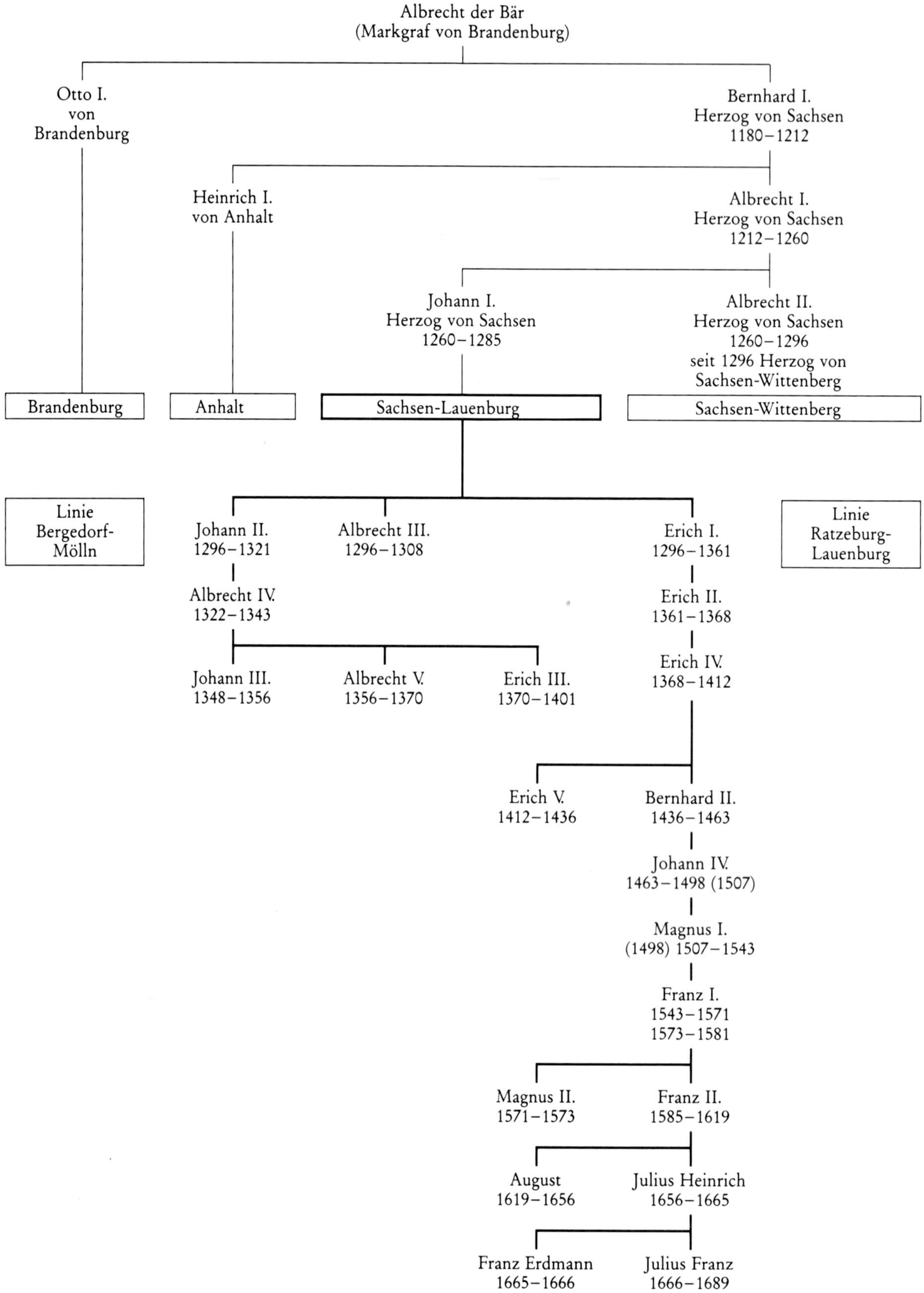